JN060601

Home Economics Education

# 家庭科教育研究

## が拓く地平

日本家庭科教育学会 編

学 文 社

## 執筆者一覧

工藤由貴子　和洋女子大学総合研究機構家庭科教育研究所特別研究員（第1章）

大本久美子　大阪教育大学健康安全教育系教授（第2章）

荒井　紀子　福井大学名誉教授（第3章）

土岐　圭佑　北海道教育大学教育学部准教授（第4章）

*堀内かおる　横浜国立大学教育学部教授（第5章）

上野　顕子　金城学院大学生活環境学部教授（第6章）

綿引　伴子　金沢大学人間社会研究域学校教育系教授（第7章）

叶内　　茜　川村学園女子大学生活創造学部准教授（第8章）

渡瀬　典子　東京学芸大学教育学部教授（第9章）

石島恵美子　茨城大学教育学部教授（第10章）

萬羽　郁子　東京学芸大学教育学部准教授（第11章）

佐藤ゆかり　上越教育大学大学院学校教育研究科教授（第12章）

鈴木真由子　大阪教育大学健康安全教育系教授（第13章）

鈴木　明子　広島大学大学院人間社会科学研究科教授（第14章）

土屋　善和　琉球大学教育学部准教授（第15章）

小清水貴子　静岡大学学術院教育学領域准教授（第16章）

望月　一枝　日本女子大学家政学部客員研究員（第17章）

貴志　倫子　福岡教育大学教育学部教授（第18章）

執筆順　*編者

# はじめに─今後の家庭科教育研究の道標─

　日本家庭科教育学会は，1958年に設立され，国内唯一の家庭科教育に関する学術研究団体として活動を推進してきた。1958年とは，学習指導要領が文部省（当時）告示という形で公布され，中学校における技術・家庭科の誕生とともに，家庭科が「女子向き」分野として位置づけられた年でもある。その後も家庭科，技術・家庭科は，社会の要請や生活様式の変化による社会的な影響を受けながら，履修形態や内容に変化がもたらされてきた。現在は，すべての児童生徒が小学校から高等学校まで必修で学ぶ教科として，教育課程に位置づいている。

　家庭科のこれまでの歩みは，日本社会のジェンダー文化を背景として，家族・家庭政策を通して求められる人材育成に関わって，推移してきた歴史でもある。このような特異な位置づけから，家庭科教育の研究者は家庭科という教科の存立そのものに着目し，この教科の本質を問い，当該社会の政策動向にクリティカルなまなざしを向けながら，人間形成に資する教育の在り方を追究し，提言することに力を注いできた。

　本書は，以上のような日本の家庭科教育研究の蓄積を踏まえ，現在の到達点の一つとして，家庭科をめぐる多面的な視点で理論的に整理し提言を試みたものである。各章の著者は，いずれも高等教育機関で教育・研究に携わってきた日本家庭科教育学会の会員である。

　日本の家庭科教育研究のこれまでの成果をまとめた理論書である本書において，出版に向けた企画が立ち上がった2022年10月現在の日本家庭科教育学会長が編者代表を務めている。家庭科教育関係者のみならず，他教科の教科教育学研究者並びに学校教育に係る教師をはじめとする教育関係者が，本書を手にとって家庭科という総合的な教科について考えをめぐらすきっかけとなれば，何よりうれしく思う。

　教科教育学という実践科学のエビデンスは，授業実践によって児童生徒がどのように変容したのかという学びの成果によって示される。本書では，家庭科の授業実践も視野に入れ，この教科の教育成果を可視化させていきたい。

　今日家庭科は，授業時数が少なく他教科と比較して目立たない立場におかれていると言わざるを得ない。家庭科を担当する教師たちには非常勤講師も多く，学校現場では教師不足に直面している。学校の中で，また社会のまなざしにおいて，家庭科教育の必要性についての理解は十分とはいえない。その背景には，市場経済を重視し家庭生活は下支えとみなす日本社会の風土が存在している。

　しかしその一方で，2020年1月から世界中を震撼させた新型コロナウィルス感染症のパンデミック（いわゆるコロナ禍）において，人びとは以前よりも家庭生活に目を向けるようになり，家庭で過ごす時間を充実させることを考えるようになった。その時，家庭科で学んだ内容が現実味を帯びて役立ったという人びとも多かったことだろう。家庭生活の基盤を支え，生活の質向上を目指す力をつけるのは，家庭科という教科の本質である。

　OECD Education 2030プロジェクトが提起しているラーニング・コンパスが示唆するウェルビーイングを形にするために，家庭科教育にできること・担うべき役割は大きい。本書を通して，すべての人にとっての「よりよい生活」を具体化するための手立てとなる学びを家庭科が提供しているということを，読み取っていただければ幸いである。

2024年1月吉日

編者代表　堀内　かおる

# 目　　次

# 第Ⅲ部　家庭科で育む力と教師の成長

# 家庭科教育研究が拓く地平

第 I 部

家庭科の基盤としての
関連諸科学と社会背景

# 第1章
# 「人生100年時代」を支える家庭科の学び

## 1.「人生100年時代」と家庭科

　私たちは今,「人生100年時代」と呼ばれる新しい社会を生きている。それは,人生がより長くなったことにとどまらない,人生の質的な変化も伴うこれまで人類が経験したことのない社会である。

　学ぶこと,働くこと,家庭や地域社会のあり方,新しい役割分担のかたちなど生活のあらゆることの根本的な見直しが迫られている今,長期化する人生を充実して幸せに生きるウェルビーイングの実現,それを育む生活環境をつくっていくことはこの時代を生きる私たちの重要な課題である。

　そして,家庭科の研究・実践を下支えする前提としての人の一生の変化は,教科のありようにも大きな影響を与えている。新しい動きに気づき,新たな発想を取り入れて,すべての人により豊かな生活をもたらす「人生100年時代」,その実現に向かう家庭科の教育実践について考える。

### (1) 人生100年時代とはどういう時代か

　戦後まもない1947年の日本人の平均寿命は男性50.06歳,女性53.96歳,人口に占める65歳以上の高齢者の割合（高齢化率）は4.9%にすぎなかった。その後日本は,20世紀後半には平均寿命の30年延長という驚異的な「寿命革命」を達成した。2022年の平均寿命は男性81.47歳,女性87.57歳,高齢化率も29%を超えている。老年人口（65歳以上）は年少人口（1-14歳）をはるかに上回り,日本はいまだ世界のどの国も経験したことのないような人口構成の社会に突入

している。百寿者 (センティネリアン) と呼ばれる 100 歳以上の高齢者も増加している。2022 年には 9 万 526 人 (うち 88.6% が女性)，2050 年には 53 万 2 千人，200 人に一人は 100 歳以上という予測である。この間，高齢者の身体機能や知的機能，健康状態は向上し，私たちは長生きできるようになっただけではなく，健康長寿を手に入れた。

　しかし，人生 100 年時代の到来が意味することは，長寿化，人口の高齢化だけではない。「もはや昭和ではない」(内閣府　2022) といわれるように人生 100 年時代は，第二次世界大戦前の人生 50 年時代から高度経済成長期の人生 70 年時代を経て，そこまでに出来上がった生活モデルや社会のしくみの根本的な見直しを迫る新しい社会の登場を意味している。

表1-1　人生100年時代への指標の変化

|  |  | 1930年 | 1960年 | 1990年 | 2020年 |
|---|---|---|---|---|---|
| 産業別就業者割合 (%) | 1次 | 49.7 | 32.7 | 7.1 | 3.3 |
|  | 2次 | 20.3 | 29.1 | 33.3 | 23.4 |
|  | 3次 | 29.8 | 38.2 | 59.0 | 73.4 |
| 平均寿命 (年) | 男 | 44.87 | 65.32 | 75.92 | 81.56 |
|  | 女 | 46.54 | 70.19 | 81.90 | 87.71 |
| 75歳まで生存率 (%) | 男 | 14.81 | 36.12 | 63.04 | 76.03 |
|  | 女 | 22.10 | 51.47 | 79.85 | 88.18 |
| 合計特殊出生率 |  | — | 2.00 | 1.54 | 1.33 |
| 50歳時未婚率 (%) | 男 | 1.68 | 1.26 | 5.57 | 28.25 |
|  | 女 | 1.38 | 1.88 | 4.33 | 17.81 |
| 夫婦と子ども (%) |  | — | 38.2 | 37.3 | 25.0 |
| 一人暮らし (%) |  | — | 16.1 | 23.1 | 38.1 |

出所：工藤 (2024) p.23 より引用

　表 1-1 に示すように，第一次産業，第二次産業から第三次産業へと人びとの就業構造は大きく変化した。1960 年代から 90 年代にかけて生活単位の典型とされた夫婦と子どもで構成される核家族世帯は減少し，単独世帯が増加している。結婚に関する態度も多様化し，シングルの人も増加している。合計特殊出生率は人口置換水準をはるかに下回っている。これまで多くの人が前提として

きたモデル的な家族像や生き方は消滅し，お手本のない時代を私たちは生きていることになる。

## (2)「人生 100 年時代」と家庭科

　以上述べたような社会背景のもとで，人間が生活者として備えるべき基本的なスキルにも見直しが迫られている。「小・中・高等学校において，長寿時代を生き抜く人生設計力を養い，長寿社会を支える基盤的な力を養うことが重要である」(日本学術会議　2011)，「人生 100 年時代において人々は『教育・仕事・老後』という単線型の人生ではなく，マルチステージの人生を送ることになる。100 年という長い期間を充実させるには誰もが長期的な視点で人生を充実させていけるように生涯にわたる学習が重要である」(リンダ・グラットンら　2016)とあるように，主体的に自らの人生をデザインする力がこれまで以上に求められている。

　2017・2018 年告示の学習指導要領の基本的方向性には「社会や産業の構造が変化し成熟社会に移行していく中で私たち人間に求められるのは，どのような未来を創っていくのか，どのように社会や人生をよりよいものにしていくのかを考え，主体的に学び続けて自らの能力を引き出し，多様な他者と協働したりして，新たな価値を生み出していくこと」とある (中央教育審議会　2016)。子どもの主体性，協働，一人ひとりが未来の創り手となる力を身につけることを重要な課題と位置づけている。

　一方，このような期待とは裏腹に，日本の子どもたちは学習したことを生活や社会の中の課題解決に生かしていく力が十分でない (ユニセフ　2017)。

　さまざまな体験活動を通じて，生命の有限性や自然の大切さ，自分の価値を認識しつつ他者と協働する多様な環境での経験が不足している (日本学術会議 2020)，自分の行動で社会を変えることができると考える人の割合が低い (内閣府　2018)，環境を守るための負担をすることには肯定的であるが，自発的・積極的に負担をしようという行動を伴わない (NHK 放送文化研究所　2005) 等さまざまな課題が明らかにされている。

「私たちはこうなりたい」「こういう社会を実現したい」という主体性をもって生活に向かって生活を変え，社会を変える当事者としてエンパワーする家庭科を，なお一層広げていくことの重要性が再認識される。

## 2. 家庭科の「人生 100 年時代」の学び

### (1) 三つの視点と基底概念

　2017・2018 年告示の学習指導要領には，小・中・高等学校すべての段階の家庭科に「人生 100 年時代」に関わる学習が位置づいている。(文部科学省　2017，2018)。小学校では家族や地域で共に暮らしている幼児や高齢者など世代の異なる人びととの関わり，中学校では高齢者など地域の人びとと関わりと協働，そして高等学校段階では生涯発達の視点に立って，乳児期から高齢期までのライフステージの特徴と課題，生涯の生活設計，高齢期の心身の特徴，高齢者を取り巻く社会環境，高齢者の尊厳と自立生活の支援や介護について理解するという内容である。これらの学習内容は，表 1-2 のように，エイジングする個人を捉える視点，エイジングする社会を捉えるマクロな視点，そして，その両者をつなぐ三つの視点とその基底概念で展開される。

表1-2　三つの視点と基底概念

| | |
|---|---|
| エイジングする個人を捉える視点 | 生涯発達 |
| エイジングする社会を捉える視点 | エイジズムの払拭 |
| 個人と社会をつなぐ視点 | エンパワーメント |

出所：筆者作成

　一つ目のエイジングする個人を捉える視点，ここでは人間の生涯発達が基底概念となる。人間が生涯を通して達成していく生涯発達の理解，100 年の人生をいかに設計しどう生きるか，健康，ウェルビーイングを最大限に，人生を自ら設計すること等が学習課題である。

　二つ目は，高齢化する社会を捉えるマクロな視点である。ここでは高齢社会の特徴を理解して高齢社会をより良く営むための知識やスキルの習得が主な学習課題である。固定的な考えにとらわれず，既存の社会の枠組みを超えてより

良い社会へと変革する子どもたちであるために，学習活動の前提として，個人，地域，組織，社会それぞれのレベルでのエイジズム（年齢差別）の払拭が不可欠である。教員やまわりの大人たちから無意識のうちに伝えられる隠れたカリキュラムを偏りのないものにしておくことも重要である。

　三つ目は個人のエイジングと社会のエイジング，ミクロとマクロをつなぐ視点である。自分のより良い人生を模索しながら，より良い社会づくりについても探究する視点へとつなげ，発生する課題を調整していく力をつけることである。人びとが互いを尊重して支え合い，共に暮らし，社会に参画できる社会づくりに向けて提案し，行動することが学習の課題である。

　これら三つの視点を，小学校，中学校の発達段階では，児童・生徒自身にそのまま概念として理解することを求めるのではなく，教員やまわりの大人がそれを基底的な概念として共有し，それに基づいて「関わる・協働する」学習活動を展開していくことになるだろう。そして，小・中学校での学習を通して高齢者・高齢社会に向き合う基本を身につけた高校生たちには，これら三つの視点で構成される学習課題が提供されることになる。

## (2) 生涯発達の理解

　それではここで，個人のエイジングを捉える視点の基底概念，生涯発達について検討する。高等学校の学習指導要領の目標「人間が生まれてから死ぬまでの間，身体的，精神的に変化し続け，各ライフステージの課題を達成しつつ発達すること」（文部科学省　2018）という説明に示されるように，家庭科が対象とするのは，成長という言葉で言い表されるような，上に伸びていく，高まっていくといった，主に人生の前半までの右肩上がりの変化のみではない。以前していたことをしなくなる，できなくなる変化も含めて人間が自分の可能性に向かって自己を完成し続ける過程のすべてを含む変化，すなわち生涯発達（柏木 2013，堀　2018）である。

　小学校，中学校における高齢者との関わり，協働の学習においても，高等学校での，生涯の生活設計や各ライフステージにおける生活の営みに関する学習

においても，生涯発達は基盤をなす重要な概念である。

　ここで共有したいことの一つは，生涯にわたる発達の原動力となるのは，進んでまわりの環境に働きかけ，相互作用を行う生活の主体性だということである。受け身の姿勢で変化を待っているだけでは，生涯発達は望めない。意識的に生活を営むという視点から，自分の状態を知り，生活環境を見直し，環境との相互作用，たくさんの人たちと関わることによってのみ，生涯発達が可能になる。

　人間の生涯発達について考えることは，家庭科で学習する衣食住の生活の営み，家庭の仕事，調理実習や被服製作といった実習にも新しい意味を加えることになるだろう。生活の営みの意義については，健康的な身体の維持，快適な生活の実現，家族の一員としての役割を果たすことができるようになるため等が目的として強調されるが，生涯発達の視点にたってみると，生活の営みを通して環境への主体的な働きかけをすること自体が人間の発達にとってかけがえのない活動であるという，もっと根源的な，生きることに近いもう一つの意義を，再発見することになるだろう。調理や被服実習についても同様に，食材や布に働きかける行為そのものが人間の発達に関わって重要だという気づきを与えてくれるはずである。

　二つ目には，自分とは異なるライフステージにいる子ども，高齢者，病気やけがを抱える人，障がいのある人も当然，生涯発達の過程にいる人たちであるという理解である。まわりの人を自分と同じように生涯発達している存在として尊重し，すべてのライフステージにある人がウェルビーイングを求めながら生きていくという当然の権利への理解は，そのために必要なもの・ことを協働で創り出そうという意欲の源泉になる。まわりの人たちは，毎日の生活の中で意思決定はできているか，その前提となる選択肢や情報は十分に得られているか，そもそも意思が尊重されにくい人，意思を問われにくい人はいないだろうか，そのようなことを問いながら，視野を広げ，社会のしくみへの関心も高まっていく。

　そして，このような視点の獲得は，自分で何でもできる強い人をモデルとす

るような人間像や，強い人を前提とする自立に対する考え方を変容させる。自立とはケアする関係性の中で互いの違いを認め合いながら実現していくもの，というように自立観も転換されるはずである。このようなまわりの人に対する基本的なまなざしのありようは，家庭科での高齢者／高齢社会の学習のみならず，子どもの発達，家族関係，地域の人びととの関わり等の学習が正しく行われるための基盤として重要である。

## （3）エイジズムの払拭

　二つ目の視点，社会のエイジングを捉える際の基底概念は，エイジズム（年齢差別）の払拭である。日常生活には，レイシズム（人種差別），セクシズム（性差別）といった個人の力ではどうにもならない要因による偏見や差別がある。エイジズムは第3の差別といわれ，高齢期の心身の機能低下への無理解や蔑視，高齢者の能力が現代社会には通用しないなどの一方的評価による高齢者差別として問題提起された（バトラー　1976 = 1991）。高齢であるという理由のみで，偏見や固定観念（ステレオタイプ）を抱いたり，差別的な行動をとったりする誤った態度は，人間関係にも，職場や地域，社会のしくみや制度などの側面にみられる。エイジズムには，「多くの高齢者は過去に生きている」という偏った考え方としての誹謗，「高齢者は誰にも迷惑をかけない場所に住むのが一番だ」というような嫌悪・差別，「高齢者とは長い時間過ごしたくない」という回避といった側面がある（原田　2020）。

　また，もともとは高齢者の権利擁護の考え方だったが，近年では若者に対する差別も指摘されている。例えば，年齢が若いことと未熟であることを単純に結びつけて偏見を持つエイジズムに拠って労働の場での差別が生じ，それが経済格差につながっているような例がみられる。

　まわりの人やもの，環境との相互作用をする生活の営みを学習の対象にしている家庭科にとって，自分が関わりをもつ相手，人，もの，ことをどのように認識するかという，基本的な視点を子ども自身が意識化し，確かなものにする学びはとても重要である。そもそも，家庭科における高齢者／高齢社会の学習

は，高齢者は課題を抱えて困っているので助けようとか，高齢社会がたいへんなので社会を支えるために協力しようということを目的としているのではない。固定的な思い込みを廃して，科学的，客観的な視点にたって現状を把握することがまず目指されることである。そのことによって初めて，子どもたちはライフステージを通して生涯発達を遂げている多様な人たちである高齢者と向き合うことができ，地域社会の中で支え合う豊かな人間関係を築くことも，高齢者が経験の中で積み上げてきたギフトを受け取ることも，あるいは，より良い高齢社会に向けての提案も可能になる。その結果として高齢者を助ける気持ち，敬う気持ちや世代間共生への意欲も湧いてくるのだろう。

エイジズムから脱却するには，その存立基盤である年齢に対する誤解，無関心をなくす必要があり，そのために不可欠なのは，ノーマル・エイジングの過程を正しく理解することである。大きな疾病がない。時間の経過とともに興じる身体的変化，生理機能的変化等の全体的な変化は正常な老い（ノーマル・エイジング）とよばれ，進み方のペースに個人差はあるけれども，すべての人に普遍的にみられる，生まれた時から途切れなく続く変化である。避けることはできないし，なきものにすることもできない。

ノーマル・エイジングの理解は，ライフステージを貫く視点の獲得をもたらす。ライフステージは独立して存在するのではない。前のステージのありようが次のライフステージを生み出し支えていること，幼年期からの生活習慣，予防知識や技術の獲得，青年期，成人以降も正しい情報を得て行動変容し続けること，そして，その人が創り上げた健康的な生活は次の世代へと継承されるという継続性を理解するということなのである。

このような学習を通して，年齢によって分断された関係性を再び統合する視点が獲得できる。若者の問題，高齢者の問題も人間の一生を通しての問題として統合する視点の獲得によって，子どもも若者も大人も高齢者も発達しつつ生きる者同士，共通の権利，共有できることがあるというように視点が変わり，世代間の連帯を築く素地が生まれる。

個人，地域，社会のしくみ・制度に存在するエイジズムを払拭して固定的な

考えから自由になることは，高齢社会を正しく捉えることができるようになることにとどまらず，もっと多くのことを含んでいる。多様性の理解，固定的ジェンダーの捉え直し，世代間関係の再構築，ノーマライゼーション，社会的包摂，ユニバーサルデザイン，アクセシビリティ等々，これから協働で創り上げる共生社会に欠くことのできない重要な視点の獲得につながっていく。

## (4) 共生社会へのエンパワメント

　三つ目，エイジングする個人とエイジングする社会の両者をつなぐ視点の基底概念はエンパワメントである。これは，家庭科の背景学問である家政学のキーコンセプトでもあり（IFHE　2008），家庭科の実践において重要な概念として位置づけられる。エンパワーとは，もっている力を引き出す，発揮するという意味である。本章では，生涯発達の視点，エイジズムに捉われない視点を獲得した子どもたちが，当事者として自分たちの力を引き出し，まわりの人たちを元気にし，地域の中にある素晴らしい力に気づき，ウェルビーイング実現に向けて発信し，活動するパワーの育成を意味している。

　子どもたちが本来もっている潜在能力を湧き出させ，それを育むためには課題設定が重要である。高齢者・高齢社会に関する課題が山積している今，子どもたちにとっては共通解が情報として溢れている。しかし，それらを学習の課題としてはならない。現状の生活の中にある課題や問題の部分に焦点を合わせ，それを乗り越える・解決するための知識やスキルを学ぶのであれば，それは，今の社会に適応するための学習に矮小化されてしまう。当事者として「人生100年代時代」に向き合う子どもたちに必要なのは，現状の枠組みに捉われることなく新しい発想で課題を見出し，積極的な社会変容をもたらすのに求められる価値観や行動，ライフスタイルを探求する機会をもつことである。どういう生活が好ましいかを考え，生活の事象のさまざまなものを関連づけ，そこからよりよい生活への方策を探る，新しい発想で課題設定力をもつことである。

　子どもの課題設定力を最大限引き出すためには，教師からの問いかけが重要になる。子どもが当たり前と思っていることを問い直し，固定的な考え方，社

会の枠組みを超えていけるような発想のヒントや励ましが子どもの力を最大限に引き出すことにつながるだろう。

　急速な都市化によってコミュニティが変容し，地域のつながり，人間関係の希薄化は私たちの生活や人間関係に大きな影響を及ぼしている。コミュニティの再構築が重要な課題となっている。子どもたちが新しい発想をもってこれからの共生社会をつくっていくことに参画できるような勇気づけを行っていこう。子どもたちのエンパワメントは，関わる人たちと刺激し合いながらまわりの人たちをもエンパワーし，地域を変えていく力になる。

## 3.　家庭科の「人生 100 年時代」の学びがもたらすパラダイムの転換

　さて，ここまで述べてきたような家庭科が実践されることによって，子どもたちの認識はどのように変容するのだろうか，どのような新しい力を獲得するのだろうか。高齢者との関わり／協働の学習を事例として具体的に考えてみる。

表1-3　"関わり合う"主体形成のパラダイム

| | 人生 100 年時代の家庭科 | 従来の学び |
|---|---|---|
| 高齢者の基準 | 年齢　社会的・文化的老い「これまで」「現在」「これから」 | 年齢　身体機能障害の程度「これまで」「現在」 |
| 高齢者像 | ライフステージを通して生涯発達の途上にある多様な人たち | 若者と伍して活動する元気な人／介護の必要な人二極化した像　画一的 |
| 高齢者の役割 | 複数の役割をもつ共生社会の一員能動的　できることに着目 | 祖父母地域にいる世代の異なる人受動的　できないことに着目 |
| 児童・生徒の関わり | 積極的継続的 | 特別なニーズに対応特別な時，行事の時 |
| 児童・生徒との距離 | コミュニティの中にいるネットワークの中にある | コミュニティから離れた特別な場所にいる　ネットワークに含まれない |
| 活　動 | 共生社会の一員として互いの特徴を生かして尊重し合う相互性互いの潜在能力の発見コミュニティの潜在能力の発見 | 特別な機会を設けて何かしてもらう／何かしてあげる断片的一方向性 |

出所：筆者作成

　表 1-3 に示すように，従来の学びでは，高齢者とは，年齢や身体機能障害の

程度，「現在」の状態，祖父母あるいは地域の世代の異なる人といった単純な指標で捉えられた画一的な存在であり，学習を通じて子どもたちが認識するのは，若者と伍して元気に活動する人，あるいは，介護が必要な人というように二極化された存在であった。「人生100年時代」の家庭科の学びの実践によって，高齢者の基準は年齢，身体機能ばかりでなく社会的・文化的な側面を含み，「現在」だけではなくその人の「これまで」「これから」というライフステージのつながりとして意識され，同質的でない多様な高齢者像が認識されるようになる。

　高齢者とはこういうものと決めつける考え方から，その人の生活の全体像，履歴，価値観等に着目する考え方へと視点が転じることによって，関わる／協働する学習活動の前提は，支援する人／支援される人という一方向の関係性ではなく，双方向の協働できる関係性を創ることへと変化する。

　それに伴って，関わる／協働する学習活動の内容も変化する。従来の高齢者を受動的な存在と捉え，できないことへの着目から出発した活動から，個性的で，価値を抱いて多様な生活過程を生きる能動的な高齢者ができることに着目する活動へと変化する。それは，従来のような行事の際などの特別な機会に行われる限定的で断片的な活動から，より日常的で継続性のある多様なものへと変化することでもある。それまで，抽象的な集団としてしか高齢者を認識できなかった子どもたちは，日常的に同じコミュニティの中で生きている多様性に富んだ，特徴をもったその人として認識できるようになる。そして，地域の中にいる高齢者が自分の風景の中に入ってくる。人口の高齢化という意味も，このような学習によって初めてリアリティをもって理解できるようになるのかもしれない。その人たちと互いの潜在能力を発見し，特徴を生かし合い交流を生みだす主体へと変化する。それは，子ども自身が活動の主体となる主体性のパラダイムの転換である。

　このような学習の過程は，問うことから広がっていく。自分・家族・コミュニティをとりまく社会の力の充実を求めて，与えられた環境，選択肢，社会一般の価値観を問い直し，どう暮らしていきたいかを出発点に個人の気づきをみ

んなの共通課題とし，提案し行動する。社会全体の持続可能性の実現へと時間軸，空間軸が拡張していく過程である。

このような高齢者と関わる学習において生じる視点の転換は，子どもたち自らを関わる／協働する学習の主体として認識させるのみならず，教員，まわりの大人たち，高齢者にも広がっていく。高齢者・高齢社会に関する学習を一新するとともに，家庭科の学習全体にも影響を与えることになる大きな変化だといえよう。

## 4. これからの家庭科教育—持続可能性の実現に向けて

ここまで，人生 100 年時代に子どもたちが自ら学び，行動しながら生きる力を高め，その力で周りを，コミュニティをエンパワーする家庭科について考えてきた。まわりの環境に働きかけ相互作用を行う主体的な生活の営みが人間の生涯発達に関わって根源的なものであることは，家庭科の意義を自明のものとする。ライフステージを進む過程で多次元的で多方向に生じる変化を発達という見方で包括するインクルーシブな視点は，家庭科が扱う人・もの・ことのすべてに対するこれまでの見方を転換させるインパクトをもつ。

本章では，高齢者／高齢社会に関する学習を題材に検討してきたが，ここで獲得した視点は，高齢者／高齢社会に関する学習だけにとどまるものではなく，家庭科のすべての領域に敷衍できるものである。年齢，性別，家族状況，就業形態等によって生活に格差が生じており，立場やライフスタイルの違いを超えて理解し合うことが難しい状況も生まれている現状を捉え，将来世代をも含んだ長期的な視点をもち，個別の利害を超えて価値の調整を行い，持続可能性の実現に向かう生活マネジメントが求められている。

いまこそ，「人生 100 年時代」の視点で学びの内容を改めて問うことから始めよう。例えば，育児の現状を捉えるとどのようなことがみえるだろうか。私たちが課題にするのは，社会的に提供されている選択肢の中から，できるだけ効率よく育児を行い，時間を節約するためにどの選択肢を選ぶか，誰とどう分担するかということだろうか。そうではないはずである。育児がたいへんな現

状を如何に改善するか，という問いの前に，そもそも育児が「負担」であるの
はなぜなのかを問うことから始めるべきだろう。子どもを育てることはそもそ
も負担なのかを問い，人間としての自然さの観点から育児の持つ本来の意味に
立ち返り，育児が負担にならない社会を構想することが課題となるのではない
だろうか。そこでは男女間の育児分担は義務ではなく，人間として発達する過
程の当然のこととして行われるはずである。育児の社会化についても家族か市
場かの二者択一を前提とした議論から脱し，家族と市場の境界を超えてインク
ルーシブに育児を行える社会をみんなで創ることが課題となるのだろう。この
ような家庭科の考え方に立つと，脱少子化へのアプローチも，育児「負担」の
軽減，少子化支援だけではない，もっと豊かな人間性を追求する議論が可能に
なる。

　このように，家庭科の「人生 100 年時代」の学びは，自分の生活の持続可能
性の追求から始まり，社会全体の持続可能性を探求することへと広がり，そし
て，持続可能な社会の形成者としての変革を求める行動へと展開していく。

　格差，社会的排除，子どもの相対的貧困率の高さ，ジェンダー・ギャップ指
数に象徴されるジェンダーの問題等々，克服しなければならない課題が山積し
ている。このような時代にあって，ここから私たちが始めることは，生活の価
値をより具体的にしていきながら，それを生活の側から社会全体へと広げて人
間としての豊かさを確実に手に入れることだろう。一人ひとりが，自分の人生
を守り，まわり（異なる世代・異なる文化・地域やコミュニティ）を守り，環境（身
近な・地球を・自然を）を守ること，そして，それを通して，人間の生活が中心
にくる主体的で創造的な生活の実現であり，それは，子ども，大人，高齢者，
障がいのある人，男性も女性も，誰もが参加して創り上げていく「誰ひとり取
り残さない」プロセスである。

・引用文献

バトラー，N. ロバート著，グレッグ・中村文子訳．(1991)．老後はなぜ悲劇なのか．
　メヂカルフレンド社．

中央教育審議会. (2016). 幼稚園，小学校，中学校，高等学校及び特別支援学校の学習指導要領等の改善及び必要な方策等について (答申).

原田謙. (2020). 幸福な老いと世代間関係：職場と地域におけるエイジズム調査分析. 勁草書房.

堀薫夫. (2018). 生涯発達と生涯学習. ミネルヴァ書房.

IFHE. (2008). IFHE Position Statement, Home Economics in the 21st Century.

柏木惠子. (2013). おとなが育つ条件. 岩波書店.

工藤由貴子. (2024). 人生100年時代の生活のマネジメント. 持続可能な生活研究会編. 持続可能な社会と人の暮らし, 15-26. 建帛社.

グラットン，リンダ，スコット，アンドリュー著，池村千秋訳 (2016). LIFE SIFT 100年時代の人生戦略. 東洋経済新報社.

文部科学省. (2017a). 小学校学習指導要領 (平成29年告示). 東洋館出版社.

文部科学省. (2017b). 中学校学習指導要領 (平成29年告示). 東山書店.

文部科学省. (2018). 高等学校学習指導要領 (平成30年告示). 東山書店.

内閣府. (2018). 我が国と諸外国の若者の意識に関する調査.

内閣府. (2023). 令和5年版男女共同参画白書.

日本学術会議持続可能な長寿社会に資する学術コミュニティの構築委員会提言. (2011). 持続可能な長寿社会に資する学術コミュニティの構築.

日本学術会議心理学・教育学委員会・臨床医学委員会・健康・生活科学委員会・環境学委員会・土木工学・建築学委員会合同，子どもの成育環境分科会. (2020). 我が国の子どもの成育環境の改善にむけて：成育空間の課題と提言 2020.

NHK放送文化研究所. (2005). 環境に関する世論調査.

ユニセフ・イノチェティ研究所. (2017). ユニセフレポートカード14.

（工藤　由貴子）

# 第2章
# 家庭科教育と家政学

　本章では，子どもをとりまく環境が大きく変化する中で未来を生きる子どもたちに必要な生活の学びとは何かを考えてみたい。具体的には，背景学問ともいわれている家政学を改めて見直し，生活の捉え方を再考し，これからの家庭科教育への示唆を得たい。

## 1. 家庭科の本質は理解されているのだろうか

　家庭科は何を学びどのような力を育む教科なのか，家庭科の学習内容や教科目標は十分に理解されているのだろうか。

　例えば，2018年の高等学校家庭科学習指導要領改訂に際し，高校家庭科で投資教育が始まる，と家庭科教育が注目されたが，家庭科には，生涯を見通した経済の管理や計画に関する学習が含まれ，お金を「使う，貯める，増やす」学習内容は，既習事項である。同学習指導要領では，生涯の生活を設計するため，そして消費生活や環境に配慮したライフスタイルを確立するための意思決定，健康な食生活の実践等に関する学習活動を充実すること等が主な改善点として挙げられている。

　特に「生涯の生活設計」を科目の導入として位置づけることが明記されているのだが，この「経済の管理を含む生涯の生活設計」という生活全体を捉える内容が高校家庭科の柱になっているということを，どれくらいの人が理解しているのだろうか。

　また家庭科の「協力・協働，健康・快適・安全，生活文化の継承・創造，持

続可能な社会の構築等」の四つの見方・考え方は，OECD のウェルビーイング項目や SDGs（持続可能な開発目標）の理念や多くの目標と関連している（大本2022）。家庭科教育が「私たちの現在および未来のありかた」に重要な役割をもっていることを家庭科教育の関係者のみならず，すべての教育関係者に正しく伝えることが最優先の課題と考える。

　そのことに加え，家政学を学び，家庭科という教科の本質が理解できている教員が家庭科の授業を担当するということが大切なことである。しかし現状はどうだろうか。家庭科教員としての資質を備えた教員が授業を行うことによってこそ，子どもたちに正しい家庭生活観や真の「生活力」を養うことができる。「生活力」とは，具体的には，生活自立に必要な知識・スキルや生活の質を向上させるための問題解決力・実践力・批判的思考力等である。育成したい資質・能力については第 14 章で詳細を述べている。

　以下の記述は，過去の大学の授業で家政学を学んだ 1 回生が「家庭科はなにを教える教科か」を自身の言葉で説明したものである。

> ●生活者として，生活の質を向上させるとともに自立した生活を営むための知識や技能を習得することが目標。子どもたちに，彼らをとりまく問題を投げかけ，「気づき」や「創造」へのきっかけを与え，新たな生活課題に直面した時の問題解決力を養う教科。
> ●社会のあらゆる物事に疑問の目を向けつつ，健康で幸福な家庭生活を営むための習慣や家庭生活を営むことの楽しさを教える教科。

　荒井（2016）は，家政学と家庭科について「家政学の特徴は，個人と家族の生活の営みを丸ごと研究対象とすることにある。この『包括的，総合的』に捉えることを価値づける学問は家政学をおいて他に無く，生活を丸ごと学習対象とする教科は家庭科をおいて他に無い。その目指すところは，個人，家族，社会にとっての『よりよい生活の創造』」という。家政学では，個人と家族の生活の営みをどのように包括的・総合的に捉えているのかに焦点を当てて，家政学の内容を整理したい。

## 2. 家庭科の基盤となる家政学

### (1) 家政学の定義

　まずは，日本家政学会家政学原論部会作成の家政学的研究ガイドライン〔第一次案〕[1]から，家政学の研究目的・対象・方法・独自性・定義を抜粋した。

#### 表2-1　家政学の研究目的・対象・方法・独自性・定義

■1 家政学の研究目的

家政学の研究目的は，よりよい生活を実現するために生活問題を予防し解決しようとする個人・家族・コミュニティをエンパワーする(励まし支援する)ことにある。家政学で行われた諸研究が教育をも含む実践的な諸活動に生かされることによって，この目的は達成される。それを通して，家政学は，家庭や地域の生活の質の向上，人間の開発，ひいては人類の幸福の増進に寄与することになる。

■2 家政学の研究対象

家政学の研究対象は，家庭を中心とした人間生活における人と環境との相互作用である。家政学は，人と人，人とモノとの相互作用を対象に，生活環境のありようや広い意味での家庭生活の諸事象について研究する。

■3 家政学の研究方法

家政学は，自然・社会・人文の諸科学を基盤として，家庭を中心とした人間生活に関する諸法則を明らかにし，実生活に役立つ研究をする実践科学であり，総合科学である。また，家庭を中心とした人間生活における特定の目的をもって自然科学，社会科学，人文科学の知識を統合するために，経験・分析科学(実証科学)，解釈科学，批判科学などの学問的アプローチが用いられる。

■4 家政学の独自性

家政学の独自性は，生活主体としての個人・家族・コミュニティから対象を眺め，愛情，ケア，互恵関係，人間的成長，文化の伝承と向上などの家政学的な価値(家政学の倫理)に基づいて課題を認識するという視座および価値基準，並びに最終的には家庭を中心とする人間生活の質の向上に資するという目的を有することに求められる。

■5 家政学の定義

家政学とは，個人・家族・コミュニティが自ら生活課題を予防・解決し，生活の質を向上させる能力の開発を支援するために，家庭を中心とした人間生活における人と環境との相互作用について研究する実践科学であり，総合科学である。家政学は，生活者の福祉の視点から，持続可能な社会における質の高い生活を具現化するライフスタイルと生活環境のありようを提案する。

出所：日本家政学会家政学原論部会 (2013)

　表2-1から，家政学は，持続可能な社会における「生活の質」を研究する学問であり，家政学的な価値 (家政学の倫理) に基づいて課題を認識し，家庭を中

心とする，人間生活の質の向上に資するという目的を有することを家政学の独自性としていることが確認できる。

　つまり家政学とは，人類の福祉，個人・家族・コミュニティのウェルビーイング向上を目指す学際的な学問であり，生活主体者として，個人や家族がよりよい生活を実現するために自らの生活問題の予防や問題解決を目指す学問であるといえる。

　OECD によって定義された 11 のウェルビーイング項目には，仕事，所得など経済的要因に加え，健康状態，環境の質，コミュニティなど「生活の質」に影響を与える要因が含まれている。家政学は，まさに時代を先取りした先見性のある学問といえよう。

## (2) アメリカ家政学

　次に日本の家政学に影響を与えたアメリカの家政学（ホーム・エコノミクス）について触れておきたい。

　第 1 回のレイクプラシッド会議 (1899) にて「人と環境との相互関係の科学」として家政学が誕生して以来，1908 年のアメリカ家政学会の設立まで，毎年レイクプラシッドで家政学に関する会議が行われていた。

　家政学成立の際に中心的役割を担ったエレン・リチャーズは，家政学を「"他のいのちへ及ぼす影響"の観点から日常生活のあり方を研究する学問」と考え，「生活環境の改善こそが生命がよりよく育つ可能性を保障する」という優境学の思想を展開した（西野　2018）。リチャーズによると，"ホーム"は発達する子どもたちを守るための場所 (shelter) であり，"エコノミクス"はこの家庭の管理 (management) を意味した（住田　2008）。

　西野は，Bubols らが 1979 年に発表したヒューマン・エコシステムの図を引用し，研究，教育を統合するためには，環境全体を見渡す全体的視野ならびに生態学的調和の視点が必要不可欠であり，この視点こそ家政学の独自性とし「エレン・リチャーズの『ユーセニクス』にみる持続可能な未来」の概念図を紹介している。その図に示されている予防・分かち合い・ケア・シンプリシ

ティ・責任など「エコライフのためのリチャーズの精神」は，これからの家庭科教育を考える上で大変示唆に富む。また家庭生活を「善き市民育成の場」としていることにも注目したい。リチャーズが提唱した共生社会実現のための市民教育は，今日の SDGs を生活者の視点から捉えた内容と重なる。

　環境全体を見渡す視野ならびに生態学的調和の視点を重視する家政学は，SDGs の理念や 17 分野（目標）と密接に関連している。一世紀以上も前に教育・環境問題を生活者の視点で捉えたリチャーズ優境学（ユーセニクス）の思想に学ぶ点が多い。

　次に家政学の「家政」について言及する。

### (3)　家政を中核とする生活システム

　中原（1948）は「家政学がその対象とするものは，家政という人類生活の最も基本的な家庭に於ける生の営みである」「家政とは，人類生活の基本的形態たる家庭に於ける精神的，技術的営みを謂う」と述べている。そこで家庭における営みの内容を「生活システム」から考えてみたい。

　宮川ら（1981）は，「家政」を「構成要素が目的実現のために緊密な相互作用によって関連づけられた組織体でありシステムである」とした。中核となる家政システムにおいては，その内部で個人的な知識・能力・健康・価値・信念などや協調性・拘束性・親密感・家族関係などをもって，家族員が相互間でサブシステムを構成しており，また各種の技能や目標設定・意思決定・計画立案・実践などの諸機能が，マネジメント・サブシステムとして含まれている。その外部には，家庭生活に必要な諸資源が，家政環境として存在する。生活システムを構成する要素として①家政，②家政環境，③環境の3つを挙げ，3要素の関係を図で示した。

　以上のことから，家庭における営みとは，人と人，人と物が相互に作用し，関係しあいながら，さまざまな活動が家政担当者によって調整・統合（＝マネジメント）されながら行われているものと捉えることができる。その営みには，個人的な要素である健康・価値・信念などの価値や「目標設定・意思決定・計画

立案・実践」などの諸機能が含まれている。

### (4) 視覚化された「家政学」

　ここで「家政学とはなにか」の家政学研究や広報活動を行っている関西家政学原論研究会[3]の成果を紹介する。日本家政学会認定資格の「家庭生活アドバイザー」のバッジや認定証デザインとして採用された「家政学の広報ロゴ」も同研究会で作成されたものである。本研究会では，2017年より，家庭生活を基盤とする人間生活の構造を視覚化する研究に着手し，2020年に概念図を提案している（図2-1）。

　以下はその概念図＝「人間生活の構造」（家政学の視点から）の解説である。

　「家庭生活」は入れ子（マトリョーシカ）のように「地域」「社会」「自然」というシステムの中で営まれている。「家庭生活」はU字型の矢印が示す通り，まず「主体（生活する人）」が「対象（生命維持に必要なモノ・コト）」に関わり，そして「主体」に返るような関係を想定する。近年「主体」の捉え方は多様化・個別化が進んでいるため，「家族」と「個人」は分けられる。また，「対象」は生活するための基本である「衣食住」を指す。「主体」と「対象」をつなぐ役割を担う「対応」は，「マネジメント」と言い換えられ，現在は「健康，持続可能，安全・安心」が主な目的である。また各システムの間には直接・間接的

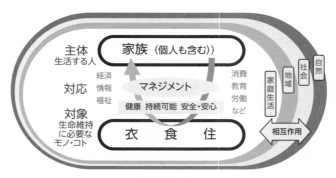

**図2-1　人間生活の構造（家政学の視点から）**
出所：関西家政学原論研究会50周年記念誌（2020）p.19

かつ絶え間ない「相互作用」が展開されており，「マネジメント」は，これらの要素を混ぜ合わせ，調整・統合するはたらきを持つと考えられる。

　「マネジメント」の方法や方向性は，家庭生活を営む主体によって変わる（奥井　2020）。本概念図からも，人間生活の基盤である家庭生活は，地域・社会・自然というシステムの中で営まれ，健康，持続可能，安全・安心という価値を実現するために主体と対象が相互に関わりあい，さまざまな要素を調整・統合する「家政」システムが中核にあると読み取ることができ，ここに生活の営みの「包括的・総合性」をみることができる。

　図2-2は，家政学の各領域と隣接科学の関係を表したものである。家政学には多くの研究領域が含まれていることや他のさまざまな学問と関連していることが可視化されている。

　本節では，人間生活の基盤である家庭生活は，家政を中核とするシステムの中で営まれていること，家政学は，生活主体者として，個人や家族がよりよい生活を実現するための学問であること等が明らかとなった。家庭生活を学習対象としている家庭科においても，家政学の生活の捉え方に学び，子どもの発達段階に応じて，この「包括的・総合的」な生活の捉え方が理解できる学習を開発することが求められている。

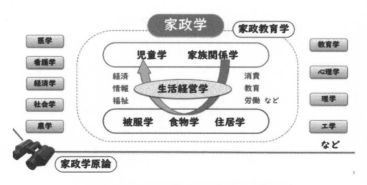

**図2-2　家政学の各領域と隣接科学の関係**
出所：関西家政学原論研究会50周年記念誌（2020）p.21

## 3. 人間守護を主軸とする家政学

　前節で家政学発祥の理論基盤であるリチャーズの精神に触れたが，日本でも精神面に焦点を当てた家政学（家政哲学，生活人間学）が提唱されている。そこで本節では，人間のいのちや生活の意図的な営みを重視する家政の内容を考察する。

### (1) 家政哲学

　関口富佐はO・F・ボルノーの哲学に依拠して家政学を「家族および個人生活に守護性を付加し，その増大をはかる行為及び技術を体系的に統合した学問」と定義した。

　関口 (1977) は，「……家庭は，家政は，そしてそれを対象とする家政学は，この人間性の育成を芽生えさせることを目指して，人的・物的諸行為・諸技術を実施し，人間が守護されるように工夫し，研究し，発言しなければならない」と述べている。さらに「家政学は人が生命を維持し，成長発展する拠点の一つである，限られた空間内において『人および事物・事象』『人々および事物・事象群』のかかわりに関し，一つの秩序だてを行い，時の推移と等しく生命の変質に対応して，人間の在り方を精神的・物質的に援助・守護して人間各人の充実を高揚するべき学問であろうと思うのである」と論じている。「これは，あくまでも人間を中心とし，その在り方を中核とするものであると考える以上，そこにおのずから何らかの思想体系によらなければなるまい。すなわち家政学に哲学を求めざるを得ない理由である。」と哲学の必要性を強調した。

　住居の機能を住み心地のよい空間，家族や他者との会話が弾む空間という視点から捉えることや，人間性を育成できる空間，家庭生活とは何かを考える哲学，人間各人の充実を高揚する学問が家政学であると解釈することで，包括的な捉え方ができる。

　「人間性の育成を芽生えさせる家庭生活」を次のように考えてみた。

　人間性とは，一般には「人間らしさ，人間として生まれつき備えている性質」と解釈されるが，ここではそれらに加え，「どういう人として存在できるか」と

いう包括的な「人間性」を重視したい。包括的な「人間性」には，思いやりや
他者への配慮，その人らしさも含まれる。家族や他者とかかわりを深め，豊か
な生活を営むために，この「人間性」が最も重要なキーワードとなる。人間性
の育成を芽生えさせることは家庭生活の重要な機能であり，人間が生まれなが
らにしてもっている成長の可能性を育むことは家庭科教育の目的そのものでも
ある。「人間性の育成を芽生えさせる家庭生活」の重要性を再認識し，成長の
可能性を育む「家族・家庭生活」を家庭科の学習の中心におくこともできる。

## (2)　生活人間学

　生活人間学を提唱した溝上泰子 (1968) は，家庭生活はあるものではなくて
「つくるもの」とし，家庭生活をつくる契機を四つ，すなわち「だれが，何を，
どこへ，いかにして」を挙げている。どこへ，については，万人が求める「豊
かに，自由に，美しく，それぞれの人生をつくる」ことと同様，家庭生活もそ
の方向へつくられるべき，としている。また家庭生活には，いのちのリズムや
くらしのリズムが大事であることも指摘している。
　溝上の「家庭生活の問題領野」の図を引用し，「生老病死」を家庭生活の本
質とする図を作成した (図 2-3)。
　中心の円 A は生，　それをとりまく B は家庭をつくる主体をあらわす。その
B をとりまく C は，家庭生活全体を示し，
生死，成長，病気 (けが)，老化を絶対的
なものとして示した (溝上は，C の外に衣
食住，教育，育児，家庭の心理，整理，衛生，
美的生活，経済などを配置している)。

　本図のように，人間の「生」は家庭生
活に基盤を持ち，家庭生活の本質を「生
老病死」と，人間の生を中心に据えた家
庭生活の重要性を見直したい。「家庭生
活」は人の成長や人間性の育成の場であ

**図2-3　家庭生活に基盤を持つ「生」**
出所：溝上(1948)より一部引用をもとに筆者作成

ることを強調することができる。

　以上，関口富左，溝上泰子の「家政学」を紹介した。哲学を重視し，生活に対する独自の考え方，いかに生きるか，人間とは何かを問いながら，生活の中で価値実現すること，美を問うこと，人間が主体になって家庭生活をつくること等を強調している点を共通点として指摘することができる。二人の家政学からは，いのちやくらし，リズムや生活の弾みなど，「いのちとこころ」を中心に据えた包括的な家政の内容を読み取ることができた。

## 4．生活重視の価値観を育成する家庭科教育

　本節では，これまで見てきた家政学の内容を振り返りながら，これからの家庭科教育に必要な視点を整理する。

### （1）家庭科教育に必要な家政学の視点

　「人がそこにいる」「まさにそこに生活が営まれている」という人間・生活中心の学問として家政学を捉えることで，「個人の能力・健康・価値・信念」などの価値や「目標設定・意思決定・計画立案・実践等」の諸機能の重要性がよりクローズアップされる。それらを踏まえた家庭生活の学習を行うことによって，生活（家庭生活）重視の価値観を育成することができるのではないだろうか。

　加えてリチャーズが家庭生活を「善き市民」育成の場としたように，地球全体を見渡す広い視野をもち，Global Wellbeing（地域全体の幸せ・健康）や持続可能な未来を目指す消費者市民の育成を家庭科で重視したい。そのために，「エコライフのためのリチャーズの精神（簡素・ケア・責任・予防・シェア・自主性・創造性等―）」を子どもたちの発達段階に合わせて学習し，家庭生活に軸をおいた，家政学的思考を有する消費者市民の育成を小学校段階から目指すことが重要である。

　さらに家庭科の人間生活の構造的な捉え方や生活の営みに必要な金銭・生活時間・人間関係などの生活資源の捉え方が家政学と関わっていることや，「協力・協働，健康・快適・安全，生活文化の継承・創造，持続可能な社会の構築等」

の家庭科の4つの見方・考え方なども家政学の価値に関連していることが確認できた。

しかしながら，家庭（家族）やコミュニティに見守られて生活することの安心・安らぎ，どういう人として存在できるかという「人間性」の育成や，思いやりや他者への配慮，その人らしさを含む「人間性」の育成，上記の「四つの見方・考え方」を包括的にまとめる哲学，家庭生活とは何かを考える哲学，生活を総合的に捉える視点等が現在の家庭科教育に不足していることも明らかとなった。

そこで衣生活・食生活・住生活など分野領域を超えて，生活を総合的に捉えることができる「四つの家政行動」に注目した家庭生活の枠組みを提案した。

### (2) 生活意識と生活行動から見る家庭生活

2節で家庭生活とそれに関係する環境は，家庭生活の諸目的の実現を目指す

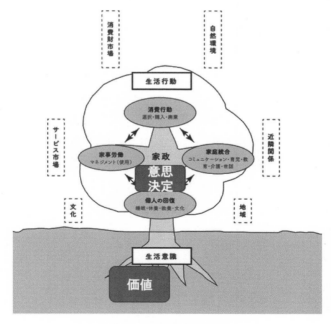

**図2-4　家庭生活の枠組み**

出所：大本編（2021）p.101

「家政」を中核とするサブシステムで成り立っていることを述べた。

　このことを家庭科で扱う家庭生活の意味として伝えるために，家庭生活の枠組みの視覚化を試みた（図2-4）。

　図2-4は，人間性が育成される家庭生活を「成長する木」に例え，中間（1987）がパーソンズのAGIL理論を適用し，図式化した「消費行動」「家事労働」「家庭統合」「個人の回復」の4つの家政行動を生活行動として示したものである。実際の生活は，経済や家族環境なども含まれるが，ここではシンプルな図にするために生活意識と生活行動を取り上げている。木の幹の「家政」は，根の生活意識（価値）の実現を目指す「意思決定」ができる力のイメージである。生活意識は，どんな生活をしたいのかという個人の生活目標でもあり，自らが大事にしたい価値をみつけ，それを実現することの重要性を伝えることができる。自らの「こころ」を太い木の幹に見立て，3節で確認した「生活の中で価値実現する」ことを表現した。

　これからの家庭科教育では，生活の豊かさや人間性育成の観点から，この「睡眠や休養，教養，文化」という「個人の回復」が何より大事な木の幹となり，健康で気力・体力が充実した個人であるかどうかが，家庭統合や家事労働などの他の家政行動に影響することを伝え，この家政行動が木の外側の「自然環境」や「地域」などと関連して社会とつながっていることも強調したい。

　このことは「いかに生きるか」を問いながら価値探究と価値実現することの大切さを説く「家政哲学」や人間の生を中心におく「生活人間学」に通ずる。

## (3) いのちを育む・人とつながる・暮らしをつくる

　家庭科は「いのちを育み，人とつながり，持続可能な暮らし」を直接題材として扱うことができる教科である。それゆえに「生老病死」を家庭生活の本質と捉え，人間のいのちを真ん中においたカリキュラムが展開できる。

　先にみた図2-4の家庭生活の枠組みに図2-3を合体させると図2-5のようになる。木の幹に「生」，根っこに「家庭をつくる主体」を配置した。家庭生活と切り離すことができない，人間の「生死」「成長」「病気（けが）」「老化」を

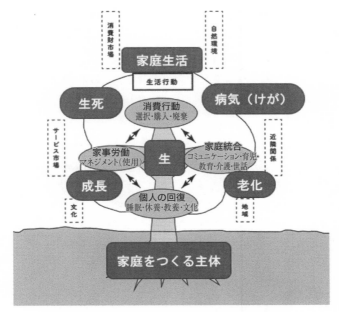

**図2-5　いのち〈生〉を中核においた家庭生活**
出所：筆者作成

家庭生活の本質と捉え，その中で四つの家政行動が行われていることを示す図になっている。

　このような可視化された図を用いて家庭生活の本質を共通理解することができれば，家庭生活の価値も共有できるのではないだろうか。

　人間生活にとっての豊かさが「次世代を育み，日々の生活を営み続けられること」であるということを多くの人に気づいてもらい，家庭生活の重要性や価値が共有できることが大切である。「次世代を育むこと」や「生活の営みに関連する内容」はまさに家庭科の学習内容である。

　岸本 (2017) は，科学技術の発展が家庭生活に正しく還元されているかを検証する役割が今日の家政学に必要であると述べている。生活者の視点から手段体系としての社会の仕組みや生産や技術に疑問を持ったり，生活者のウェルビーイングからかけ離れる科学にブレーキをかけたりすることができる子どもたち

を家庭科教育で育てることができたならば，家政学の大きな社会貢献といえよう。

　生活者の視点から社会のあり方を問うことができる子どもたちを育てる家庭科教育の役割は大きい。

　子どもたちと深く関わってきた小学校教員の飯野は，「教育は，言葉で終わるものではなく，実践に始まり，実践に終わるもの」と述べている（飯野1979）。実践を重視してきた家庭科教員だからこその実感のこもった言葉である。

近年，ますます子供たちの心身のゆがみが大きな社会問題になっています。私はこの現象は，子どもたちの生活離れの実態と深くかかわっていると考えています。今の教育が，人間のいのちやくらしの大切さを教えることをおろそかにし，教育がくらしに関わる内容を軽視したり，あるいは，取り除こうとする傾向の中でもたらされたものだと思っています。この痛ましい人間性喪失の問題状況の回復に，教育は全力をそそぐべきです。

　これは，40年以上前の飯野の指摘であるが，この状況はより深刻になっている。今こそ家庭科教育で人間性が発揚される「人間のいのちとくらしを守る家庭生活の営みとしくみを知る」学習が求められるのではないだろうか。

　先行き不透明な時代においても人間のいのちやくらしの大切さは変わらない。予測が困難な時代だからこそ，小学生から自分の人生を見通して，生活そのものの設計を考える教育や人とつながることの重要性を伝えることが不可欠であろう。いのちを育む家庭生活の重要性を知らせ，自分のいのち（健康）は自分で守る，暮らしのリズムを大切にして体調（心身の健康）を整える。そのために家庭科で健康的な暮らし方を学ぶ，というような「家庭科の学びの意義」をしっかりと伝え，生活重視の価値観を育成することが今まさに求められている。

　何を知っているか，何ができるかというようなことだけではなく，「どういう人間として存在しているか」を重視し，社会，環境，次世代に対して責任ある善き市民（消費者市民）であること，つまり家族をとりまく地域や社会へ配慮しながら自らにとっても，「より良く楽しい生活を送る人」として存在できる力を小・中・高等学校の家庭科教育を通じて育むことが大切である（大本　2017）。

　子ども自身の生活意識を明確にし，それを軸とした意思決定ができること，各人の目標実現に向けて家政行動をマネジメントできる（睡眠・休養など個人の

回復行動を充実させながら）ことが，豊かな生活をつくることにつながっている。生活重視の価値観のもと「いのちを育み，人とつながり，持続可能な暮らしをつくる」ことは，豊かな生活をつくることであり，未来を生きる子どもたちに育みたい力である。生活重視の価値をあらためて認識することこそが，家庭科の本質を理解することになる。家政学で重視している包括的な「人間性を育成できる，いのち〈生〉を中核においた家庭生活の営み」の視点をこれからの家庭科教育の中心におき，家庭科教育を通じて子どもたちが豊かな生活をつくることができる力を育みたい。

## ・注

1) 日本家政学会家政学原論部会では，部会設立50周年（2018年）に向けて「家政学原論部会行動計画2009-2018」が策定された。「家政学的研究とは何か」の課題に取り組んだ第1グループがこれからの家政学研究の指針となる「家政学的研究ガイドライン」の作成を進めた。

　　なお『家政学将来構想1984』（家政学将来構想特別委員会報告書）の定義は次のとおりである。「家政学は，家庭生活を中心とした人間生活における人と環境との相互作用について，人的・物的の両面から自然・社会・人文の諸科学を基盤として研究し，生活の向上とともに人類の福祉に貢献する実践的総合科学である」

　　さらにIFHEポジションステートメントでは，「家政学は，個人・家族・コミュニティが最適かつ持続可能な生活を達成するための学際的な学問である」と定義されている。

2) 本図には家政学における人間と環境の捉え方がわかりやすく示されている。

3) 筆者も所属する関西家政学原論研究会は，黒川喜太郎先生のもとで1969年にスタートし，その後宮川満先生や岸本幸臣先生のリーダーシップのもと50年以上の歴史を持つ研究会である。

## ・引用文献
荒井紀子．（2016）．家政学原論と家庭科教育をつなぐ：生活の変革とその担い手を育てるということ．家政学原論研究, 50, 53.

飯野こう．（1979）．家庭科でなにをどう教えるか．家政教育社.

岸本幸臣．（2017）生活は万物の基礎である．楽しもう家政学：あなたの生活に寄り添う身近な学問（p.10）．開隆堂出版.

文部科学省（2018）．高等学校学習指導要領解説, 9, 20.

溝上泰子.（1968）.　生活人間学：新しい教育学・家政学への提言.　国土社.

宮川満・宮下美智子.（1981）.　家政学原論.　家政教育社.

中原賢次.（1948）.　家政学原論, 135-136.　世界社.

中間美砂子.（1987）.　家庭科教育学原論, 92.　家政教育社.

日本家政学会家政学原論部会.（2013）.　家政学的研究ガイドライン（第一次案）. https://genron.net/wp-content/uploads/2012/12/guideline.pdf（2023.11.15）.

西野祥子.（2018）.　世界の家政学, 家政学原論教育における思想の意味：家政学の源流：エレン・リチャーズ.　やさしい家政学原論, 33, 37.　建帛社.

奥井一幾.（2020）.　家政学を視覚化する試み：概念図の試案.　関西家政学原論研究会50周年記念誌, 19-21.

大本久美子.（2017）.　今こそ家庭科！：「生活」することの意味を問う.　楽しもう家政学：あなたの生活に寄り添う身近な学問, 129.　開隆堂出版.

大本久美子.（2021）.　生活を愉しみ豊かに生きる：家政学者の生活実践, 101.　烽火書房.

大本久美子.（2022）.　ウェルビーイングの向上を目指す家庭科教育：パフォーマンス課題によるアプローチ, 17.　大修館書店.

関口富左.（1977）.　家政哲学：人間守護を主軸とする家政学確立のために, 7, 21, 144.　家政教育社.

住田和子.（2008）.　改訂　生活と教育をつなぐ人間学：思想と実践環境教育＝家庭科教育＝消費者教育＝家庭教育.　開隆堂出版.

（大本　久美子）

# 第3章
# 国際的視点から見る日本の家庭科教育

## 1. 世界における家政学と家庭科教育

### (1) 家政学と家庭科教育との関係

　世界を約150年のスパンで振り返ってみると，家庭科教育は19世紀の後半，ヨーロッパや米国で女子の家事教育として出発した。やがて20世紀に入り，女性の権利の獲得や就業に関わる専門分野としての家政学の樹立を背景に，学校制度の普及と併せて普通教育へと転換を遂げた。その後，第二次世界大戦を境に経済発展やグローバル化の進展とともに環境破壊や経済格差などの地球規模の問題が顕在化し，持続可能な生活への変革が要請される中，家庭科教育はそれぞれの国の事情の下で大きく変貌してきた。こうした時代の流れの中での家政学の展開，および家政学と家庭科教育（家政教育も含め，家庭科教育と称する）との関係を辿るとともに，そこからみえる日本の家庭科の特性やこれからの課題について明らかにしたい。

　まずは，家政学を主導してきた米国とヨーロッパの家政学，およびその中核組織である国際家政学会（以下，IFHE：International Federation for Home Economics）の活動と家庭科教育との関係を見ていく。

### 1) 米国の家政学と家庭科教育

　米国では，19世紀後半より地域ごとに女子教育としての家事的教育（Domestic Science）や家庭経済（Domestic Economy）の学習コースが開かれていたが，いわゆる専門科学としての家政学が成立したのは20世紀初頭のレイク・プラシッド会議（1899-1908）以降である。第1回会議において，家政学の専門分野を総

称する用語としてホーム・エコノミクスが採用され，第4回会議で家政学の定義が採択された。会議の主導者の一人であるエレン・スワロー・リチャーズ（Ellen Swallow Richards）は，ひとの生命，健康，衛生などを総合的に捉える視点から人と環境の相互作用を家政学の基本と提起した（Hunt　1980）。

　1908年にアメリカ家政学会が設立され，実質的な家政学はここからスタートした。その後，1917年のスミス・ヒューズ法の制定により，職業教育の充実やそのための教員養成のための補助金制度が確立された。各州の州立大学には家政学部が設置され，食分野，衣分野などの関連企業や団体のバックアップも得ながら実践科学的な研究を進め，各分野の専門家を育ててきた。初等中等学校教育としての家庭科は，農村の生活改善普及や衣食住に関わる職業教育としての性格を持ちつつ，普通教育の学習内容にもキャリア教育的視点を含みながらカリキュラムが開発され，今日にいたっている。

### 2）ヨーロッパの家政学と家庭科教育

　ヨーロッパでは国ごとに事情が異なるが，19世紀後半にはドイツ，イギリス，フランス，北欧諸国などで各地に女子教育の場として家事や手工芸を学ぶ学校が設置された。20世紀に入り，経済や科学技術の発展を反映して家政全般の科学的な知識体系は蓄積されたが，米国のように学問体系としての家政学の確立と発展は見られなかった。その背景には，例えばドイツのように中世以来の伝統を有する大学に家政学が入り込む余地がなかった（藤原　2012）という事情があった。それゆえ，家政研究所，農業労働学研究所など，大学外に設置された研究施設が家政学の研究を担ってきた。現代でも家政学部としての組織的な研究拠点をもつ大学は北欧の一部を除き殆ど見られず，このことは学校教育の家庭科科目にも影響を与えている。ヨーロッパの家庭科教育は，家事的教育（ドメスティック・サイエンス）の特徴を残しつつ，それに科学的実践的特徴を加えながら，普通教育へと移行する過程を辿ってきている。

## (2) 国際家政学会における家庭科教育の位置づけ

### 1) 大会テーマにみる家庭科教育の視点

　IFHE は，世界各地域の家政学をつなぐ国際的な組織として 1908 年に設立された。以来，4 年から 10 年に 1 回（第二次世界大戦後はほぼ 4 年に 1 回）大会が開催され，2022 年 8 月開催の米国，アトランタ大会で第 24 回目を迎えている。開催地は約 6 割がヨーロッパで，特に初期の 17 回にかぎると約 8 割がヨーロッパ開催となっている（井元　2018）。また IFHE の大会テーマを俯瞰すると，第 1 回の 1908 年から第 11 回 1968 年までは主に家庭科教育（Home economics education）に関わるテーマが中心である。1970 年を境に第 12 回以降は時代に応じた家政学の変革や使命がテーマとして掲げられるようになる。このことから，ヨーロッパにおいては国を超えた家政学の議論や情報交換は，この IFHE の場を中心になされていたこと，また 20 世紀初頭から第二次世界大戦後の 1960 年代までのヨーロッパ開催（スイス，ベルギー，フランス，イタリア，ドイツ，デンマーク，スウェーデン）の IFHE 会議では家庭科教育の充実やその社会的意義の探究が大きな関心事であったことがうかがわれる。

### 2) IFHE ポジション・ステートメントにみる家庭科教育

　IFHE は，2008 年に設立 100 周年の第 21 回大会を初回開催のスイスで実施し，その地で IFHE ポジション・ステートメント「21 世紀の家政学」[1] を発表した。これはドナ・ペンダガスト（Donna Pendergast）を委員長とするシンク・タンク委員会が中心となって策定されたもので，IFHE の歴史的背景やこれまでの活動を踏まえつつ，家政学を現代の文脈で捉え，21 世紀の未来に向けて，実行可能かつ先進的なビジョンを示した文書である（工藤　2009）

　この中で家政学は，個人・家族・コミュニティが最適かつ持続可能な生活を達成するための学際的な学問と捉えられている。同時に，家政学が追求する分野は，食物・栄養・健康，テキスタイル・被服，住居，消費と消費科学，生活経営，デザインとテクノロジー，食品科学とホスピタリティ，人間の成長・発達と家族研究，教育とコミュニティサービスであり，これらの分野は多様な隣接科学と関連するゆえに，家政学は学際的な研究を通して分野を統合する学問

であると述べられている。また家政学は，個人，家族，コミュニティのエンパ
ワーメント（empowerment）とより良い生活（ウェルビーイング：well-being）の実
現，およびそれを担う主体の生涯にわたる能力の育成を目指しており，以下の
四つの次元で活動や探究が展開されると捉えられている。

①学問分野：専門分野の研究の促進，新たな知見の創造，研究者の育成

②日常生活分野：家庭，家族，コミュニティにおいて人間の成長の可能性を
　広げ，生活の基礎的要求を充足

③教育カリキュラム分野：家政学に関わる意思決定や実践，将来の生活に備
　えるための教育。生徒が生活で活用する資源や能力の強化を支援

④社会的分野：個人，家族，コミュニティの福祉の向上，生活の変革，持続
　可能な未来の実現に向かって政策に影響を与える　（①〜④訳：筆者）

　これらの文面から，③の教育分野は，①の家政学分野の研究者育成の基礎を
担うとともに，②の日常生活分野での実践力や④の社会的分野の生活変革や政
策影響力行使のための能力の育成に関わることがわかる。家政学が専門性を生
かして人と社会への貢献を果たす上で，家庭科教育は，その主体を育てる扇の
要に位置づくことがみてとれる。

　以上のように，IFHE は 2008 年に公式声明として，家政学が「学際的な総
合科学」であること，「研究分野として衣食住・消費・生活経営・家族・ホス
ピタリティなどの生活領域を包括的に含む」こと，「個人・家族・コミュニティ
のエンパワーメントとウェルビーイングの実現，及びそれを担う主体の能力育
成を目指す」ことの 3 点を明記し，世界に発信した。その後，2015 年に国連で
採択された SDGs（Sustainable Development Goals）は，その方向性や価値の点
で IFHE の声明と多くの重なりが確認できる。その意味でも，IFHE が 21 世
紀初頭にポジション・ステートメントを発信したことの意義は大きいといえる。

## 2.　世界の家庭科教育の展開と実態

　ここでは家庭科の歴史が長く他国への影響力も大きい米国，英国，北欧諸国
について家庭科教育の特徴をみていく。

## (1) 米　国

　米国の家庭科教育は，前述の 1917 年のスミス・ヒューズ法により職業教育の一環として成立して以来，普通科目としての家庭科と家政系の職業準備教育との二つのプログラムからなっている。教育行政は州自治で，教科名や必修・選択，単位，科目名などは州やその下の行政区によって異なっている。現在，家庭科 (Family and Consumer Science) は，多くの州で中学校 (必修または選択)，高校 (殆どが選択) で開講されており，州ごとにカリキュラムガイドが作成されている。1990 年以降，国レベルのナショナル・スタンダードが教科ごとで作成されているが，これらは参考の枠組みとして提示されて強制力はもたず，各州の学校現場では，教師の裁量権が大きい。

　米国の家庭科で特に注目したいのは，マージョリー・M・ブラウン (Marjorie M. Brown) とベアトリス・ポルーチ (Beatrice Paolucci) による家政学理論の再定義とその応用としての家庭科カリキュラムにおける実践的推論プロセスの導入である。両氏は 1978 年にアメリカ家政学会の依頼を受け，「ホームエコノミクス：一つの定義」(Brown & Paolucci　1979) を執筆し，その中で家政学を以下のように定義した。

　「家政学の使命は，個人の単位としての，また社会の一組織としての家族が，①各々の豊かな自己形成を図るとともに，②理想の社会の実現にむけ目標設定や方法についての議論に啓発的，協調的に参画し，その達成のための家族の行動システムを創り上げ，それを維持できるようにすることである。」(筆者訳)

　家政学が個人や家族の安寧 (ウェルビーイング) に寄与するだけでなく，社会的な安寧の実現にかかわり行動するための学問分野であると主張し，家政学のパラダイム転換を促したのである (荒井　2009)。

　またブラウンは，これまでの家庭科が，科学的知識や技能を活用し学習目標の到達を目指す実証分析科学に基づく教科であったのに対し，これからの家庭科は，家族やコミュニティにおける実践的な問題に取り組む中で批判的リテラシーを獲得し，学習プロセスそのものを重視する教科，すなわち批判科学 (クリティカル・サイエンス) に基づく教科へと転換する必要があると提起した

(Laster　2008)。このブラウンの教科論をもとに,「実践問題アプローチ」に基づく家庭科カリキュラムが1980年代以降,オハイオ,ミネソタ,ウィスコンシンなどの各州で作成された（林　2002）。家庭科において実践的な力を獲得するだけでなく生活問題をクリティカルに分析し解決方法を考える視点が提起され実践が行われたことは,他国に先んじての米国の先進的取り組みといえる。

## (2) 英　国

　英国では1980年代末まで実習中心のドメスティック・サイエンスとしての家庭科教育がなされてきたが,1988年の教育改革法の制定により,全国統一カリキュラム（ナショナル・カリキュラム）が制定され,教科の性格が大きく変更された。家庭科という教科はなくなり,「デザインと技術（Design & Technology）」の中に「フードテクノロジー」「テキスタイル・テクノロジー」が設定された。1994年より新たに「調理と栄養」が加えられ,現在,1学年から9学年のすべての児童・生徒がこれら3科目を必修で学んでいる（井元　2015）。テクノロジーや調理・栄養に特化した限定的な内容で,学習内容の包括性は失われている。家族や消費,家庭管理,環境,高齢者福祉などは,「PSHEE（Personal, Social, Health and Economic Education）」（1～11学年準必修）や「市民性教育（Citizenship Education）」（7～11学年必修）で部分的に扱われている。こうした家庭科の性格や内容の変更は,オーストラリア,シンガポール,マレーシアなどの英連邦加盟国の家庭科にも波及し,改訂が行われている。

## (3) 北欧諸国

　スウェーデン,フィンランド,ノルウェー,デンマーク,アイスランドからなる北欧諸国では,家庭科は19世紀末から20世紀初頭に女子の家事教育から出発し,多くは1960～1970年代に義務教育段階で男女必修教科となった。これら諸国は,世界的にみて社会福祉の水準が高く,ジェンダー平等が進み,環境保護や消費者問題への関心が高い国として知られている。こうした「生活」を大事にする政治や社会体制,生活文化が,男女必修の家庭科を支えている（荒

井　2013)。

　各国の家庭科シラバスによれば，履修学年は国により違いはあるが，多くは第 4 学年から第 9 学年の間のどこかの数年間に必修で学んでいる。授業は，食生活を中心に，消費者，エコロジー，生活経済，生活管理の内容を領域横断型に組み立て，実践的，探究的な学習が行われており，それを通して，持続可能な生活を実践する生活者 (消費者市民) を育てることを目標としている。家事分担や協力におけるジェンダーの学習はなされているが，家族や保育の内容は含まれておらず，社会科で一部，扱われている。また被服製作は別教科のスロイド (縫，織り，染め，編み，木工，金工) で学んでいる。

## 3. 国際比較から見た日本の家庭科の教科特性

### (1) 世界の家庭科から見える日本の家庭科の特性

　日本の家庭科は，諸外国と比較するとその特徴が見えてくる。

　家庭科カリキュラムを有するアジア，太平洋，ヨーロッパ，北アメリカおよび日本の 15 カ国[2] を対象とした質問紙調査結果 (荒井ら　2022) を分析したところ，日本の家庭科は以下の三つの特徴を持つことが示唆された。

　①小学校から高校まで男女必履修 (以下，必修) の普通教科である

　②学習内容が包括的で生活の知識・スキルを分断せず一体化して学ぶことができる

　③授業研究 (レッスン・スタディ) の機会やネットワークが教師の身近にあり，授業の実践が蓄積され共有化されている

　第 1 の履修形態については，家庭科カリキュラムを有する北欧，英国，シンガポール，タイ，韓国などの国では，小学校高学年から中学校段階 (4，5 学年から 8，9 学年) に必修が設定されているが，高校段階は選択扱いとなっている。米国，オーストラリア，カナダなど，科目設定や必履修が州ごとに異なる国もある。現時点で世界を見渡すと，日本は小学校から高校まで一貫して家庭科が必修で設定されている唯一の国である。

　第 2 の学習内容については，日本の家庭科には「家族・保育・高齢者や福祉

など人に関わる内容」「衣食住の生活の営みに関わる内容」「環境・消費，生活経営・生活設計など社会との関連で生活を見通す内容」までが包括的に含まれている。しかし他国をみると，この30年来の教育改革のもとで英連邦加盟国や北欧諸国を中心に，家族，保育など人に関わる部分の学習が家庭科から除かれる傾向がみられる。

　先の調査をもとに2019年時点で生徒が実際に学んでいるカリキュラムの学習内容を類型化したところ，図3-1のように，①包括・総合型（米国，日本，韓国など），②生活自立・消費者市民型（北欧諸国，特にスウェーデンやフィンランド。食を中心に消費や環境，経済を通して市民育成を目指す），③テクノロジー重視型（英国，オーストラリア，シンガポール，マレーシアなど。スキルを重視し食，被服の学習を中心におく）の3つに分類された。

　第3の授業研究については，日本では学校内や市，県，全国レベルでの研究授業の発表や研修，大学附属校での授業開発，学会や民間の教育研究組織，さらには個人をつなぐ自由な授業ネットワークなど，教師を囲む授業研究の機会

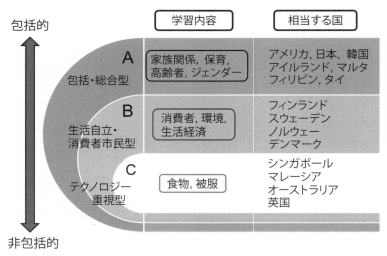

**図3-1　学習内容の視野からみるカリキュラムの類型**

出所：荒井ら（2022）

は幾層にも存在する（貴志ら　2023）。これに対し，調査結果から，諸外国では授業研究は日常的，組織的に殆どなされていないことが示唆された。

## （2）家庭科の特性が形成されたプロセス

日本の家庭科の 3 つの特性は，教科誕生の当初から備わっていたわけではない。戦後の日本社会の政治的経済的な状況の中で家庭科がたどった歩みと，その時々の家庭科教師の実践や活動とは相互に関連し，互いに影響しあう中で，特性が形成されてきた。

### 1）小学校から高校までの男女必履修実現のプロセス

1947 年，家庭科は戦前の家事・裁縫科とは一線を画し，民主的な家庭建設の教科として誕生した。しかし，家庭科を女子用教科として捉える日本社会の戦前より続く通念と，戦後の教育機会均等の原則とには乖離があり，家庭科を選択教科とすると女子の履修が減ることから，教師は「せめて女子だけでも必修」を要望し運動した。それらの要望は，1950 年代の産業教育の振興や，1960 年代以降の高度経済成長時代における財界の性別役割分業強化の要請とも結びつき，高校家庭の女子のみ必修は 1970 年高校家庭学習指導要領で制度化され，定着する。

その後，国連の女性差別撤廃条約の批准（1979 年）により，日本の学校科目の家庭科や体育が男女同一カリキュラムの原則から逸脱していることや，市民運動としての「家庭科の男女共修をすすめる会」（1974 年発足）の運動などを背景に，1989 年学習指導要領改訂において，家庭科はついに，小学校から高校まで履修形態，内容ともに同一の必修教科となった。1994 年の共学家庭科開始年に高校で学んだ生徒たちは，2023 年現在 40 歳半ばに達し，国の中核を担う世代となっている。

教育課程の機会均等の観点から見れば，他国のように高校の家庭科が選択扱いであっても問題はない。それが日本において必修扱いとなった要因を省みると，まず女子のみ履修の矛盾を抱えつつも「必修」の教育課程を維持してきた 20 年以上の実績の重みがある。それとともに，女子必修から男女必修の家庭科

へ転換を図るための，京都府や長野県に代表される先見的な共修の実施やその実現に寄与した家庭科教師による男女共修にむけての学習内容の刷新や授業研究，教科書作り（佐藤　1981，森　1987），研究者や民間の家庭科研究組織によるカリキュラム研究なども，男女必修家庭科への理解を広げるうえで大きな役割を果たしたと考えられる。家庭科の重要性を現場で実感している教師たちによる協働の授業研究とその発信が力を発揮したのである。その意味では，高校家庭科の男女必修は，形の上では1989年に教育政策として改訂されたが，その実，家庭科教師たちが時間をかけ，満を持してその場を整えていったといえるだろう。現に，男女共学必修家庭科は，当初の学校管理職や他教科教師の懸念をよそに，円滑に移行し定着した。

## 2）学習内容の包括性

　日本の家庭科の学習内容の包括性についても，現在の形に至るまでに紆余曲折の過程をたどってきた。

　戦後，米国型の家庭科が導入されたため，当初は衣食住だけでなく，家族，保育など人間関係に関わる領域を有していた。しかし中学校段階では1960年代の技術・家庭科の設置により，衣食住の生活スキルの学習に重点がおかれ，家庭分野から家族学習が除外された。個人・家族の学習が復活したのは1989年の学習指導要領改訂からである。

　また高校段階では，性別役割が前提の女子用教科として，家族・家庭，保育，衣食住，家庭経営の各領域の内容が編成されていたが，前項で見たように，1980年代以降，男女が学ぶ家庭科としての内容を検討する先進的な授業開発やその発信により，新たな視点や学習内容の広がりなどが提示された。さらに，男女必修家庭科が開始された1990年代以降は，高齢化，少子化，消費者問題，環境保全が社会的課題となり，家庭科の学習項目にも反映されていく。

　1999年高校家庭学習指導要領改訂で「消費生活と環境」（家庭基礎），高齢者の生活と福祉（家庭一般）が，2018年改訂で「共生社会と福祉」「消費行動と意思決定」「持続可能なライフスタイルと環境」（家庭基礎）が大項目として入り，持続可能な生活を実現し，協働・共生する力をつける教科としての家庭科の枠

組みが整えられてきた（荒井　2019）。

　1990 年代後半に入ると，男女必修対応のため高校の家庭科教師が増員されるとともに，国立大学の教員養成学部で大学院の設置が進み，家庭科の修士課程が開設されていく。すでにみた少子高齢化や消費・環境などの生活問題に関わる学習内容・方法の刷新の必要性と，家庭科研究の人的，環境的な充実が相まって，1990 年代以降，生活問題をクリティカルに検証し，よりよい生活をつくる生活者を育てる家庭科カリキュラム研究や，高齢者福祉，持続可能性，ジェンダー平等など，個別の内容に関わる理論的，実践的な研究が活発化した。それらは学会誌の論文や学会刊行書籍をはじめ，多くの関連書籍や授業実践誌の中で報告され，現在の家庭科関係者の教科理解の土台となっている。

### 3）「授業研究」による教師の力量形成とネットワーク

　「授業研究」は，日本では明治の学制開始以来，西洋式の教授法の導入や普及に伴う教師文化として根付いており，戦後は教育内容の自主編成運動や民間教育研究運動の中で社会科や数学をはじめ，各教科で取り組まれてきた[3]。

　各校で一人配置の多い家庭科にとって，教師が孤立せずに新たな授業のヒントや知識を獲得し，自らの力量を高めるうえで，学校や地域を超えた授業研究のネットワークは欠かせない。単位数，授業時間数が少なく，副教科とも称される教科としての危機感は，おそらく多くの家庭科教師が共有してきたものである。こうした危機感と同時に，家庭科学習を通して生徒が「たしかに育つ」という実感や手ごたえが，男女必修の家庭科を実現し学習内容の包括性を生みだす原動力となってきたと考えられる。その土台に授業研究に裏づけされた教師の協働的活動が位置づいている。

### （3）日本の家庭科の特性相互の関係

　日本の家庭科の三つの特性「小学校から高校までの男女必修」「学習内容の包括性」「授業研究とネットワークの蓄積」は，互いに絡み合い，作用しあって現在の家庭科を創り上げてきた（図 3-2）。

　第 1 の 1989 年の家庭科の女子必修から男女必修への転換には，ジェンダー

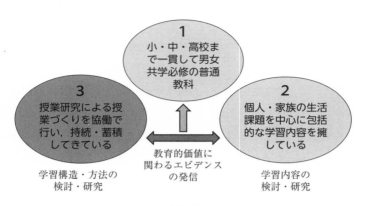

**図3-2　日本の家庭科の教科特性**

出所：筆者作成

　平等の大きな社会的な流れと国内の運動が背景にあったが，同時に第3の男女必修に向けた家庭科教師の先駆的実践や授業研究の蓄積・発信がその土壌を耕し変革に備える働きをした。また第2の学習内容の包括性の実現も，領域と内容の両面で，第1の男女必修の理念と第3の時代的課題を検証し授業開発する教師の協働的な研究が積極的な役割を果たした。第3の教師の協働的な授業研究は，すでにみたように，第1の男女必修の実現や第2の包括的内容の深化を創造的に支えたとみることができる。

### (4)　家庭科の特性から見た今後の家庭科の可能性と課題

　日本の家庭科の特性は，前述したIFHEのポジション・ステートメンが描く家政学と家庭科教育との関係（内容の包括性や目標など）を望ましい形で体現した世界でも稀なケースと考えられる。こうした特性を今後，さらにどう充実させていったらよいだろうか。

　第1の特性については，全ての児童生徒が小学校5年から高校まで家庭科を学ぶ機会を保障されているということの意味は大きい。学習内容も，2018,2019年改訂の学習指導要領より，小・中・高校の家庭科においてA「家族・家庭生活」B「衣食住の生活」C「消費生活・環境」（高校は文言が異なるが同様

の括り）の三つに内容構成が統一された。学校段階を貫くカリキュラムが生徒の成長，発達に応じたコンピテンシーを育む内容になっているかどうかをクリティカルに精査すること，特に高校段階では18歳成年を前にした生徒が身につけておくべき総合的な生活力が何かを明確化することなどが課題となろう。

　第2の特性については，学習内容の包括性を生かし，内容を分断せず，領域横断的に生徒主体の学習を組み立てることが重要になる。個人や家族の生活と，日々の衣食住，そしてそれを取り巻く環境や消費の問題は相互に密接に関わりあっているが，そのことは一つの教科の中で学んでこそ，より有機的に見えてくる。また生活を総体として捉える目を鍛えることは，生活の質を問い，よりよい生活（ウェルビーイング）の実現に向け，生徒が自らの生活に向き合うことを可能にする。こうした生活主体を育てる学びは，いま世界が実現を目指すSDGsの学びとも直結している。

　第3の特性については，近年，家庭科教師の常勤割合の低下や，世代交替が進む中，年齢や地域を超えた教師同士の連携と授業研究の活性化はこれまで以上に重要性を増している。個人や学校間，自治体や国レベルでの研修，民間の教育研究組織や大学，学会などの多様なチャンネルを通して教師同士や教師と研究者の連携を深め，授業づくりや授業研究のネットワークの充実を図ることがより一層重要となってくるだろう。

　これまで日本の家庭科が創り上げてきた特性や相互の関係性は，実は永続的なものではない。その価値と意義を実感し，よりよい形を創り続ける主体としての努力が関係者に求められる。家庭科を通して子どもの総合的な生活能力を育むという大きな目標に向かい合い，カリキュラム研究や授業研究に協働的に取り組み，その成果を教科内外，国内外に積極的に発信していくことが課題であると考える。

・注
　1) IFHE Position Statement, Home Economics in the 21st Century.
　　 https://www.ifhe.org/fileadmin/user_upload/Publications/IFHE_Position_

Paper_HE_21st_Century.pdf（2023.4.30）

2）調査対象国は，調査時点（2019年）で統一カリキュラムを有する以下の15カ国である。アジア（日本，シンガポール，タイ，大韓民国，フィリピン，マレーシア），大洋州（オーストラリア），ヨーロッパ（アイルランド，英国，スウェーデン，デンマーク，ノルウェー，フィンランド，マルタ），北アメリカ（米国）。

3）日本の授業研究は，近年，教師の協働性と力量形成を促すシステム「レッスン・スタディ（Lesson Study）」として世界的な注目を集め，2006年には国際的な組織「The World Association of Lesson Studies（略称WALS）」が結成された。イギリス，スウェーデン，東アジア諸国等で取り組みが広がりつつある。

## ・引用文献

荒井紀子.（2009）. 批判的リテラシーの学びをどうつくるか. 荒井紀子，鈴木真由子，綿引伴子編，新しい問題解決学習：Plan Do Seeから批判的リテラシーの学びへ, 39. 教育図書.

荒井紀子編著.（2013）. 新版生活主体を育む：探究する力をつける家庭科, 35-42. ドメス出版.

荒井紀子.（2019）. 現代社会の課題と家庭科教育の役割：市民社会の担い手を育てる家庭科. 日本家庭科教育学会誌, 62（1）, 43-47.

荒井紀子，貴志倫子，井元りえ，一色玲子，羽根裕子，鈴木真由子，亀井佑子，神澤志乃.（2022）. 諸外国の家庭科カリキュラムの視点と構造：2010年代の教育改革を背景とした比較考察. 日本家庭科教育学会誌, 64（4）, 245-255.

Brown, M. M. and Paolucci, B.（1979）. Home Economics: A Definition, American Home Economics Association.（家政学定義委員会報告書）

藤原辰史.（2012）. ナチスのキッチン：「食べること」の環境史, 183. 水声社.

林美和子.（2002）. 米国における1990年代の家庭科カリキュラム開発：ウィスコンシン州, オハイオ州, ミネソタ州の事例を中心に. 日本教科教育学会誌, 25（1）, 61-70.

Hunt, Caroline L.（1980）. *The Life of Ellen H. Richards 1842-1911*, Washington, D.C.: American Home Economics Association, 119-129.

井元りえ.（2015）. イングランドの家庭科教育（諸外国の家庭科教育3）. 全国家庭科教育協会編, 家庭科, 645-65, 9-12.

井元りえ.（2018）. 世界の家政学. 日本家政学会家政学原論部会編, やさしい家政学原論, 27. 建帛社.

貴志倫子，一色玲子，荒井紀子，井元りえ，亀井佑子，神澤志乃，鈴木真由子，羽根裕子.（2023）. 日本の家庭科における授業研究の形態. 目的と構造：研究組織の特徴に焦点をあてて. 福岡教育大学紀要, 72（5）, 85-97.

工藤由貴子.（2009）. IFHE Position Statement : Home Economics in The 21st Century. 日本家政学会誌60（1）, 73-75.

Laster, J. F.（2008）. Nurturing Critical Literacy through Practical Problem Solving. 日本家庭科教育学会誌, 50（4）, 261-271.

森幸枝.（1987）. 男女で学ぶ新しい家庭科：京都における歩みと実践. ウイ書房.

佐藤美枝子.（1981）. 男女共修の家庭一般：地域や生徒の生活実態に立った実践の記録. 家政教育社.

（荒井　紀子）

# 第4章
# 市民性教育としての家庭科の教育課題

## 1. 日本の学校教育における市民性教育研究の展開

### (1) 市民性教育に取り組まれる背景

　市民性教育は，「学校やコミュニティにおいて民主主義社会の構成員に一人ひとりの子どもたち（や成人たち）を置き，自らの経験において構成員として必要な資質を自ら形成させる教育であり，批判的な視野を持って市民社会とその発展への寄与・貢献を積極的に進め，自らのアイデンティティを複合化することを目的にするものである」（池野　2014）。1990 年代に入って世界的に市民性教育への関心が高まった（岸田・渋谷　2007）。世界的に市民性教育に取り組まれるようになった主な背景として以下の 5 点を挙げる。

　第 1 に，現代は，個人化の進展によって，暮らしの中で個人が直面する悩みを他者と共有しながら生きづらさの正体としての社会構造を見出していく場が成り立ちにくくなっているため，個人的悩みと公的問題の出会いと対話の場である公共空間の再建への取り組みが求められていることが挙げられる（川中 2019, 178）。

　第 2 に，若者は，成人期への移行の長期化によって市民としての権利と責任を果たす機会が奪われやすくなったことから社会参加による影響力の実感と効力感の獲得が難しくなり，さらに階層化の進展によって下位の階層の参加機会へのハードルが高くなった（同上　179）。そのため，階層化の影響を抑制する社会サービスの充実とともに，子ども・若者をともに活動する主体として位置づけ，真正な関与機会の増加が必要となっていることが挙げられる（同上）。

　第3に，少子高齢化やポスト工業社会化に伴う雇用の不安定化によって，従来の福祉国家が危機に瀕しており，限られた財源を最適化させる福祉国家の再編に向けて，社会変革のための政治的行動や地域運動に取り組む能動的な市民の育成が求められていることが挙げられる（同上　179-180）。

　第4に，前記した三つの背景と関わり，成人期への移行の長期化によって若者の生活経験不足や実社会に出る段階でのぜい弱さが目立ったり，労働環境の悪化等によって安定した成人期に至ることができない若者が増えたりしているため，不利な状態におかれる人びとに誇りと自己を守る力や，若者に社会のメンバーとしての自覚と地位を与えることが必要だという認識の高まりが挙げられる（宮本　2007）。このことと関わり，成年年齢の引き下げに伴う問題点として，親権の対象となる年齢の引き下げにより，自立に困難を抱える18歳，19歳の者の困窮が増大する恐れがあり，その解決策として市民性教育の導入・充実が指摘されていることも挙げられる（法制審議会民法成年年齢部会　2009）。

　第5に，私たちの生活は，グローバルな政治的・経済的・文化的な結びつきを有して成り立っているため，グローバル化による多様化の進展に伴い，世界市民の一員としてのアイデンティティ構築が必要となっていることが挙げられる（川中　2019，180-181）。

## (2) 市民性教育研究の動向と課題

　では，これまで，日本の学校教育においてどのような市民性教育研究が展開されてきたのだろうか。このことに関して，古田（2021　12-14）は，市民性教育研究を以下の三つに分類し，それぞれの特徴を整理した。

　第1に，政治学をはじめとした諸領域における民主主義論や市民性論，教育思想・哲学などを基盤に，市民性教育の理念や方法を考究する研究群がある。こうした研究は，求められる市民性やそれを育む方法について原理的に考察することで，市民性教育の理論的基盤の構築に大きく貢献してきた。

　第2に，海外諸国の市民性教育の理論や実践の分析を通して，間接的に日本の市民性教育への示唆を得ることを目指す研究群がある。その内容は幅広いが，

近年の政策から学校現場でのカリキュラムや具体的実践までを包括的に分析し，当該国・地域の市民性教育の全体構造や政策と学校現場の実践の関係性及び特定の教育の内容・方法の特徴などの解明を試みる研究などが展開されてきた。こうした研究は，意図したカリキュラムと実施したカリキュラムを対象に含めることで，多層的な分析を可能にした。

　第 3 に，日本の市民性教育の実践を直接的な対象とする研究群がある。具体的なカリキュラムや教育実践の分析を通してその構造や特徴に迫る研究，理論などを援用し新たなカリキュラムや教育実践の開発に取り組む研究などが展開されてきた。こうした研究は，海外の市民性教育を対象とした研究の多くでは捉えきれなかった，経験されたカリキュラム（実際の子どもの学習経験）にまで迫る点に重要な価値がある。

　一方，日本の市民性教育研究の課題として，古田（同上　14-15）は以下の 2 点を挙げた。

　第 1 に，市民性教育に関わる各領域内の市民性の理念やカリキュラム，教室での実践と子どもの学習経験といった垂直的な関係構造については，一定の蓄積があるものの，特定の教科等での学習と他教科等での学習や学校における生徒参加の経験の関係性といった領域間の水平的な関係構造を明らかにする研究は相対的に少なく，研究の余地が残されていることを指摘した。

　第 2 に，これまでの市民性教育研究の多くが，当該国・地域などの市民性教育の全体構造の理解や，一般化可能な実践の原理・方法の解明を目指してきたため，そこでの子どもや教室・学校などを取り巻くさまざまな文脈が十分に対象化されず，結果としてそれらの影響が捨象されやすかったことを指摘した。

　上記の指摘に基づくと，市民性教育研究は，特定の教科等の教育実践だけではなく，子どもの学習を取り巻く諸環境との関連を対象にして，子どもの市民性形成を捉えていく必要があるといえる。

　これまで，市民性教育研究はさまざまな教科等で展開されてきた。もちろん，家庭科教育においても 20 年以上にわたり研究と実践が積み上げられてきた。本章では，家庭科における市民性教育に関する先行研究を取り上げてその特徴

を整理し，市民性教育としての家庭科の教育課題を検討していく。

## 2.　家庭科教育における生活者と市民の概念

### (1)　私的領域と公的領域を切り離さない生活の捉え方

　家庭科教育は，「家庭生活を中心とした人間の生活」（亀高　1977, 18）を対象とし，「家庭生活を中心とした人間の生活を総合的に捉えて，これを追求し創造する実践的能力をもつ人間の育成」（同上）を目的とする。家庭は，家庭内の成員に対して営む機能（対個人的機能）と，家庭が社会を構成する最小基本単位として社会に対して営む機能（対社会的機能）の二つの側面をもっている（同上13）。これらは，政治・経済・産業・文化・社会思想・地域生活環境からの影響を受け，相互関係の中で家庭生活が営まれる（同上）。そのため，家庭内のみでは解決されない課題が生じることとなり，家庭科教育では，課題解決に向けて家庭を起点に社会へ働きかける能力の育成が重要となる（村山　1977）。

　しかし，近代化や産業化に伴う公的領域と私的領域の二分化によって，公的領域に生産・ペイドワーク・男性を配置し，私的領域に消費・アンペイドワーク・女性を配置する傾向と，前者が後者に優先する傾向が強まった（天野2004）。その中で，私的領域に限定した位置づけが家庭科教育の独自性だと解釈されることも少なくなかった（同上）。こうした状況を踏まえると，家庭科教育では，「公的生活と私的生活を連続しているものと捉え，私的生活＝家庭生活の側から生活課題の解決をめざして取り組む者」（鶴田　2004）のことを指す生活者の育成をより重視することが重要だといえる。

　天野（1996）によれば，戦前期から生活者概念が検討され，戦時体制下の生活の変化に抗して創りだされた生活文化に着目し，日常性の根に足をつけた市井人の生きる方法に生活者の姿を見出そうとする議論が展開されたという。戦後期には，生活を活動の総体として捉え，生活をよりよいものにしようとする人びとの中に生活者像を探り当てることを試みた論考，生活の基本的な価値を交換（貨幣）価値ではなく使用（生命）価値におく人びとの生活態度の中に生活者像を求めようとした論考，市民的自由に基づき，消費・労働（生産）・政治の全

領域での主体性を統合的に表現する概念として生活者を捉え，生活圏としての地域における自らの生き方を生活者に変えようとする運動などが展開されてきたという。天野は，これらに通底していることとして，「それぞれの時代の支配的な価値から自律的な，いいかえれば『対抗的』（オルターナティヴ）な『生活』を，隣り合って生きる他者との協同行為によって共に創ろうとする個人—を意味するものとしての『生活者概念』」（天野　1996，236）を挙げた。

　こうした生活者を育成する教育として家庭科教育が自覚された時に，「学習内容・視点を家族・家庭に限定する家庭科ではなく，『くらしの学び』として，家族・家庭を，それらを取り巻く諸環境との相互関連で捉え，共同して生活課題の解決にあたる市民としての力量を育てる教科として構想されてくる」（鶴田，2003，59）。その際，鶴田は，「これまで主に女性が担ってきた『私的生活』のあり様に視点を定め，私的生活の立場から『公的生活』に発信する『生活者』が『市民』概念の中へ包含していく課題がある」（同上，58）ことを指摘した。

## (2) 生活者と市民の概念

　これまで家庭科教育研究では，前項で取り上げた鶴田の指摘に関する議論が展開されてきた。

　まず，荒井（2004）は，社会学や生活学における研究の知見を参照し，「『生活者』の特質は，第1に生活の価値を自律的に判断できる個人であること，第2によりよい生活をつくろうとする自覚と意志，実践力をもつ個人であること，第3に他者とともによりよい生活をつくるという協同性への志向があること，の3点に集約できる」（荒井　2004，63）と述べた。また，市民運動や経済学の論考においても「生活者の視点から社会の現状を問い続けることが市民社会を支える原点であることを指摘しており，…（中略）…市民性の解釈でいえば，社会に能動的に働きかける権利としての市民性の文脈で用いられていることが分かる。『生活者』と『市民』は，『社会，政治，経済の現状を生活の視点から問い直し変革する主体としての個人』という文脈において，その像がほぼ重なると考えられる」（同上　66）と指摘した。そうした主体を形成するために，荒

井（2007）は，①身近な生活の課題と地域や社会の問題とのつながりを実感し，社会的解決へ視野を広げる学習の構造をつくる，②子どもが新しい発見や知恵を共有できるような協働の学びを組織する，③批判的思考力や問題解決力を鍛える学習の筋道をつくる，という三つの視点から家庭科の授業を構想することを提起した。こうした授業を通して，荒井（同上）は，子どもが身近な生活や社会の改善等に役立てることを実感し，深い自信を得ることにつながると述べた。

　上記した荒井の提起は，生活者と市民の重なる文脈や，市民としての力量を育てるための家庭科の授業を設計する視点を示したことに意義がある。

　次に，望月（2015）の提起を取り上げる。望月は，社会学や家政学，家庭科教育での議論を取り上げ，「『生活者』を論じるときに脱政治化させる懸念が存在し，『市民』を論じるとき暮らしをつくりかえることが不可視化される懸念がある」（望月　2015，33）と指摘した。望月によれば，「家庭科は，生活にかかわる実践的な知識と技能を学習し，その知識や技能を自分や他者のために使うこと＝ケアすること，を通して家族や家庭や地域をつくることを学習内容として」（同上　35）おり，こうした「家庭科で学ぶことには，公的領域で知識や技能を使うこととは，異なる困難が横たわる」（同上　36）という。それは，「公的領域では，自立した個人が集い，他者にわかるような言葉で根拠をもって主張し議論する。これに対して，私的領域には，自分のニーズを言葉で表現できず，誰かから世話されないかぎり生きていられず育っていけない人間がいる」（同上）ためであり，公的領域だけを視野に入れて市民性教育をするならば自分のニーズを言葉にできない者（乳幼児など）が排除される可能性を指摘した（同上）。

　望月は，個人の私事化や社会システムによる生活世界の植民地化という社会的状況から，ケアを家族に任せるのではなくケアする責任を社会で分有し，ケアが必要な者が放置されない仕組みを探究し社会的責任として位置づけることが必要だと述べた（同上　37）。そこで，ケア（「依存がなければ生きていけない人を含めて，自分とは異なる感情や知性をもつ他者として認知し，気遣い，面倒をみること」（同上　38））を市民性概念に組み込むことで，家庭科の実践的な知識と技能は市民性と結びつくことを提起した（同上）。ここでの市民性は，「声が出せ

ない者，言葉が話せない者のニーズを読み取り，ニーズに応えるための応答責任があり，ニーズに応える仕組みを探求すること」だとした（同上）。こうした理解に基づく家庭科における市民性教育では，「個人と社会の関係を読み解き『自らの暮らしをつくりかえながら社会をもつくりかえ』『ケアを自らの問題として引き受け助け合う関係づくりを求めて地域で活動する人々の在り方』」（同上　42-43）を探求し，根拠をもってそこにいる人にわかる言葉で話す能力とヴァルネラブルな（傷つきやすい）人に応答できる能力を育むことができると述べた（同上　44）。

　上記した望月の提起は，私的領域だけではなく公的領域での社会的連帯によってケアを担う必要性があることに着目し，ケアを市民性概念に組み込むことで家庭科の学習内容と市民性が結びつくことを示したことに意義がある。

　一方，家庭科教育の領域以外でも市民概念の捉え方に関する検討が行われてきた。川中（2019）は，栗原（2012）による市民の定義（「社会のメンバーとして，社会に必要，または望ましい，または善きことと思われることを自律的に行う志向性をもつ人びと。自治に参加する志向性をもつ人びと。社会的に排除されていて，自らの存在それ自体で生存と共生の方への呼びかけを行い，政治の責任と判断力の次元を開示する人々を含む」）を参照し，「市民像は責任遂行能力の高い『強い個人』が想定されやすいが，栗原の定義では，社会構造によって脆弱化させられている『痛み』の情報公開を通じて，今の社会の不正義を露わにする市民像も含まれている。」（川中　2019，174-175）と述べ，一人ひとりは不完全な存在であるという弱さの自覚によって他者への連帯に導かれて私たちは支え合って生きているため，それなりに良い市民としての成長を志向する市民性教育が重要だと指摘した（同上　177）。

　上記より，川中は，市民像には，私的領域において個人が抱えている問題を他者と共有し，それを規定する社会構造を社会的連帯によって変革していけるような個人も含まれていることを指摘し，私的領域と公的領域とを結びつけた市民の捉え方の重要性を提起したといえる。前記した家庭科教育研究での提起と川中の提起を踏まえると，家庭科教育で育成する生活者は，市民の概念の中

へ包含されると捉えることができるだろう。

## 3. 家庭科教育と市民性教育を結びつける論理

　これまで，家庭科教育研究では，"シティズンシップ"や"市民性"，"消費者市民"，"生活主体"というキーワードのもと，市民性に関わる研究を積み上げてきた。これらのキーワードに基づく論文の記述内容を分析した研究（土岐，2022）によれば，家庭科教育と各キーワードに基づく教育（以下，市民性教育）を結びつける論理は以下の三つに類型化されるという。

　第1は，これまでの家庭科教育研究では，子どもが授業において私的領域と公的領域とのつながりを把握できるための教育内容と教育方法の検討が課題であり，その解決に向けて家庭科教育と市民性教育を結びつける必要があるという課題意識のもと，市民性に関わる各キーワードを，生活課題を解決し生活を発展させるために，家庭だけではなく地域や社会にも働きかけ社会的課題を解決する資質・能力の育成という教育内容と，対話や討論などの教育方法を重視して捉え，子どもを分析単位に，子どもの家庭生活の問題や個人的な生活問題を起点にして課題解決につながる方途を提起するという類型である。

　第2は，これまでの家庭科教育研究では，社会的課題を解決し社会を新たにつくっていくための資質や能力を高める教育内容と教育方法の検討や，地域の問題への関心を高める教材の検討が課題であり，その解決に向けて家庭科教育と市民性教育を結びつける必要があるという課題意識のもと，市民性に関わる各キーワードを，意思決定能力や問題解決力の育成，地域の問題や消費者問題の解決に向けた行動力や実践力の育成という教育内容と，社会活動への参加や他者との協働という教育方法を重視して捉え，子どもを分析単位に，課題解決につながる授業プログラムや教材を提起するという類型である。

　第3は，これまでの家庭科教育研究では，子どもが授業において私的領域と公的領域とのつながりを把握できるための教師の役割の検討が課題であり，その解決に向けて家庭科教育と市民性教育を結びつける必要があるという課題意識のもと，私的領域を子どもが抱える個人的な生活問題と捉え，それを公共空

間としての授業空間に引き出し，権利を行使する資質や技能及び政治的判断力の育成を重視し，教師自身のもつ権力性に自覚的になり生徒の自由な意見を引き出すことや，生徒の自己決定を尊重し主体性を高めるためにプロジェクト型の活動を支えるなどといった教師の果たす役割を提起するという類型である。

　上記より，家庭科教育研究では，家庭科教育と市民性教育を結びつけるために，前節で述べた概念レベルの検討に加えて，主に子どもが私的な生活と社会的課題とのつながりを捉えることができる教育の内容や方法，教師の役割といった授業実践レベルの検討が行われてきたことがわかる。

## 4．市民性を形成する学びの場をつくる

### （1）社会的課題に対する高校生の意識

　国立青少年教育振興機構による 4 カ国（日本，米国，中国，韓国）の高校生を対象にした調査（2021）によれば，日本の高校生の「全くそう思う」「まあそう思う」と答えた者の割合は，「社会問題は自分の生活とは関係のないことだ」という設問では中国に次いで低いものの，「政治や社会の問題を考えるのは面倒である」という設問では 4 カ国中最も高いという。このことから，日本の高校生は，社会的課題を自分の私的な生活と関わりのあることだと捉えているが，社会的課題について考えるのが面倒だという意識をもっていることがうかがえる。その背景として，両角（2021）は，高校生が社会的課題について考え大人の側に声をあげたとしても，明確なフィードバックがないことや声をあげてもいいような雰囲気と風土がないことなどの常態化が，日本の高校生の諦めの気持ちを生んでいる可能性を指摘した。

　このことを家庭科に引きつけて述べると，子どもは，授業を通して私的な生活に影響を及ぼす社会的課題への取り組みを視野に入れて生活課題の解決につながる視点を得たとしても，それを大人の側に尊重し実現に移す姿勢や環境等がなければ，生活課題の解決に向けた見通しや展望をもてずにその解決を諦める可能性があるといえる。諦めの気持ちを生まないために，高校生に限らず，家庭科が始まる小学 5 年生の段階から，社会的課題に向き合い，生活課題の解

決に向けた見通しや展望がもてる授業空間を構成することが必要だと考える。

## (2) 生活課題の解決の見通しや展望をもてるために

　第1節で整理した日本の学校教育における市民性教育研究の課題に関して，前節の家庭科教育と市民性教育を結びつける論理の類型を見ると，家庭科教育研究では，子どもの学習を取り巻く諸環境として，子どもの私的な家庭生活の問題と個人的な生活問題（第1の類型）や，子どもの個人的な生活問題を授業空間へ引き出し主体性を高める公共空間の構成に向けた教師の役割（第3の類型）を対象にしていた。ただ，本節第1項で述べた生活課題の解決につながる見通しや展望がもてる学習空間の構成という点については，ウェイトの低さがうかがえる。

　市民性教育には，子どもの差異とそれに伴う複数の価値を前提とし，良くも悪くも権力をもたない市民である「共」の対話・討論によって「公」が創り出される「公共性」を重視した場としての公共空間が必要であり，人は異なる経験と価値観を有しているという複数性を確保することと，その複数性を前提にした対話と討論を行うことが公共空間の条件となる（山田　2015）。こうした公共空間を教室につくるために，教師は，教師の権力（何をどのくらいの時間議論するのか），教師の方略（どうしたら子どもが生活を見つめるのか），教師の知識（個人的な問題を私事化せず，社会の制度と結びつける）という三つの視点を組み合わせて授業に臨むことが重要となる（望月　2015，44-45）。

　これらの指摘に基づくと，家庭科の授業において子どもが生活課題の解決の見通しや展望をもてるために，教師は，授業の主題に関する複数性を確保し，権力・方略・知識を意識した対話や討論を展開し，その中で導出された生活課題の解決に向けた子どもの考えや提案を実現するための実践に子ども自身が関与できる学びの場としての公共空間を，教室や学校全体，あるいは学校と地域の間に構成することが必要だといえる。

　以上を踏まえると，市民性教育としての家庭科の教育課題は，第1に，公共空間における対話や討論を通した多様な立場の意見やニーズを理解し応答でき

る資質や能力を形成すること，第 2 に，公共空間で表出された子どもの考えや提案が尊重され，公共空間の構成員間での批判的な見方を含む検討が行われながら子どもの考えや提案が実現されていく経験を通して，子どもに効力感をもたらすこと，だと考えられる。

　では，これらの課題に取り組むために，教師には，授業の中でどのような姿勢を示したり役割を果たしたりすることが求められるのか，次項で取り上げる授業実践事例（土岐ら　2023）を通して考えてみたい。

### (3) 授業実践事例からの示唆

　授業の題材は，小学 5 年生対象の「暖かく快適に過ごす住まい方」で，全 4 時間構成とした。1 時間目の授業において，児童たちは，各家庭で講じている寒さ対策の方法を出し合い，家や学校の中で暖かさに関して困っていることを考えた。そこで挙がったクラスメイトの困り感（ストーブの近くに座っているため暑い，廊下側に座っているため寒い）を受けて，児童たちは，学級のみんなが暖かく過ごすことができていないという問題を認識し，なぜこの問題が生じるのか考えた。教師は，児童たちの考えを整理し，教室内で暖かく過ごすために暖房をつけているが，新型コロナウイルス感染症対策により安全に過ごすために窓を開けて換気をしており，座席の位置に加えてこうした状況も重なり問題が生じているとまとめた。ここで安全と暖かさの両立という問題の争点が導出された。

　上記の授業の展開過程において，教師は，児童たちが問題に着目してその要因と争点を認識できるために，授業の主題に関する児童たちのさまざまな生活経験や生活実感及び既有の知識に基づく考えを尊重する姿勢のもと自由に表現できる機会を保障し，個人の生活経験や生活実感及び既有の知識に基づく考えと学級全体や社会的課題とをつなぎまとめる役割を担った。その中で，児童たちは，クラスメイトのニーズを理解して問題に着目し，問題に対する多様な意見を把握し，問題の争点を捉えられることの可能性が示唆された。

　2 時間目の授業において，児童たちは，問題の解決に向けて安全にかつ暖か

く過ごすための方法を考えた。3時間目の授業でも，前時の続きの活動に取り組んだ。そして，児童たちは，個人で考えた安全にかつ暖かく過ごすための方法を学級全体で共有し，現実的に実行可能なものを検討した。教師は，児童たちの考えを四つ（①扇風機の風で教室を暖める方法，②カーテンを工夫したりすきま風対策をしたりする方法，③換気の仕方を工夫する方法，④その他の方法）に整理し，それらを探究していくグループを編成した。

　上記の授業の展開過程において，教師は，問題を解決する方法を検討するために，前時と同様に児童たちの生活経験や既有の知識に基づく考えを尊重する姿勢のもと自由に表現できる機会を保障した上で，現実的かつ効果的な考えであれば可能な限り教室内で実現させる姿勢を示し，児童の考えと授業後の学級生活とをつなぐ役割を担った。その中で，児童たちは，現実的に可能かどうかという視点から，実際に問題を解決するための選択肢について批判的な見方を含めて検討できることの可能性が示唆された。

　4時間目の授業において，児童たちは，前時にまとめた考えについて，タブレットを使って調べたり実際に温度を測るなどの実験をしたりしてその結果の共有を行い，これまでの探究についてまとめた成果物を仕上げた。その成果物の中には，校内の他の児童（1年生や4年生）に向けて安全にかつ暖かく過ごすための方法を発信しようとする内容も見受けられた。

　上記の授業の展開過程において，教師は，引き続き児童たちが検証した方法を可能な限り実現させる姿勢を示した。その中で，児童たちは，自分たちの考えが学級内で実現されるという見通しや展望をもって活動に取り組めることや，自分たちの考えを検証しその効果の確認を通して自分たちの考えに自信をもち，よりよいものにしようとする意識を高められること，自分たちの考えを検証した経験が自信となったことにより児童たちの視野が学校全体に広がり，他の児童のニーズを読み取り働きかける資質や能力の形成につながることの可能性が示唆された。

　以上，市民性教育としての家庭科の教育課題へ取り組むために授業実践事例から示唆されることを整理してきた。そこから，子ども・学級・学校・社会を

丁寧につなぎ児童の学びを支える教師の姿勢や役割の重要性が浮かび上がってくる。このことを足掛かりにしながら，市民性教育としての家庭科の教育課題に取り組む理論的・実証的な研究の展開がより一層望まれる。

・**引用文献**

天野晴子．(2004)．家庭科につきまとう誤解をとく．日本家庭科教育学会編，衣食住・家族の学びのリニューアル：家庭科カリキュラム開発の視点，76．明治図書．

天野正子．(1996)．「生活者」とはだれか：自律的市民像の系譜，229-236．中央公論社．

荒井紀子．(2004)．市民性のエンパワーメントと家庭科における生活主体の形成．大学家庭科教育研究会編，市民が育つ家庭科：子どもが変わる／地域が変わる／学校が変わる，63-66．ドメス出版．

荒井紀子．(2007)．家庭科における「シティズンシップ」の学びの展開．日本家庭科教育学会編，生活をつくる家庭科第3巻：実践的なシティズンシップ教育の創造，47-54．ドメス出版．

土岐圭佑．(2022)．家庭科におけるシティズンシップ教育実践の枠組みの提案：高等学校における食育の実践事例より．北海道大学大学院教育学院博士論文，17-49．

土岐圭佑，山崎博幸，坂下眞美．(2023)．家庭科におけるシティズンシップ教育実践の展開過程の具体的検討：小学5年生を対象とした授業実践より．北海道教育大学紀要 (教育臨床研究編)，74 (1)，95-107．

古田雄一．(2021)．現代アメリカ貧困地域の市民性教育改革：教室・学校・地域の連関の創造，12-15．東信堂．

法制審議会民法成年年齢部会．(2009)．民法の成年年齢の引下げについての最終報告書 (第2次案)．
https://www.moj.go.jp/shingi1/shingi2_090729-1.html．(2022.3.10)

池野範男．(2014)．グローバル時代のシティズンシップ教育──問題点と可能性：民主主義と公共の論理──．教育学研究，81 (2)，138．

亀高京子．(1977)．家庭科教育の本質．岡村喜美 (著者代表)，家庭科教育の構想研究，13-18．日本家庭科教育学会．

川中大輔．(2019)．シティズンシップ教育と道徳教育．原清治，春日井敏之，篠原正典，森田真樹監修，荒木寿友，藤井基貴編著，新しい教職教育講座 教職教育編⑦ 道徳教育，174-181．ミネルヴァ書房．

岸田由美，渋谷恵．(2007)．今なぜシティズンシップ教育か．嶺井明子編著，世

　　界のシティズンシップ教育：グローバル時代の国民／市民形成，東信堂.
国立青少年教育振興機構.（2021）.　高校生の社会参加に関する意識調査報告書：
　　日本・米国・中国・韓国の比較.
　　https://www.niye.go.jp/kanri/upload/editor/151/File/00.houkokusyo.pdf.
　　（2022.3.18）
栗原彬.（2012）.　市民.　大澤真幸，吉見俊哉，鷲田清一編，現代社会学事典，552.
　　弘文堂.
宮本みち子.（2007）.　なぜ今，「シティズンシップ」か.　日本家庭科教育学会編，
　　生活をつくる家庭科第3巻：実践的なシティズンシップ教育の創造，24-27.　ド
　　メス出版.
望月一枝.（2015）.　家庭科で育てるシティズンシップ，大学家庭科教育研究会編，
　　市民社会をひらく家庭科，31-45.　ドメス出版.
両角達平.（2021）.　高まる社会参加の意識：発揮できない影響力―日本の若者は
　　「自分本位」なのか―，高校生の社会参加に関する意識調査報告書―日本・米
　　国・中国・韓国の比較―，79.
　　https://www.niye.go.jp/kanri/upload/editor/151/File/00.houkokusyo.pdf.
　　（2022.3.18）
村山淑子.（1977）.　家庭科の教育課程，岡村喜美（著者代表），家庭科教育の構想
　　研究，32.　日本家庭科教育学会，32.
鶴田敦子.（2003）.　新たな学校創生と家庭科.　生活経営学研究，38，58-59.
鶴田敦子.（2004）.　近代学校の克服と家庭科.　大学家庭科教育研究会編，市民が
　　育つ家庭科：子どもが変わる／地域が変わる／学校が変わる，18.　ドメス出版.
山田綾.（2015）.　言語の「応答性」に着目して生活と市民社会をつなぐ.　大学家
　　庭科教育研究会編，市民社会をひらく家庭科，103.　ドメス出版.

　　　　　　　　　　　　　　　　　　　　　　　　　　　（土岐　圭佑）

# 第5章
# ジェンダーと家庭科

## 1. 〈ジェンダーと教育〉に関する研究が明らかにしてきたこと

### (1) ジェンダー視点で教育事象を読み解く

　あるテーマが学術界に認知されるようになってその分野が研究対象となった証左として，学術雑誌が刊行され関連するテーマの論文が公表され始めたことと捉えるならば，〈ジェンダーと教育〉というテーマについては，Gender and Education 誌が刊行された1989年がその年にあたるだろう。同誌は，英国に拠点を置く Gender and Education Association のジャーナルとして，今日に至るまで教育に関するジェンダー問題に焦点を当てた論文を公表してきた。

　発刊から11年間にどのようなテーマの論文が採録されてきたのか調査した結果によると，教科教育・教育実践に関する内容のものが最多で15.8％を占めていた（堀内　2001，12）。これらの論文は主として欧米の研究者によるものであったが，この結果は学校現場における授業や教科にこそ，ジェンダーに係る問題があることを示唆している。家庭科についても，同誌では女子生徒と男子生徒の学習への向き合い方に相違がある点を指摘した論文（Grima & Smith 1993）などが公表されている。

　これらの研究の特徴は，学校現場で参与観察をする中で，質的な研究手法によってジェンダーの影響を明らかにした点に見出されよう。1990年代は教育におけるジェンダー問題が顕在化し，女子児童生徒にとってのジェンダー問題（サドカー＆サドカー　1994 = 1996）のみならず，男子児童生徒にとっても，「男らしさ」への捉われに起因する問題が明らかにされてきた（アスキュー＆ロス

1988 ＝ 1997）。

　日本においても，期を同じくして1990年代の初頭から教育社会学を中心に「ジェンダーと教育」研究が台頭し，一つのジャンルを形成してきた。特に日本の場合，特定教科におけるジェンダー問題というよりは，学校文化や生徒文化におけるジェンダー構造という側面からジェンダーと教育が取り上げられた論考が多数公表された。例えば木村（1999）は，学校文化におけるジェンダー構造を授業場面における教師と子どもたちとの関係性を通して明らかにし，宮崎（1991）は学校において性役割が社会化されると指摘した。また宮崎（1993）は，生徒文化という観点から友人関係の中に潜むジェンダー構造を明示した。

　以上のように，日本におけるジェンダーと教育研究は，フェミニズム教育学の視点から女子児童生徒に対する問題として取り上げられるところから始まった。氏原（1996）は，ジェンダー研究における分析視角として「明示的な『隠れたカリキュラム』」と「黙示的な『隠れたカリキュラム』」に注目している。明示的な隠れたカリキュラムとは，男女別の名簿や呼称，制服，といった目に見える明らかな男女別の扱いをいう。他方の黙示的な隠れたカリキュラムとは，教授・学習活動の中で，無意識のうちに教師の言動によって示されるジェンダー・バイアスのことである。後者に気づき，ジェンダー・バイアスを再生産するような授業にならないように，ジェンダー・バイアスの解消を促す媒介者としての教師の役割は大きい。

## (2) 教科教育とジェンダー

　これまでに，教科教育とジェンダーについては，数学（森永　2017），理科（稲田2021，田邊　2022），体育（井谷ら　2019，2021），音楽（笹野　1999，武智　2013）などによって，それぞれの教科に内在するジェンダー問題が指摘されてきた。森永（2017）は，「ステレオタイプ脅威」という概念を提起した。これは，「女性は数学が苦手」というようなジェンダーのステレオタイプに基づく言説があるために，数学が得意である女性にとって，「ネガティブなステレオタイプに基づいて評価されたり扱われたりするのではないかという懸念をもつような困難な

状況」のことである。このステレオタイプ脅威は，他教科にも転用して考えることが可能だろう。例えば家庭科が得意な男子生徒に対し，周囲の友人たちから「女子力が高い」といった評価がなされるとき，称賛の意味であったとしてもこの言説には「男なのに家庭科が得意」であるという意外性に基づくまなざしが包含されている。

　〈ジェンダーと教育〉をめぐる問題が顕在化してからすでに 30 年以上経過したわけだが，このテーマから惹起される課題は，今もなお解消されてはいない。もちろん，この間に家庭科教育においても，1989 年には女子のみ必修だった高等学校家庭科が男女必修となり，技術・家庭科にも男女共通履修領域が設けられる（現在はすべて共通）など抜本的な変化がもたらされてきた。しかし，一見男女平等に見えるようになってきた今だからこそ，学校文化の中にジェンダー問題が潜在化していないのか問い直す必要があるだろう。

　家庭科は，経済産業界の動向を背景として社会政策が教育に関与しその方向性にジェンダーの影響が及んだという意味で，性別役割分業に基づく男女差別が教育制度として導入された典型的な教科である。またそこから一転して，男女共同参画の象徴とみなされるようになるなど，政策方針に関わってその存立が揺さぶられ，ジェンダーとともに推移し変化してきた。そこで本章では，まず家庭科の歴史に焦点を当てることにしたい。家庭科がどのように誕生し，日本社会の転換期をどう乗り越えて，今に至るのか，ジェンダーの視点で捉えなおすことにしよう。

## 2.　男女共同参画の歴史から見た家庭科
### (1)「女子向き」家庭科の成立とその背景
　中学校の技術・家庭科が誕生したのは，1958 年の学習指導要領改訂による。この時から学習指導要領は文部省（現・文部科学省）告示となり，教科書検定が導入され，国の基準に則った教育課程のもとで各学校の家庭科の授業が行われるようになった。国の基準である以上，学習指導要領には政策の一環としてその当時の社会の要請が反映され，社会の担い手となる人材育成に資する教育が

期待されることになる。

　高度経済成長期にあった1958年の学習指導要領改訂の背景には，科学技術を発展させるために義務教育段階からの産業技術振興に資する教育の導入を願う経済産業界の要望があった（朴木・鈴木共編　1990）。1957年の旧ソ連による人工衛星スプートニクの打ち上げ成功を契機として，ソ連とアメリカをはじめとする西欧諸国との間で科学技術競争が過熱化していった時期である。

　この時の学習指導要領には，新教科である技術・家庭科について，「生徒の現在および将来の生活が男女によって異なる点のあることを考慮して，『各学年の目標および内容』を男子を対象とするものと女子を対象とするものとに分ける」と明記された。これにより，「男子向き」の技術，「女子向き」の家庭の内容が設定され，男子生徒は「家庭」の内容を学ぶことができなくなった。技術教育の振興が叫ばれていた時代だったので，女子生徒が学ぶ「家庭」の内容にも「家庭工作」や「家庭機械」が含まれてはいたが，男子が学ぶ内容と比べると，著しくレベルの低いものだった。高等学校では，1960年改訂の学習指導要領において，「女子の特性に応じた教育」（以後，「女子特性論」と記す）として「家庭一般」の女子必修が打ち出され，その後の1970年の学習指導要領で高校家庭科の女子のみ必修は決定的となった。

## (2) 女子特性論とジェンダー

　教育における「女子特性論」を推進しようとした当時の人びとは，同じ教育課程ですべての生徒が学ぶという教育の機会均等を「形式的平等」とみなし，それぞれの特性に応じた適切な教育を行うという「本質的平等」を指向するべきという論点に立脚していた。

　家庭科教育の振興を掲げる教師を中心とした団体である全国家庭科教育協会（ZKK）は，1952年3月に高等学校家庭科の女子必修を求める請願書を国会に提出した。この時の請願書には，「大学進学者といえども高等学校の時代に最低限の家庭科を履修することは男女の特質を生かすことでこそあれ，男女の本質的平等をおかすものではない」と記されている（朴木・鈴木共編　1990, 59）。

　この男女の「本質的平等」という，性別によって異なる個性や適性に応じて，同質の教育機会を保障していくという考え方の中に，ジェンダー格差を正当化・合理化する捉え方が入り込んでいる点に，注意したい。つまり，「女子のための家庭科教育の充実を主張している」(小山　2009, 78) のであり，性別の「特性」は配慮であって差別ではない，と考えられていたのである。

　家庭科教育の重要性を主張するために，「女子特性論」に依拠してすべての女子が必修で家庭科を学ぶことを求めた当時の家庭科教師たちは，性差別主義者だったわけではないだろう。それどころか，生徒の将来を思って本当に良かれと信じ，「男女別・女子のみ」の家庭科教育を求めていたのではないだろうか。教育の在り方を男女で分けることの「おかしさ」を感じることができるのは，固定的な性別役割分業の解消を目指す社会的なコンセンサスがある今日だからこそ，いえることであろう。この歴史的事実から，教師は性差別に加担する可能性もあるのだということを，念頭に置いておきたい。

　教育は，次世代の人材育成を使命としているので，社会の担い手が何を期待され，どのような役割を担うかは当該社会のジェンダー構造と無関係ではいられない。高度経済成長期の日本社会は，社会学者の落合 (1994) のいう「家族の戦後体制」にあり，専業主婦が大衆化し，収入労働の担い手としての夫の稼ぎに家庭の経済が一元化される近代家族が一般的な家族モデルとされた。

　性別役割分業擁護派の「女子特性論」に基づく言説は，男女の身体的機能の相違を根拠として，それぞれに適した行動様式や役割があるとみなす主張である。しかし，ジェンダーとは「肉体的差異に意味を付与する知」を意味する (スコット，1988 = 1992, 16)。つまり，ジェンダーとは社会的に構築されるものであり，身体的な差異を根拠に意味づけられて，その社会を形成する人びとの「当たり前」として刷り込まれ再生産されてきた「男らしさ」「女らしさ」の諸相なのである。

## (3) 家庭科の学びがつくる男女共同参画の土台

　1975 年の国際婦人 (女性) 年を契機として全世界的な女性に対するあらゆる

差別の撤廃を図ろうという機運の中で，1979年の女子差別撤廃条約の国連による採択，1985年に同条約への日本による批准を経て，1989年の学習指導要領改訂によって高等学校家庭科の男女必修，中学校技術・家庭科における男女共通履修領域（木材加工，電気，家庭生活，食物）の設定が決定し，中等教育における男女異なる教育課程の制度上の問題はとりあえず解消された。

　1999年には，男女共同参画社会基本法が施行された。同法を踏まえ策定された男女共同参画基本計画（第1次）には，「男女平等を推進する教育・学習」の「具体的施策」として，「家庭科教育の充実」が明記された。同様の記載はその後，社会科や道徳と並ぶ形ではあるが，2010年の第3次基本計画までは家庭科が言及されていた。しかしその後の第4次（2015年），第5次（2020年）においては，家庭科を含む教科名を挙げることはなくなり，キャリア教育の推進などが取り上げられている。前述のとおり，教科教育におけるジェンダーの視点は，子どもたちが具体的にジェンダーについて考えるために有効である。特に家庭科にはキャリア教育の視点も包含されており，授業の中で子どもたちが人生を展望し生活設計を考える上で，ジェンダーの視点が不可欠となる。

　多様性の時代といわれる今日，もはや男女という性別二分法に基づく役割の分担という考え方はふさわしくない。個別最適な教育がうたわれるようになり，「個」に目を向け一人ひとりの生き方を尊重する方向へとシフトしつつある今，家族の形もさまざまである。高度経済成長期における唯一の家族モデルであった夫片働きの「標準家族」を超えて，誰もが自立して創る生活を思い描きながら，よりよい暮らしの営みのために使うスキルや必要な知識を学ぶ教科が，家庭科なのである。

## （4）男性問題・男性性研究の文脈から家庭科の歴史を捉える

　ところで，片田 孫（2014　253）は「男子と『男らしさ』についての批判的な探究が必要だと指摘されながら，本格的な研究は行われてこなかった」と指摘し，「男子の権力」という視点で「男らしさ」の覇権が子どもたちの関係性にもたらす影響について述べている。男性学・男性性研究を牽引してきた多賀

(2019) は，現代日本の男性学・男性性研究に求められることは「日本社会の歴史的文脈や現代的状況のもとでの多様で複雑な男性のあり方を積極的に描き出し，さらにそれらを既存の女性学やジェンダー研究の成果にフィードバックして理論的に接合していく努力を地道に続けていくこと」だと論じる。

　家庭科がたどってきた歴史からジェンダーに関わって示唆されるのは，「女子のみ必修」だった過去に象徴される女性差別である。しかしそれと同時に，「女子のみ必修」の家庭科は男子生徒から生活者としての資質・能力を養う機会を奪ってきたという意味で，男子生徒に対する差別でもあった。『男の子は泣かない』の著者である Susan Askew は，以前に自身が家庭科を教えていたことがあると筆者に語ってくれた[1]。同書の中で男子校における性差別解消プログラムとして Askew によって考案されていたカリキュラムには，保育や調理など「伝統的に『女性のもの』と見なされてきたカリキュラム領域への男子のアクセスを推進する」というアプローチが導入されている。Askew は，ジェンダー問題解消のために家庭科が果たす役割を理解していた。調理実習は，「ほかの人が気持ちよく過ごせるような責任ある態度をとることができるように，協力して活動する能力を発達させる機会」（アスキュー＆ロス　1988 = 1997, 129, 131）として，位置づけられていたのである。社会や家庭生活の中のジェンダー問題解消という観点から，家庭科の実践の意義を改めて見直してみたい。

## 3.　家庭科教師とジェンダー

### (1)〈家庭科教師〉としてのアイデンティティ

　高等学校家庭科が男女必修となった翌年の 1995 年度に，荒井ら (1998) は全国 9 都道府県の高等学校家庭科担当教師と家庭科外担当教師を対象とした質問紙調査を行い，「家庭科教師はジェンダーの固定観念にとらわれず，それを払拭しようとする意識が高い傾向」があると指摘した。さらに，家庭科の教科観との関連を分析し，「ジェンダー・フリーな意識が高いほど家庭科で料理・裁縫など日常に役立つ内容を重視する意識は低く，有意差がみられた」と述べている。

　「〈家庭科教師〉としてのアイデンティティ」とは，「具体的な生活事象の中

に潜む女性の役割・男性の役割を固定化するジェンダーの規範に気づくジェンダー・センシティビティの保持者であることにほかならない」のである（堀内2001, 175）。寺町（2021, 97）も「ジェンダー教育実践を行うことやジェンダーについて考えることは、〈教師〉の経験や教育実践、考え方、言動、またそれらを支える価値観が問われることになる」と述べている。

　教師は子どもたちにとって、家族以外の身近な大人の代表格であり、ロール・モデルとなる存在だ。教師のジェンダーに捉われない言動は、子どもたちに対する影響力を持つ。だからこそ、かつて、ジェンダー・フリー・バッシングという状況が台頭し、ジェンダーという言葉自体が一時期、教育をめぐる言説から遠のいたことがあった（木村編　2005）。教育現場におけるジェンダー平等を目指す実践が「行き過ぎた過激な教育」と誹謗され、政治問題にまで発展したという事実から、私たちは改めて、ジェンダーという視点が社会変革をもたらす起爆剤となりうることを自覚すべきであろう。

　ジェンダー・フリーとは「ジェンダー・バイアスからの自由」を意味し、ジェンダーに敏感（gender-sensitive）な視点を必要とする（Houston 1985, 堀内2006, 93）。生活者としての教師の生き方が投影される授業の担い手として、家庭科教師にはジェンダーに対する理解に基づく教育実践が求められる。

　大矢ら（2014）は、男子高等学校における家庭科の定着過程について、「家庭科教員の【男子校の実態に合わせた対応】、【インパクトのある教材】の開発、【生徒のモチベーションを高める】授業づくり、家庭科の【存在意義を訴え続ける】行動が重要となる」と指摘している。性別役割分業に違和感のない生徒たちがいるとすれば、その価値観を揺さぶるような、そして自分ごととして自身を見つめなおす契機となるような授業が望まれる。そのような実践によって、ジェンダー・フリーな意識啓発がなされることを期待したい。

## （2）男性家庭科教師という存在

　女性的ジェンダーを象徴する教科とみなされてきた家庭科にとって、〈男性家庭科教師〉は固定的な性別役割分業に基づく職業イメージを覆す存在である。

しかしその割合は，高等学校家庭科が男女必修になってから微増してはいるが，全国的に見て著しい変化は見られない（図5-1）。

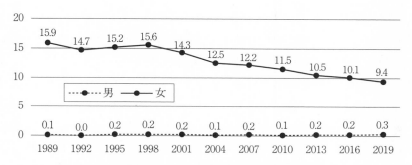

**図5-1　高等学校における家庭科教員比率の推移（単位：％）**
出所：文部科学省「学校教員統計調査」　高等学校：担任教科別教員構成より筆者作成

　男性をマイノリティとする家庭科教師の実態は，家庭科教員免許を取得できる大学がどれだけ男子生徒に門戸を開いているか，という問題と連動している。高等学校の家庭科教員免許を取得するためには，国公私立の家政系（生活科学系）学部か教員養成系学部に入学し，所定の単位を修得する必要がある。

　ところが，前者は女子大がほとんどである。通信教育で免許を取得するという道もあるけれど，男子生徒にとって家庭科教員免許を取得することは，女子生徒よりも狭き門である。後者は主として国立大学（法人）の教員養成学部が相当するが，これも各都道府県に約1校ずつしかなく，生徒にとって入試のハードルは高い。以上のような養成段階からのジェンダー格差があるために，よほど強い志を持つ男子生徒でなければ，家庭科を専攻しづらいのが現状であろう。

　それでも，高等学校で家庭科を学んでいなかった世代から，男女共修に伴う期限付きの研修を受けたり，通信制の大学や教員養成系の大学で，家庭科教員免許を取得したりして教壇に立つようになった男性たちがいる（堀内　2001，吉野・深谷　2001，小高　2006）。その一人，大学入学後に副専攻として家庭科の教員免許を取得し，私立高等学校の家庭科教師としてのキャリアを蓄積してき

た男性がいる。彼は，大学入学後に専攻を問わず必修で学ぶ教職科目である初等家庭科関連科目が面白かった，という理由で家庭科の教員免許を取得しようと考えたという（堀内　2001）。

　男性家庭科教師のライフストーリーから示唆される男性家庭科教師の「新しさ」とは，「それまでの家庭科の歴史を背負っていないことによる『とらわれのなさ』」だと考える（堀内　2008）。田中（2019）はインタビューを通して，多くの男性教師が「男性が家庭科を教えるそのこと自体が，『生徒にとって教材のひとつになる』との自負を持って」いたことを明らかにした。吉野と深谷（2001）は，男子生徒にとって男性の家庭科教師から学ぶことによって，家庭科に対する熱心さが向上することを指摘している。また，男性家庭科教師による授業を受けた経験は，職業に関連する生徒のジェンダー・バイアスを軽減したという。

　男女必修の高等学校家庭科が興味深いものであり，特にジェンダーへの気づきを促すものであれば，そしてさらに，進路指導の折に家庭科に関心を持つ男子生徒を励まし家庭科教師への道を進める教師の存在があれば，今後，家庭科教師を志す生徒は男女を問わず増えるのではないだろうか。特に，生徒が男性家庭科教師から学んでいたとしたら，その教師の影響力は大きいだろう。

　現在はまだ，「男性家庭科教師」には特別の意味が付与されている。それはこの社会が，家庭生活を対象とする家庭科を女性的イメージと結びつけようとするジェンダー規範にとらわれているからにほかならない。男性家庭科教師が「新しい家庭科の救世主」であるかのように考えられるなら，それは逆に，この社会の中の，そして家庭科におけるジェンダー秩序の反映ではなかろうか。性別にかかわらず，生徒の将来の選択肢として家庭科教師という職業が選ばれるためには，家庭科教員養成を担う大学が男女共学であることが前提である。男性家庭科教師の増加のため，教員養成に係る制度上の課題は今もなお残されている。

## 4. これからの共生社会におけるジェンダーを超える学び

### (1) 授業開発の視点

　高等学校家庭科が男女必修となってから 10 年を経て，荒井ら (2002) はジェンダー視点で家庭科の授業開発を試みた。その際，授業のやりようによっては「あらたなジェンダーを生み出す可能性もないわけではない」と指摘している。つまり，「『男女が協力して』」という表現は，『それぞれの性別特性に応じて』というニュアンスも含みもつ，あいまいな表現」だからである。かつての女子必修家庭科に向かっていった時代に「女子特性論」が叫ばれた時にも，男女別の履修が差別ではなく特性に応じた配慮だと考えられた。そして 1990 年代のジェンダー・フリー・バッシングとは，男女を同等の扱いとするあらゆることに対して，「行き過ぎ」た「性差解消」であると世論を煽ったものであったことも思い起こされよう。荒井らはジェンダー学習の課題として，「生徒自身の問題とつながる学習題材をどう取り入れるか」「生徒の思考の深まりを促す題材の組立と学習方法をどう構造化するか」「領域をこえて総合的な学習の構成をどうつくるか」という 3 点を柱として，授業開発に取り組んでいる。

　一方で，自分ごととなる授業展開を突き詰めていった結果，ジェンダー平等の理念と現状及び自分自身の思いとの間にジレンマを生じ，子どもたちが苦しい状況におかれてしまうことを，堀内と濱崎 (2001) の小学校における実践は示している。つまり，ジェンダー概念を理解するにつれ，「『頭ではわかるのだが感覚的に受け入れられない』といった拒否感」や，「『理想はそうであっても実現不可能』という諦念のような心的状況」が子どもたちに生じること，また，「男らしさ」「女らしさ」の問い直しをする中で，自身の性自認が揺さぶられた結果，「『自分らしく』あるためにはどのように振る舞ったらよいのか，迷いを覚える子ども」の存在が指摘された。「自分ごと」として向き合わせるテーマを精選するにあたり発達段階を考慮する必要性とともに，一人ひとりの子どもの声を丁寧に受け止めることなしに，ジェンダーの授業は成立しない。

## (2) 保護者も変わるジェンダーの授業

　小笠原と堀内 (2023) は，小学校家庭科における「家庭の仕事」の学習で，ジェンダーの視点から授業開発を行い実践し，その成果を検証した。学級担任である授業者は保護者との連携を図り，授業の進展を伝える「『家庭科だより』の配信」「家庭での実践計画の練り直しへの保護者の参加または家族ミーティングの開催要請」「家庭実践後のアンケート調査」への協力を呼び掛けている。子どもとともに家庭の仕事に向き合う時間を設定したことで，保護者自身も家庭における性別役割分業の実態と向き合うことになった。その結果，家庭の仕事は「母親の仕事」で「将来は妻にやってもらう」と言っていた男児の母親が，授業後の自身の変容として「親は少し『子どもを頼りにする』気持ちをもつこと」とアンケートには回答している。本研究から，保護者の性別役割分業意識が子どもに反映されていることが明らかとなった。同時に，授業への保護者の協力を求めたことにより，家庭科の授業を通して保護者もまた，自らの家庭の性別役割分業を見直し，子どもとの向き合い方を変えていく契機となっていた。

## (3) 今後の家庭科実践に向けて

　家庭科の授業は，家族の意識変革につながる一石を投じる機会となる。家族を巻き込む授業を展開するためには，日ごろからの学級経営に根差した保護者との関係が構築されており，各家庭の事情を十分に考慮した対応を考える必要がある。その意味で，小笠原らの実践は誰でもできる汎用性のある実践とは言いがたい。しかし，家庭の中の，そして社会のジェンダー秩序を揺さぶり変革をもたらす担い手として，家庭科教師の役割の大きさは明らかである。

　ジェンダー・バイアスに基づく社会秩序は，家庭生活における日常的な家族の関わりから人びとの働き方，政治に至るまで，この社会のあらゆる側面で散見される。だからこそ，家庭科教師自身が自らのライフストーリーを振り返り，「自分にとってのジェンダー問題」はなかったのか自問してみるところから，授業開発の扉が開かれるだろう。教師にとっても，「自分ごと」の授業づくりが求められる。男女二元論に基づく男女共同参画を超えて，すべての人がジェン

ダーにとらわれずに生き方を選択できる社会の到来に向けて，家庭科だからこそ可能な家庭生活に足場を置いてジェンダーを問う授業を，子どもたちとともに創っていきたい。

### ・注

1) 1998年3月に筆者がロンドン大学を訪問し，Susan Askewと面会した際の談話による。

### ・引用文献

荒井紀子，鶴田敦子，原澤智子．(1988)．男女共学家庭科の実施と教師の意識（第1報）：ジェンダー観をめぐって．日本家庭科教育学会誌．41 (2)，33-40．

荒井紀子，吉川智子，大嶋佳子．(2002)．高校家庭科におけるジェンダーを視点とした授業の構造化とその実践に関する研究（第1報）：授業の構造化の視点と内容構成．日本家庭科教育学会誌，45 (2)，119-129．

アスキュー，S. & ロス，C.著，堀内かおる訳．(1988 = 1997)．男の子は泣かない：学校でつくられる男らしさとジェンダー差別解消プログラム．金子書房．

Grima, Grace & Smith, Anne B. (1993). The participation of boys and girls in home economics. *Gender and Education*, 5 (3), 251-268.

朴木佳緒留，鈴木敏子共編．(1990)．資料からみる戦後家庭科のあゆみ：これからの家庭科を考えるために．学術図書出版社．

堀内かおる．(2001)．教科と教師のジェンダー文化：家庭科を学ぶ・教える女と男の現在．ドメス出版．

堀内かおる，濱崎タマエ．(2001)．〈ジェンダーの授業〉の生成と変容：子どもの学びと教師の関与をめぐって．日本教師教育学会年報，10，126-135．

堀内かおる．(2006)．ジェンダーの視点による授業づくり．堀内かおる編著，家庭科再発見：気づきから学びがはじまる，91-110．開隆堂出版．

堀内かおる．(2008)．男性家庭科教員のキャリア形成：男女共同参画の象徴を超えて．国際ジェンダー学会誌，6，25-42．

Houston, Barbara (1985) Should public education be gender free?, in Stone, Lynda (ed). (1994). *The Education Feminism Reader*, 122-134. New York: Routledge.

稲田結美．(2021)．学校理科教育におけるジェンダーの問題と課題．学術の動向，26 (7)，30-35．

井谷惠子，井谷聡子，関めぐみ，三上純．(2019)．体育離れのジェンダー・ポリティクス：当事者へのインタビュー調査から．スポーツとジェンダー研究，17，

6-20.

井谷惠子.（2021）．体育科教育とジェンダー：誰を励まし，誰を諦めさせているか．学術の動向, 2021, 26（7）, 51-55.

片田孫朝日.（2014）．男子の権力．京都大学学術出版会.

木村涼子.（1999）．学校文化とジェンダー．勁草書房.

木村涼子編.（2005）．ジェンダー・フリー・トラブル：バッシング現象を検証する．白澤社.

小高さほみ.（2006）．男性が家庭科教員になることに伴うアイデンティティの変容：ジェンダーバリアーの顕在化に着目して．ジェンダー研究, 9, 105-128.

小山静子.（2009）．戦後教育のジェンダー秩序．勁草書房.

宮崎あゆみ.（1991）．学校における「性役割の社会科」再考：教師による性別カテゴリー使用を手がかりとして．教育社会学研究, 48, 105-123.

宮崎あゆみ.（1993）．ジェンダー・サブカルチャーのダイナミクス：女子高におけるエスノグラフィーをもとに．教育社会学研究, 52, 157-177.

森永康子.（2017）．「女性は数学が苦手」：ステレオタイプの影響について考える．心理学評論, 60（1）, 49-61.

落合恵美子.（1994）．21世紀家族へ：家族の戦後体制の見かた・超えかた．有斐閣.

小笠原由紀, 堀内かおる.（2023）．ジェンダー視点による小学校家庭科「家庭の仕事」の授業分析．教育デザイン研究, 14, 139-148.

大矢英世, 大竹美登利, 天野晴子.（2014）．男子進学校における家庭科の定着過程：家庭科教員へのインタビューデータの分析を通して．日本家庭科教育学会誌, 57（3）, 164-173.

サドカー, M. ＆サドカー, D. 著, 川合あさ子訳（1994 = 1996）．「女の子」は学校でつくられる．東京：時事通信社.

スコット, ジョーン, W.著, 荻野美穂訳（1988 = 1992）．ジェンダーと歴史学．平凡社.

笹野恵理子.（1999）．「ジェンダー再生産装置としての音楽教育」の諸相（1）：「隠れたカリキュラム」を手がかりに．高知大学教育学部研究報告, 1（58）, 117-131.

多賀太.（2019）．男性学・男性性研究の視点と方法：ジェンダーポリティクスと理論的射程の拡張．国際ジェンダー学会誌, 17, 8-28.

武知優子.（2013）．小学校における音楽教育と小学生の音楽活動にみるジェンダー：先行研究とインタビュー事例からの問題提起．音楽教育実践ジャーナル, 11（1）, 98-105.

田邊和彦.（2022）．理科選好のジェンダー差はどのように形成されるか：全国中学生調査の再分析による検討．大阪大学教育学年報, 27, 3-13.

田中和江.（2019）．男性家庭科教員の世代による家庭科観の違い．日本家庭科教育学会誌, 62（2）, 69-78.

寺町晋哉. (2021). 〈教師の人生〉と向き合うジェンダー教育実践. 晃洋書房.

氏原陽子. (1996). 中学校における男女平等と性差別の錯綜：二つの「隠れたカリキュラム」レベルから. 教育社会学研究. 58. 29-45.

吉野真弓, 深谷和子. (2001). 男性家庭科教員の意義と役割：生徒のジェンダー形成とのかかわりで. 日本家庭科教育学会誌, 44（3）, 242-251.

（堀内　かおる）

# 第6章
# 多文化共生社会と家庭科

## 1. 人口減少社会が向かう未来の可能性

### (1) 人口の変化

　日本の総人口は減少傾向にある。国立社会保障・人口問題研究所 (2018) によると，2015 年の日本の総人口は 1 億 2,709 万人だったが，そこから 50 年後の2065 年には 8,808 万人となり，2015 年の総人口の約 7 割に減少すると推計されている。

　図 6-1 をみるとわかるように，2015 年，いわゆる第一次ベビーブーム世代と第 2 次ベビーブーム世代である 60 歳代後半と 40 歳代前半が横に大きく出ていて，これらの年齢層人口が多かった。しかし，2065 年では，年少人口 (15 歳未満) 割合が約 1 割，生産年齢人口が約 5 割，老年人口 (65 歳以上) が約 4 割と推計

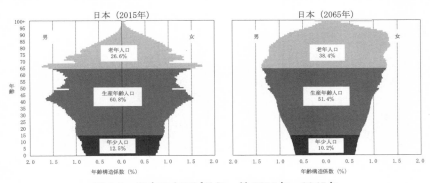

**図6-1　日本の人口ピラミッド:2015年・2065年**

出所：国立社会保障・人口問題研究所 (2018) 日本の将来推計人口—平成 29 年推計の解説及び条件付き推計, p.51

されている（国立社会保障・人口問題研究所　2018）。2065年の人口ピラミッド（図
6-1）は，上部がふくらみ，下部がせばまったつぼ型，もしくは逆三角形の形を
している。女性の老年人口のほうが男性のそれより多いため，上部の右がふく
らんでいる。この背景には，出生数が低下する一方，死亡数も低下するとの予
想がある。さらに50年後の2115年の人口は5,056万人となり，2015年の総人
口の約4割に減少するという長期推計も出されている（国立社会保障・人口問題
研究所　2018）。

## （2）家族のあり方の変化

　こうした人口減少傾向に並行して起こっていることの一つが，単独世帯の増
加である。1990年に約845万世帯だったのが，2021年には約1,530万世帯と
ほぼ倍増している（厚生労働省　2021）。年齢層の内訳をみると，65歳以下と以
上で約半々であり，高齢者の単独世帯が約半数を占めている。老年人口割合の
上昇に伴い，高齢者の単独世帯数も今後増えていくと考えられる。

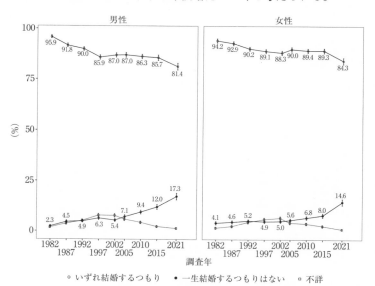

**図6-2　調査別にみた，未婚者の生涯の結婚意思**

出所：国立社会保障・人口問題研究所（2022）第16回出生動向基本調査（結婚と出産に関する全国調査）

また，未婚者も増えている。50 歳時点の未婚者の割合は増加傾向にあり，2020 年時点で，男性 28.25 ％，女性 17.81 ％となっている (国立社会保障・人口問題研究所　2023)。若者においても，図 6-2 のように，「一生結婚するつもりはない」の回答割合は，男女ともに上昇傾向にある (国立社会保障・人口問題研究所　2022)。婚姻件数は，当然，減少傾向にあり，1970 年代に過去最高を記録後，2021 年，コロナ禍だったこともあり，戦後最少の約 52 万 6 千組であった (厚生労働省　2022)。さらに，子どもの出生数も同じく，1970 年代の第 2 次ベビーブーム後，減少しており，2021 年，調査開始以来最少の約 81 万人となっている (厚生労働省　2022)。つまり，出産と結婚を切り離せていない日本社会において，50 歳時点の未婚者と「一生結婚するつもりはない」若者の増加は，子どもの出生数の減少と結びついている。

## (3) 人口増加推計の社会とは

　一方，他の国を見てみると，欧米の国々には，人口増の推計が出されている国が多くある (国立社会保障・人口問題研究所　2018) (図 6-3)。実線囲みの国々

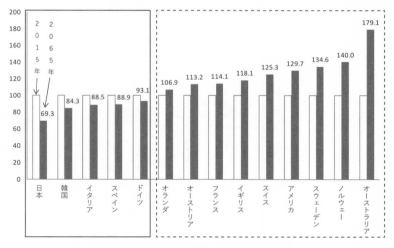

**図6-3　総人口の比較:2015 年総人口 (実績値) ＝100**

出所：国立社会保障・人口問題研究所 (2018) 日本の将来推計人口―平成 29 年推計の解説および条件付推計―, p.47

は人口減少推計，点線囲みの国々は人口増加推計となっている。

　図6-3には掲載されていないが，カナダも，人口増加が推計されている国の一つである。カナダは，モザイク政策ともよばれる多文化主義政策をとっている。カナダの現首相（2023年時点）ジャスティン・トルドーの父親のピエール・トルドー首相が，1971年，当時，世界で政府として初めて「多文化主義宣言」を行った（石川　2008）。国連のUN Population Division Data Portalによると，カナダの2022年時点の人口は，約3,800万人で，日本の人口の約3分の1である。図6-4と図6-5は，カナダと日本の全人口と年齢層別の人口について，

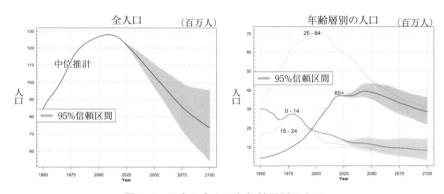

**図6-4　日本の全人口と年齢層別の人口**

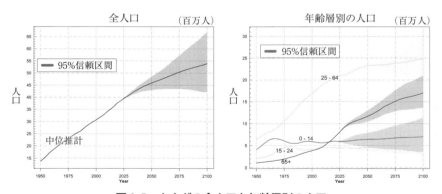

**図6-5　カナダの全人口と年齢層別の人口**

出所：United Nations, Population Division World Population Prospects 2022, Graphs/Profiles, Demographic Profiles, Line Charts, CanadaとJapanを選択

1950〜2022年までの推移と，2100年までの推計を表したものである。これを見るとわかるように，日本の全人口は，前述したように約4割になることが推計され，15-64歳の生産年齢人口は激減していき，65歳以上の高齢者人口とほぼ同じになっていく。それに対して，カナダの全人口は継続的に増加していく。高齢者人口も増加していくが，生産年齢人口も増加していく推計となっている。

　カナダの人口増の背景には何があるのか。カナダでは，女性の年齢階級別労働力率は21世紀前にすでに山型で，結婚や出産が労働に影響していない（上野1994）。例えば，オンタリオ州の子育て支援制度の主なものとして，K-Gr.12（幼稚園から高校）までの教育費無償，薬を除き医療費無償，出産休業17週間，育児休業61週週間で計約1年半，育児休業給付55％，児童手当は，17歳まで月約カナダ＄134（日本円にして約14,000円）などがある（Government of Ontario）。また，世界銀行（The World Bank）によると，カナダの2020年の合計特殊出生率は1.40で，同じ時点の日本の合計特殊出生率1.34より高いものの，イギリスの1.56，フランスの1.83と比べると日本との差は大きくはない。

　では，なぜカナダの人口は増加推計なのだろうか。その背景には，やはり多文化主義政策がある。国際統計・国別統計専門サイト，グローバルノートによると，カナダは継続的に他の国から移民を受け入れ，2020年の移民（当該国に住む外国生まれの居住者あるいは外国籍の居住者の推計人口）は約800万人にのぼり，人口の約5人に1人が移民となっている。移民者は5年間で730日以上，カナダ国内に住んでいれば永住権を申請でき，選挙権はないものの社会福祉サービスを受けることができる。健康保険については，州によるが年5，6カ月の滞在歴により取得することができ，医療費は無償となる（Government of Canada）。

　人口増推計となっているその他の国をひとくくりにすることは難しいが，例えば，図6-3で人口増加推計とされているイギリス，フランスにおいても，子育て支援に加えて，他の国からの労働者や移民を多く受け入れている。むろん，他の国からの労働者や移民を現在より増やしていくことだけが，人口増を保障するわけではない。しかし，著しい人口減少が見込まれる日本が今後促進でき

る取り組みの一つといえる。

## 2. 外国につながりのある子どもたち

### (1) 日本で生活する外国人と海外で生活する日本人

　では，現在の日本における移民の状況はどのようになっているのか。出入国在留管理庁（2022）によると在留外国人数は，過去最高を更新し約267万人となっている。しかし，「日本は，『移民』を政策として実施している国ではない」（山田　2019）。政府自民党によれば，「『移民』とは，入国の時点でいわゆる永住権を有する者であり，就労目的の在留資格による受入れは『移民』には当たらない」としている（自由民主党政務調査会労働力に確保に関する特命委員会2018）。一方，国連広報センターによると，国連社会経済局では，法的定義ではないと前置きしつつ，「移住の理由や法的地位に関係なく，定住国を変更した人々を国際移民とみなす」としている。この定義によれば，日本における在留外国人は，国際的には移民といえる。移民受け入れを積極的に進めている他の国と比べればまだ少ないといえるが，在留外国人数は着実に増加していて，前述のグローバルノートによれば，日本は，2020年の移民人口データで世界231カ国の中24位に位置している。

　また，3カ月以上海外に在留し，生活の本拠を他の国に移した永住者と，一時的に海外で生活をしている長期滞在者を合わせた海外で生活する日本人の数も増加傾向にある。2021年は少し減少し，約134万人であったが，コロナ禍前の2019年は過去最多で140万人超であった（外務省　2022）。

　このように，日本で生活する外国人も海外で生活する日本人も増加していることから，日本国内外で外国との関わりが広まっているといえる。

### (2) 学校における外国につながりのある子どもたち

　この状況に伴い，公立学校に在籍する外国籍の児童生徒数も増加しており，2021年，約11.5万人となり，こちらも過去最多を記録している（文部科学省2022）。また，日本国籍であっても日本語指導を必要とする児童生徒も含め，日

本語指導を必要とする児童生徒数も増加し，2021年，約6万人となっている（文部科学省　2022）。

　ここで言及しておきたいのが，本章における「外国につながりのある子どもたち」という言葉である。この中には，日本で暮らす外国籍の子ども，日本以外の国で暮らしている日本国籍の子ども，他国での生活経験があり，今は日本で暮らす日本国籍の子ども，親／保護者の両方か一人が外国籍で日本国籍の子どもなどを含めている。外国にルーツがある子どもという言葉が使われることもあるが，ルーツというと祖先をたどることになり，他国での生活経験をもつ日本国籍の子どもが含まれない場合もある。そうしたことから，本章では，外国につながりのある生活経験をもつ子どもたちも包含する言葉として，「外国につながりのある子どもたち」を用いることにする。

　外国につながりのある子どもと，主に日本文化のもとで育ってきた子どもが相互理解をはかることや，多文化共生意識を育むことの重要性は増している。しかし，その理由は，学校生活の場で外国につながりのある子どもたちが増えているからということだけではない。これからを生きる子どもたちは，現在のみならず，将来においても他の国との関わりなしに生活していくことはできないことからくる必要性がある。グローバル化は今後，さらに進み，人びとは，地球というレベルで生活を考え創造していくことが求められているからである。だからこそ，多文化共生の課題に目を背けることはできない。外国につながりのある子どもたちが成長過程で暮らす国の言語を習得するための支援は必然であり，学校や社会の中で，生活文化の違いから出てくる課題をどう克服するかが重要となる（上野ら　2017）。そこに生活を学習内容とする家庭科教育が果たせる役割は大きい。

## 3. 多文化共生社会における家庭科教育—カナダの例—
　では，多くの移民を受け入れている多文化共生国家のカナダでは，どのように家庭科教育を展開しているのかを次に述べる。

## (1) カナダの家庭科教育カリキュラムと教科書分析

　まず，教材の基本となるカリキュラムや教科書では，文化の多様性について
どのように描かれているのだろうか。この点については，カナダのオンタリオ
州とブリティッシュ・コロンビア州の家庭科教育カリキュラムと，この2州で
使われていた家庭科教科書における文化の多様性に関する内容分析が行われて
いる（Ueno　2012）。その結果から，日本の家庭科教育で扱う学習内容として，
表6-1の内容が提案されている（Ueno　2012）。

　このように，文化の多様性を家庭科教育の中で扱うには文化の相違に着目す
るだけではなく，類似点を見出し共感を生み出すというプロセスが考えられる。

### 表6-1　家庭科教育で扱う文化の多様性に関する学習内容の提案

- Multiculturalism in families（家族に見られる文化の多様性）
- Comparing customs and traditions of families in various cultures（家族における習慣や伝統の異なる文化間での比較）
- Understanding cultural differences from the global perspective（グローバルな視点からの文化的相違に対する理解）
- Differences and similarities of families from various cultures（多様な文化背景を持つ家族の相違点や類似点）
- Empathy toward cultures that are not ones own（自分とは異なる文化に対する共感）

## (2) エンパシーとしての共感

　ここで，「共感」の意味を確認しておきたい。家庭科教育で養いたい共感は，
英語の原文にあるように Empathy としての共感である。そのエンパシー
（Empathy）について，ブレイディ（2021）は，表6-2のように4つの種類があ
ると指摘する。

### 表6-2　四つのエンパシー

①コグニティヴ・エンパシー
日本語では，「認知的」エンパシーと訳され，他者の考えや感情を想像する力，スキルともいえるもの。
②エモーショナル・エンパシー
「感情的」エンパシーと訳され，この中に，さらに，「他者と同じ感情を感じること」「他者の苦境へのリアクションとして個人が感じる苦悩」「他者に対する慈悲の感情」という3つの分類がある。

③ソマティック・エンパシー
②の「他者の苦境へのリアクションとして個人が感じる苦悩」を推し進めたもので，他者の痛みや苦しみを想像することによって自分もフィジカルにそれを感じること。
④コンパッショネイト・エンパシー
他者が考えていることを想像・理解することや，他者の感情を自分も感じるといったエンパシーで完結せず，それが何らかのアクション（例えば，他者を助けるという行為）を引き起こすこと。

本章で意味する「共感」は，表6-2のコグニティブ・エンパシーに近いもので，他者の考えや感情を想像して，自分にも似たような経験があることや，自分自身はそうしないけれど，理解できる部分はあることに気づく力を意味している。この「共感」する力を養うことは，多文化共生社会の実現と家庭科教育が目指すものにつながる。

### (3) カナダの中等教育学校での授業観察と教員への聞き取り調査

　カナダの実際の家庭科の授業では，どのように多文化共生の内容を扱っているのだろうか。これについては，カナダの中等教育学校での授業観察と教員への聞き取り調査によって明らかにされている (Ueno et al.　2018)。ブリティッシュ・コロンビア州では，「応用デザイン・スキル・テクノロジー」(APPLIED DESIGN, SKILLS, AND TECHNOLOGIES)（日本の「技術・家庭」に相当）の中に選択科目として家庭科の科目があり，6年生から12年生レベルに「食物」(Food Studies) と被服 (Textiles)，10年生以上の高校レベルに家族や保育に関する科目「家族研究」(Family Studies) がある。聞き取り調査では，日本の中学校段階の9年生の「食物」(Food Studies) を担当する（した経験がある）教員が対象となっている。そのため，家庭科の中でも，主に食生活の学習指導ということではあるが，表6-3に，カナダの教員たちの家庭科での多文化共生学習指導についての回答の一部を示す (Ueno et al.　2018)。これらの実践では，世界に存在する食に関する共通性（例：パン，味，お茶）を題材とし，それらの類似点や相違点，相違点を生む要因を考察するという学習指導が行われている。

表6-3　カナダの家庭科教員からの多文化共生学習指導についての回答例

Teacher C：生徒に，例えば，クレープ，ロティ，トルティーヤのように，異なる文化で類似する食べ物を見つけるよう促し，そのつながりについて話し合わせるといった授業を展開している。
Teacher D："Flavour profiles around the world"と称し，同じ食材や味を共有している地域はどこか，どのような違いがあるかを考えさせる。
Teacher F：お茶を取り上げ，世界中で飲まれている様々な「お茶」の相違点，類似点に着目させる。

## (4) 日本での多文化共生の授業の実践

　(1) で提案された文化の多様性，その比較，相違点や類似点，相違に対する理解，そして (2) の自分とは異なる文化に対する共感という要素を含み，(3) で見えてきた世界に存在する共通なものを題材とするということを踏まえて作成されたのが，上野らによる日本の技術・家庭科家庭分野における多文化共生教育実践のための教材である（上野ら　2019）。考案されたのは，衣食住の生活文化に関わるもので，授業 A「世界の民族衣装から衣文化を考えよう」，授業 B「世界のお茶から食文化を考えよう」，授業 C「世界のトイレから住環境や生活文化を考えよう」という3つの授業である（同上）。

　例えば，授業 B「世界のお茶から食文化を考えよう」では，緑茶と何茶か分からないお茶の色，香り，味を比べる体験活動を通して，わからないお茶は何茶かを班で考えた後，それぞれのお茶の原産地，原料，特徴・文化，栄養・効能を理解し，相違点と類似点や，それらが生まれる理由を考える活動を行う（同上）。さらに，お茶を飲む理由は，人との交流や一息つくなど，文化を超えた共通性があることに気づくという内容である（同上）。つまり，他者と思われた違う文化をもつ人びとも同じことしていることに気づくという共感を養う学習活動になっている。

　多文化のカナダでは，日本におけるごはんとみそ汁のような基本的食文化というものを決めることができない。そのため，前述のカナダでの調査では，学校が存在する地域の食材は，子どもたちに共通のものとすることができるため，地域の食材を題材としているということも明らかになっている（Ueno et al.

2018)。地域の食材を学習題材とすることは，伝統の継承や地産地消という観点から，日本でもこれまで行われている。しかし，そうした観点からだけではなく，子どもたちに共通するものという観点からも取り上げることができるだろう。前述のカナダでの調査で示されたもう一つのアプローチは，生徒それぞれの家庭料理を基本的食文化と捉えるというものである。ある文化に特徴的な料理でも，一つの家族の中だけの文化としての料理でも，その料理が生徒にとって基本的な食べ物という意味を持つこと自体を大切にするという考え方である (Ueno et al. 2018)。これにより，個々の生徒が，自分が大切にしたい文化は何かを認識し，それと同様に他の人にも大切にしたい文化があることに気づくことになる。これも共感する力を養う学習といえる。

## 4. 地球市民としての多文化共生

　今後，さらに増加が見込まれる国内の外国につながりのある子どもたち，そして，地球のどこで生活していても外国につながりをもって生活を送るこれからの子どもたちに家庭科教育ができることの一つは，地球市民として多文化共生を目指す教育を行うことではないだろうか。

　家庭科は，家族，衣食住，消費・環境と生活全体を扱う教科である。生活に根差しているからこそ，すべての子どもの現在と将来を支えることができる。私たち一人ひとりの生活は，常に家族や身近な人びと，地域，国，そして世界とつながっている。カナダの家政学者ヴェインズ (Vaines 1990) が「ホームとしての世界」(World as home) の考え方を示してから久しいが，グローバル時代にこの概念は欠かせない。世界全体を私たちの生活の場とし，地球市民としてよりよい生活を考え，行動していくことが，現在進行している地球レベルの多様な生活課題の解決には必要である。さらに，その時に，自分だけ，自分の国だけの利益に立つのではなく，多文化共生が目指されなければ，すべてがつながっているこのグローバルな社会では，自分の生活の保障さえも困難となる。そこに思いをはせ，自分の毎日の生活をつくり，地域や社会においては外国につながりのある人びとと関われば，その社会の豊かさも，世界の豊かさも実現

することができるだろう。そして，それは広い視野から自らの生活を見つめな
おすことにつながり，自分自身の生活の豊かさにもなっていく。

　レンウィック（Renwick　2022）は，家政学／家庭科（home economics）は，脱
植民地化（decolonization）の視点を持ち，強いものが弱いものを支配するといっ
た覇権的姿勢（hegemonic positions）に加担してきたことを認識することで，多
様性を包含し，尊重する（inclusive and respectful）ことができるという。これは，
多文化共生の実践にも当てはまることである。日本の家庭科教育の対象は，当
然ながら，国内の外国につながりのある子どもたちも含む。日本で生活してい
るのだから日本の生活の仕方に従うべきであるといった植民地化（colonization）
の視点ではなく，文化の違いを認め，尊重し合うという脱植民地化
（decolonization）の視点がなければ多文化共生とはいえないだろう。そこには，
前述3（1）（2）で触れたように，意図的に異なる文化に対して共通性を見出す
ことで他者の立場になって想像する力，共感する力が必要である。共感は，外
国につながりのあるなしにかかわらず，同じ人間であるという人権に対する基
本的理解の上に成り立つ。同じようなところがあるということに気づき，他者
を身近な存在と感じることは，同じ人間として人権を持っていることへの理解
につながるからである。しかし，それは，同じ方向を向かせるということとは
異なる。

　家庭科教育は，子どもたちを同じ方向に「変える」ことを目指さない。子ど
もたちが選択肢に気づき，よりよい生活を目指せるよう支援する。家族，衣食
住，消費・環境という生活に根差した内容を扱う日本の家庭科教育には，共感
する力を磨き，多文化共生を空間軸，時間軸から考え，何をどう変えるか，変
えないかを判断する力を培う題材を設定できる土壌がある。ブレイディ（2021）
は，「自由な個人たちが自由に協働し，常に現状を疑い，より良い状況に変え
る道を探していくこと」が本来の「アナーキー」の定義であるといい，アナー
キック・エンパシーの必要性を訴える。それは，まさに家庭科教育が基盤とす
る家政学の考え方，『個人』や『家族』が家庭生活を中心とした生活における
諸問題を解決してよりよい生活を実現するためには，それらを取り巻く多様で

広範な環境を調整すること」(日本家政学会　2023) と重なる。家庭科教育は，地球市民として，多文化共生を目指し，自分にとっても社会，そして世界にとってもよりよい生活を創造する子どもたちを育成する使命を担っている。

・**引用文献**

ブレイディみかこ. (2021). 他者の靴を履く：アナーキック・エンパシーのすすめ. 文藝春秋.

外務省. (2022). 海外在留邦人数調査統計令和4年版.

グローバルノート–国際統計・国別統計専門サイト. (2021). 世界の移民人口 国別ランキング・推移.

　　https://www.globalnote.jp/post-3818.html (2023.3.3).

Government of Canada, Immigration and citizenship.

　　https://www.canada.ca/en/services/immigration-citizenship.html (2023.6.23).

Government of Ontario.

　　https://www.ontario.ca/page/government-ontario (2023.6.29).

石川涼子. (2008). カナダはどのような意味で多文化主義的なのか？：多文化主義のユニナショナル・モデルとマルチナショナル・モデルの検討. 生存学研究センター報告, 4, 155-168.

自由民主党政務調査会労働力に確保に関する特命委員会. (2016).「共生の時代」に向けた外国人労働者受入れの基本的考え方.

国連広報センター. (2016). 難民と移民の定義.

　　https://www.unic.or.jp/news_press/features_backgrounders/22174/ (2023.3.3).

国立社会保障・人口問題研究所. (2018). 日本の将来推計人口：平成29年推計の解説及び条件付き推計.

国立社会保障・人口問題研究所. (2022). 第16回出生動向基本調査 (結婚と出産に関する全国調査).

国立社会保障・人口問題研究所. (2023). 人口統計資料集2023年改訂版.

厚生労働省. (2021). 国民生活基礎調査の概要.

厚生労働省. (2022). 令和3年 (2021) 人口動態統計月報年計 (確定数) の概況.

文部科学省. (2022). 日本語指導が必要な児童生徒の受入状況等に関する調査結果について.

日本家政学会. (2023). 日本家政学会 の SDGs ポジション・ステートメント.

Renwick, K. (2022). An Unsettling Perspective Within Home Economics. *International Journal of Home Economics*, 15 (1), 16-31.

出入国在留管理庁.（2022）.令和4年6月末現在における在留外国人数について.

The World Bank. Data, Fertility rate, total.
　https://data.worldbank.org/indicator/SP.DYN.TFRT.IN（2023.2.28）.

上野顕子.（1994）.カナダの家族の現状と中学校における「家族」に関する学習
　(1)：日本とカナダ，ブリティッシュ・コロンビア州の家族の現状.家政教育社，
　家庭科教育10, 68（12）, 37-44.

Ueno, A.（2012）. Teaching Cultural Diversity in Families: Learning from Canadian Secondary Education Curricula and Textbooks. 日本家庭科教育学会誌, 55（1）, 13-24.

上野顕子，星野洋美，伊藤葉子.（2017）.家庭科教育において多文化共生の視点を育てるための課題.金城学院大学論集社会科学編, 13（2）, 63-70.

上野顕子，星野洋美，伊藤葉子.（2019）.グローバル時代における家庭科教育で多文化共生教育を実践するための手引き.カミヤマ.

Ueno, A., Ito, Y. & Hoshino, H.（2018）. Instructional Activities of Multicultural Education in Canadian Home Economics: A Case of Secondary School Education. 日本家庭科教育学会誌, 61（2）, 71-82.

UN Population Division Data Portal. Total population by sex, Canada.
　https://population.un.org/dataportal/data/indicators/49/locations/124/start/1990/end/2023/table/pivotbylocation（2023.2.28）.

United Nations. Population Division World Population Prospects 2022, Canada, Demographic Profiles, Line Charts.
　https://population.un.org/wpp/Graphs/DemographicProfiles/Line/124（2023.2.28）.

Vaines, E.（1990）. Philosophical orientations and home economics: An introduction, *Canadian Home Economics Journal*, 40（1）, 6-11.

山田亮介.（2019）.日本における移民・外国人労働者受け入れ政策の現状.政治研究, 10, 127-136.

（上野　顕子）

# 第 II 部

# 家庭科の教科特性を踏まえた
# 学習内容の新展開

# 第7章
# ダイバーシティ＆インクルージョンを生きる家族学習

## 1. ダイバーシティ＆インクルージョンな社会

　今日の社会を形容する言葉として"ダイバーシティ"と"インクルージョン"をあげることができるだろう。ダイバーシティ（Diversity）とは，単なる多様性ではなく，多様性を尊重し活かす意味が含まれている。セクシュアリティ，家族，障がい，年齢，国籍，人種，宗教，価値観などの違いを認め合うことである。しかし，多様性を認め合う状態というのは，「みんな違ってみんないい」となり，つながりにくいという側面ももつ。他に対し無関心になったり，違っているから関われないと思ったり，あるいは対立や攻撃をも起こす。それらを克服するにはインクルージョン（Inclusion）が必要になる。インクルージョンとは包括や包摂と訳され，「排除」の反対の概念であり，現代社会においては社会的包摂（Social Inclusion）の実現が求められている。

　人間はもともと一人ひとり異なる存在であり，私たちの生活する社会は多様性に満ちている。しかし，これまではそのことを重要視せず，画一的・統合的な社会規範と意識を形成してきた。その結果，少数派の意見が排除され，多数派にとって都合のよい社会になってしまった。実際は，誰もがある面で少数派であり，また障がいや加齢による不都合など少数派と扱われる可能性がある。だからこそ，少数派の人のために特別に対応するのではなく，対話を通して対立を乗り越え，誰もが安心して生活できるように多様性を包摂した社会づくり（法・制度，システム，環境）と，多様な人びととつながろうという意思をもつことが課題である。ダイバーシティ＆インクルージョンな社会とは，それぞれの

独自性と自立性を認めて，一人ひとりの人権が尊重され，人と人とのつながりをつくる共生社会である。

## 2.　家族学習をとりまく社会の変化

　戦後に新設された「家庭科」は民主的な家庭建設・家族関係の教育を掲げていたが，高度経済成長期である 1958 年に中学校で家庭分野を女子のみの履修に，1960 年には高等学校で女子のみ家庭科履修となり，以降中学校・高等学校の女子のみ家庭科履修が 30 年以上続いた。この顕在的なカリキュラムにより近代家族の普及とジェンダー再生産が行われたといえる。また，日本経済の飛躍的発展や世界的な科学技術競争を背景に技能習得中心の教育内容となり，家族に関わる内容の比重が少なくなった。

　1989 年告示学習指導要領（1994 年完全実施）では，中学校・高等学校で家庭科の男女共修へと変更され，理念が大きく転換された。この変更に最も影響を与えたのは女性差別撤廃条約の批准であるが，その他に 1970 年代から続いていた家庭科の男女共修を求める市民運動や家庭教育重視政策もある。また，家庭教育重視政策の一環として中学校に「家庭生活」が新設され（鶴田　2004），約 30 年ぶりに小・中・高を通じて家族について学習することになった。

　1999 年には男女共同参画社会基本法が制定され，第一次男女共同参画基本法計画には「男女平等を推進する教科・学習」の具体施策として「家庭科教育の充実」が明記された。一方で，1990 年代後半から 2000 年代初めにかけて，男女特性論や性二元論，性別役割分業の維持と，国家政策を支える家族・家庭を主張し，男女共同参画社会やジェンダー・フリー教育，家庭科教科書，家庭科の男女共修，性教育等を批判・攻撃するバックラッシュが起こった。

　家庭科では 1990 年代半ばには「多様な家族」[1] を学習内容とする授業が現れ始める（石橋　1996）が，1994 年に「多様化する家族」や「家族の機能の変化」等が「内容の扱いが不適切」という検定意見が付き，高校家庭科教科書 18 冊中 4 冊が検定不合格となった（鶴田　2004）。

　2010 年代に入ると全国の自治体で「ライフプラン教育」が行われるようにな

り，資料集やワークブック等の冊子が作成される。国の少子化対策交付金等による政策の一環であり，20代で異性と結婚し，少なくとも2,3人の子どもをもつのが「あるべき家族」として標準化されている冊子もある（斉藤　2021）。

　2017・2018年告示の現行学習指導要領では，道徳科が「特別な教科」に位置づけられ，教育全体が規範・徳目主義の道徳教育へ強化された（綿引　2018）。

　戦後の家族学習をとりまく状況をふり返ると，家族は国家の政策の重要柱であり，家庭科は政治的意図から直接的・間接的に影響を受けながら推移してきた。今後もその状況は続くことが予想される。

## 3.　家族学習に関するこれまでの本学会の成果

　日本家庭科教育学会では，これまで研究プロジェクトや書籍，報告書により家族学習について検討したり発信したりしてきた。大会や例会では他分野の研究者を招いて講演やシンポジウムを開催し示唆を得てきた。それらは本学会の研究や知見の蓄積といえる。1990年代半ばから今日までどのような議論や示唆があったか表7-1にまとめた。表7-1の下線部分から，次のような議論・提起がなされてきたことがわかる。

○近代家族を超える。家族中心主義でない家族を再定義する。

○家族を社会（公的領域）との関係で捉える。

○家族（私的領域）は国家権力の政治力により教え込まれているので，家庭科の道徳教育化への懸念がある。

○ケアの再検討により，家庭科教育の重要性が確認できる。

　以上の本学会の成果から示唆されるのは，現代における多様な家族の諸相に対する政治・社会と教育との関係を問い直す姿勢である。

## 4.　家族をめぐる近接他分野の研究動向

　次に，家庭科教育の隣接領域である家族関係学や家族社会学，家族法学における研究動向を取り上げる。

**表7-1　本学会の書籍やシンポジウム・講演における家族学習への示唆・知見**

| 書籍名・発行年 | 論文名 | 著　者 | 趣　旨 |
|---|---|---|---|
| これからの「家族」教育－カリキュラム構想と教材開発－（1997年） | 14のテーマ論文 10実践の教材開発 | 伊藤葉子・木田淳子・櫛田真澄・滝山桂子・多々納道子・中間美砂子・細江容子・綿引伴子。他実践13名 | 「家族」教育はどうあるべきかを課題に，個の確立，ジェンダーと家族，子どもと家族，高齢者と家族，家族と地域・社会，からのカリキュラム構想の視点の提言と教材開発・実践例の提案 |
| 衣食住・家族の学びのリニューアル－家庭科カリキュラム開発の視点（明治図書，2004年） | 『家族』をどうとらえたらいいのだろうか | 鈴木敏子 | 「近代家族」を超える学びを提言。そのため，国家・社会が要請する家族像を説くのではなく，矛盾への気づきと公正な関係を切り拓いていく視点を耕す。社会の仕組みや諸制度の在り方を洞察する。「家族への自由」に向けてエンパワー |
| | 家族・保育から学びの世界が広がる | 阿部睦子・望月一枝・山田綾 | 子どもたちが家族や子育て，「子ども」について語り合うことが重要 家族の現実を社会（公的領域）との関係で捉える |
| 生活をつくる家庭科（第1巻 個人・家族・社会をつなぐ生活スキル）』（ドメス出版，2007年） | 『家族・保育』の授業にみる『生活スキル』の学び | 上野顕子・室雅子 | 社会に対して主体的に関心をもち，能動的に社会に参加し，よりよい方向へ変えていこうとする力（社会参加変革力）が必要 |

| 大会等・開催年・講演題 | 講演者 | 趣旨・キーワード |
|---|---|---|
| セミナー・1997年　「現代の家族問題を考える－個の視点から」 | 木田淳子 | 個の確立に家族が積極的役割を果たしえるためには，競争社会の序列主義的価値観や固定的役割意識，画一意識から自由になる |
| 大会・2008年　「小・中家庭科教育にみる家族関係の過度な焦点化」 | 上野加代子 | 家庭科教育の道徳教育化推進（家庭を大切にする心情強化，家庭の絶対化）への懸念 |
| 例会・2008年　「教育社会学の視点から家庭科教育への提起」 | 本田由紀 | 「家庭」へ過大な規範的要請がされる。家庭が過大な負担を担わなくても社会が回っていく循環構造の組立 労働や政治などと家庭は緊密に切り結んでいる |

| 大会・2014 年　「ホームの再定義と生き方の転換－家庭科教育再考のガイドとしての道徳・倫理」 | 松下良平 | ケアの人間観を基本とする。再定義（親密圏と公共圏を接続）されたホームに根差した公の世界と私の世界を架橋する生き方への転換 |
|---|---|---|
| 例会・2014 年　「家族について素朴信念からの解放のために－発達心理学からの提案」 | 高橋惠子 | 家庭科の“骨組み”を刷新するために，家族中心主義でない“OS”を。情動的な政治主導の教科にならないために，学際性を生かした科学としてのしっかりした基盤が必要 |
| 大会・2015 年　「個人を育む家庭・家族の社会的意義－ケアの倫理からみた『自立』批判から」 | 岡野八代 | 家族（私的領域）は国家権力の政治力によって，法や教育によって国民に教え込まれる私的領域を見直すことによりケア実践が国家論理をも批判できる可能性を秘めている |
| 大会・2022 年　「ジェンダー平等と家庭科教育の可能性－男性のケア参画の視点から」 | 多賀太 | 男性のケア労働（無償労働，職業労働）への参画やケア態度の育成がジェンダー平等実現の鍵。生涯学習としての家庭科教育の可能性 |

## （1）家族関係学，家族社会学

　日本家政学会家族関係学部会では 2020 年に部会設立 40 周年を迎え，大会シンポジウムのテーマを「多様な関係性を持つ家族への理解と支援─ステップファミリーに注目して」とし，ステップファミリーについて研究や実践の蓄積がある野沢慎司，菊地真理，諸倉珠巳が報告した。菊地は，「『多様な家族』の限界とは，ステップファミリーを『多様な家族』と捉えながらも，その家族構造の独自性に目を向けず，従来の通念的な初婚の夫婦と血縁のある親子という核家族（ふつうの家族）に当てはめて理解しようとすることだといえよう。」（菊地 2021）と述べている。

　長年ステップファミリーの研究を行ってきた野沢・菊池によると，「ステップファミリーには「代替モデル／スクラップ＆ビルド型」と「継続モデル／連鎖・拡張するネットワーク型」の 2 つの家族モデルがある。「代替モデル／スクラップ＆ビルド型」は，離婚によりそれまでの家族は消滅し，その後，子の監護親が再婚すると，その再婚相手が子の新しい父親／母親となり家族が再建されるというタイプである。もう一つの「継続モデル／連鎖・拡張するネットワーク

型」は，離婚・再婚後も母と父の双方が子の親であり続け，継親は既存の親に代わる父親／母親ではなく，子の家族に新たに追加されたメンバーとみなされるもので，いわば世帯を超えて家族メンバーがつながっていくタイプである（野沢・菊池　2021）。日本の法制度は「代替モデル／スクラップ＆ビルド型」へ家族を誘導する制度になっているという。その根底にあるのは近代家族規範といえよう。

　日本家族社会学会では2020年の大会テーマを「〈家族の多様化〉と〈子どもの福祉〉は両立するか」として議論している。報告者の一人，柳原は生命倫理学・ジェンダー論の立場から「代理出産は家族の多様化ではなく，近代家族を形成できる人々の多様化を引き起こした。代理出産で作られる家族は，均質な近代家族へと収束する。代理出産は，女性と子を危険に晒しながら，人々をより窮屈な家族観に閉じ込める装置となっている。」（柳原　2021）と報告している。

　家族研究における家族の多様化をめぐる議論は，個人の選択可能性の増大を前提としている。しかし，依然として家族が選択不可能な部分で個人の生存・生活を保障している点から見れば一面的であり再考を要する（久保田　2009）。また，近代家族の子ども中心主義（愛情にもとづく子育て）は以前より強化されており，子どものような弱者の権利を守るという理由によって，家族という私的領域への国家の介入を進めていく（片岡　2010）。「近代家族／多様な家族」といった二項対立を乗り越える枠組み構築の必要性が指摘されている。

## (2)　家族法学

　第二次世界大戦後に，明治民法における家制度と家父長制にもとづく不平等なしくみを否定し，家族を民主化するために憲法第24条が制定された。民法改正は，家族を，夫と妻，親と子，親族相互，個人と個人の関係として規定し，個人を基礎に置いた。民法に家族を団体として捉える規定は存在しない。「個人の尊厳と両性の本質的平等」が家族法の立法基準となり民法の解釈基準となっている（二宮　2022）。24条は近代西欧家族の「個人」が家長個人主義であったことへの批判も含んでおり，近代家族解体の論理をも含意したものと読むこ

ともできる（樋口　2021）。

　すなわち，24条は大人同士が自己の意思にもとづいて親密な関係を形成する自由を保障すると同時に，家族が担う要保護者の補完（育児・看病・介護などのケア労働）を性別にもとづいて負担させることを許さず，子どもも含めてメンバーの権利主体性を前提に対等な関係を築くことを求めている。個人の尊厳と両性の本質的平等に依拠する家族関係を実現するためには，ケアを担う者が自己を犠牲にし，ケアされる側に転化することがないように，国家は社会保障等を通じて家族を支援する責務を負う。24条には社会権的な側面がある（二宮2022）。

　しかし，改正民法には，個人の尊重の不徹底（婚外子の相続分差別や夫婦同氏等），男女平等の不徹底（婚姻適齢の男女格差や女性の再婚禁止期間の設定等），戸籍法と合体した家族モデルの創出（同氏同籍とし，一組の夫婦と氏を同じくする子を単位とする戸籍の編製）という3つの限界があった（二宮　2022）。

　「家」単位から家族単位への法改正は，戸籍の「家」を「婚姻家族」に差し替えただけのマイナーチェンジにすぎず，戦後も戸籍を親族単位に維持した氏と戸籍の制度は，家父長制意識を温存し性別役割分業型の家族を標準とする意識を浸透させ，影響力を持ち続け規範が強化されてきた（下夷　2019）。

　清末（2018）は，24条を9条とともに非暴力にもとづく平和主義の柱となる条文と位置づける。それは，24条が，外からは見えにくい家族内の支配関係が生み出す各種の暴力を根絶するための重要な鍵となることと，戦前の軍事主義や戦争体制を支えた家父長制支配と性支配を否定していることからである。自分の足元の生活での人間関係や権力構造，暴力等に目を向けることなくして，恐怖や欠乏から解放された平和な社会を構築することはできない。

　以上述べてきたように，個人の尊重と平等，社会保障を通じた家族支援，平和な社会基礎が含意されている24条は，まさにダイバーシティ＆インクルージョンな社会基盤のための条項である。

　24条の理念に照らして家族をめぐる法に残された課題には，選択的夫婦別姓，戸籍の編成方法，同性婚の承認，婚外子差別等がある（二宮　2022，二宮・風間

2022)。現在の戸籍は筆頭者とそうでない者の間に主従関係を持ち込み，家父長制意識を温存している。また，夫婦と子から成る家族を標準的家族と捉える意識を生み出し，こうした家族関係にない人びとを差別し，疎外することにつながっている。個人単位の家族関係登録制度は各自が自分を中心に自分との関係で記載する形式であり，自分が「人生の主人公」であることを可視化するものである（二宮　2022）。

　21 世紀初頭にジェンダー憲法学やジェンダー人権論を提唱した辻村は，「戦後 70 年たって，日本国憲法の『個人の尊重』という原則が根付いたのかと問われれば，『道半ば』というより，『道三分の一』しか進んでいない段階だと答えることになるでしょう」と述べている（辻村　2018）。

　家族関係学や家族社会学の議論からは，多様な家族の一つと捉えられているステップファミリーや代理出産によりつくられた家族が，近代家族を超えるのではなく近代家族にとどまっており，近代家族が量的にマジョリティではなくなっても依然として強い規範力を持って私たちに影響していることがわかる。また，すべての人に家族の多様化を可能にするには至っておらず，階層化が生じている。その背景には，戸籍に現れているように性二分法・性別役割分業にもとづく近代家族を前提とした制度やしくみが維持され（綿引　2022），顕在的・潜在的に規範が生き続けていることがある。それが差別や生きづらさを生み，またジェンダー・人権対応の世界からの遅れを生じさせているのではないかと考えられる。

## 5.　家庭科ならではの家族学習

### (1)　他教科における家族学習

　家庭科に次いで家族を学習対象として明確に位置づけているのは道徳科である。道徳科の示す内容について，「各教科の特質に応じて適切な指導をすること」が規定されている。現行学習指導要領の道徳科で指導する 22 の内容項目のうち最も家族に関わる内容は「家族愛，家庭生活の充実」である。父母・祖父母に対する敬愛の念や家族への協力・貢献，感謝があげられている。

　小学校家庭科の学習指導要領解説には，「道徳との関連」に「家庭生活を大切にする心情を育むことは，家族を敬愛し，楽しい家庭をつくり，家族の役に立つことをしようとすることにつながるものである。」とある。笠原は中学校の道徳科教科書を分析し，「美しい家族像と母の愛の強調」と「標準世帯と性別役割分業の強調」の二つの特徴を指摘している（笠原　2023）。

　現行の道徳科には，ある家族像や価値，行動規範を押し付ける徳目主義であることや，心情を評価することなどの問題があり，それらの問題を含む道徳科が家庭科（他の教科も）へつなげることが意図されている。家庭科の内容自体が道徳的であることはこれまでも指摘されてきたが，道徳教育重視によりその傾向が強まることが予想される（綿引　2018）。

　中学校と高等学校の社会科の現行学習指導要領には，「家族」の文言は見られない。しかし，やや関連のある言葉としては，少子高齢化の課題，社会保障の充実・安定化，男女普通選挙の確立，個人の尊厳と人権の尊重の意義，個人や社会全体の幸福，民主主義，少子高齢社会における社会保障，持続可能な地域，青年期の課題等がみられ，社会的事象として現代社会の諸課題を追究したり解決したりすると書かれている。

## (2) 家庭科の特徴と家族学習の意義

　家庭科は家庭生活を中心とした生活を学習対象としている。生活は人間の諸活動の総体であり，切り取られた断片ではなく重なりながらつながっている。日本の家庭科では，生活を包括的に取り上げ，衣食住など人間の私的な生活を営む場である家庭生活を営む力をつけることと，その生活を取り巻く諸環境（地域・社会・政治・経済・文化・自然等）との相互関係を見つめ，人びとの福祉を実現する力をつけることの両方が目指されている。家庭科では，自分・家族の私的領域から地域・社会・世界・地球などの公的領域まで行き来しながら学ぶことができる。日常レベルの「私」とつながる学びは，政治や社会への関心を喚起し，社会の課題に対して当事者意識をもって考える市民性を育む。

　また，家族には二面性があり，それらと家族をめぐる問題，学習の意義等を

| 家族の二面性 | 家族をめぐる問題・課題（児童虐待を例に:2) | 家族を学ぶ意義 | 学習内容・学び方（ケアを例に） |
|---|---|---|---|
| （図）個人的側面…意識、実態、選択／社会的側面…制度、規範／支え・政治・権力／保障・装置／市民性（発信・行動） | ・近代家族やマイエ的家族、社会規範への囚われが強い<br>⇒よい母親へのこだわり、過剰な頑張り→失敗を隠す。相談できない<br>⇒よき家庭を築く父親像＝妻や子どもに過剰な期待→支配や暴力（DV）<br>・家族単位のため個人に福祉が行き届きにくく、支援から遠ざかり孤立する<br>・徹底した囲い込みとチェックの日による通報型対応が親を追い詰める<br>・シングルマザーの貧困<br>・家族や学校以外での居場所の不足<br>・支援担当者数やスキルアップ体制の不足 | ・オルタナティブな視点・見方から捉えたり相対化したりする<br>・多様な価値観や生き方、差異を受容する<br>→家族言説への囚われから解放、自分や家族を肯定、他者に覚容（→人間関係の創造）<br>・「正常な家族」「標準的な家族」等といった社会規範に対する批判的なスタンスをもつことができる<br>→社会を変えていく市民性 | 〈考える、対話する〉ジェンダー、家族、福祉、人権等<br>〈五感・手・身体を使い体験する〉衣・食・住・乳幼児との関わり等 |
| | | 生活観、人間観、社会観 | 生活観、人間観、社会観 |

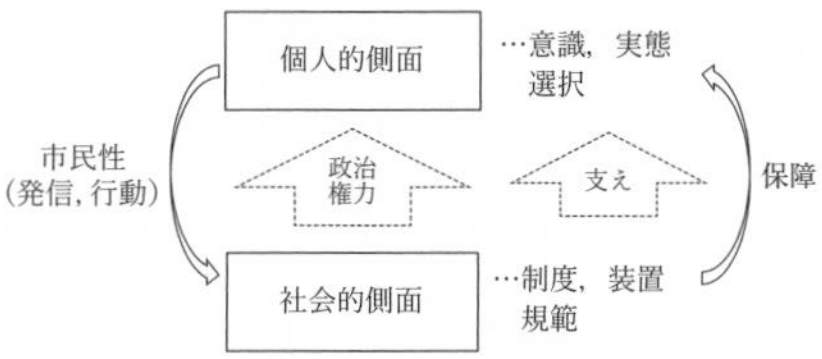

図7-1　家族の二面性と家庭科で家族を学ぶ意義

出所：筆者作成

図7-1にまとめた。今日では家族が多様化している実態があり，意識面でも柔軟な考えをもつ人が増えており，家族やくらし方を自分の意思で選択することを肯定する社会になっている。しかし，自由に家族やくらし方・生き方を選択しているように見えても，それを支える制度・装置（社会的側面）に変えていかなければ，近代家族への囚われが続き，家族をめぐる問題や困難は解消されることはなく，私たちの生きづらさは続いていくだろう（綿引　2022）。シングルマザーや同性カップルという生き方を選んだ責任を個人に帰して自助努力を求めるのではなく，その多様な選択を支える法・制度を社会が用意することが人権を尊重するダイバーシティ＆インクルージョンな社会である。

　家庭科では，この家族の両面を学ぶことができると考えられる（図7-1）。家族を学ぶことで，家族をオルタナティブな視点・見方から問い直し，多様な価値観や生き方を受容する。家族言説への囚われから解放され，自分や家族を肯定できる。他者との寛容な人間関係を創造する。また，「正常な家族」「標準的な家族」等といった社会規範に対する批判的なスタンスをもつことができ，家族の背景にある社会のしくみや構造を分析し，社会を変えていく市民性を育むことができるだろう。

　さらに家庭科では，家族やジェンダー，福祉，人権などについて対話を通して理解したり考えたりするとともに，子どもとの関わりや衣食住の技術・技能や原理・科学について五感と手を使って身体的・具体的に学ぶ。いろいろな学習を組み合わせながら，深く考える力と動く身体を育むことができる。例えば自分の家のケア労働（家事・育児・介護）担当者の偏りと，労働や政治など社会の諸側面や世界とのギャップなどとを関連させながら学ぶ他方で，衣食住の技術・技能や子どもとの関わりなどケアの実際を，社会的・科学的視点から検討しながら手や身体を使い体験する。実際につくること（調理，製作）によって，何を食べているか，どのようにつくられているのかなど，商品の背景・つくられるプロセスへの関心や気づきを促し，知識や概念，価値観をつくり変える力にもなる。

　ケアについての問い直しには，生産の仕方や生活理念をも問う必要がある。

「家族」は生活や社会のさまざまな事柄と関連している。包括的な学習内容を
もつ家庭科では，それらを構造的に捉えることができるだろう。例えば，男性
の職業労働 (生産労働) による経済成長は，家族愛や助け合いを理由に女性の無
償のケア労働 (家事・育児・介護：再生産労働) によって支えられ成し遂げられて
きた。主として女性が担ってきたケア労働は男性の職業労働より劣っている，
非自立的で価値がないと不当に低く評価され，それが職業になっても低い賃金
が維持されてきた。また，性別役割分業は男女の経済格差をもたらしただけで
なく，男性を経済成長へ邁進させ，無限の富を求めて発展途上国の天然資源を
収奪し，労働者を搾取してきた。効率性や生産性を優先する社会から，ケア活
動を重視・評価する社会への価値の転換は，人へのケアだけでなく，他生物や
自然・地球へのケアをも重視する意識も含まれる。これまでの傲慢で利己的な
人間中心主義や競争による経済成長最優先，生活理念・社会観のつくり変えに
も通じている (綿引　2023)。これらの家族，家事労働，ジェンダー，働き方，
南北問題，格差，消費・生産，自然破壊等はすべて，家庭科の学習内容に含ま
れている。家庭科では家族とその背景にある事象やしくみを構造的に捉えるこ
とができるだろう。

## (3) 実践例

　本項では，野原慎太郎教諭の授業を紹介する (表7-2) (野原　2023)。野原は
神奈川県立高等学校家庭科担当で，教員 17 年目，現在 3 校目に勤務している。
家族学習を重視しており，「自分ごと」として考えることに近づくように，感
情移入できる教材にこだわる。テーマそれぞれの学習内容や教材が魅力的であ
り，1 テーマの中であるいはテーマ間で自己の家族観 (個人的側面) と社会の家
族規範やしくみ (社会的側面) を行き来しながら，問いかけや揺さぶりを繰り返
している。紙数により詳細は省略する。

　授業の進め方では，「対話」と「問い」を重視し，生徒の発言で授業をつくり，
クラス全体で進化・深化していくことを意図している。授業中の対話や第 14
時の授業後の記述では，生徒はきれいごとや正解を述べようとはせず本音を

語ったり自分の家族のことを書いたりしているが，それを可能にしているのは次の要素があるからではないかと思われる。

　第1時のオリエンテーションで教師の自己開示や授業への考えを話すことにより教師の権力性を弱め，生徒との関係を縦から横または斜めの関係に組み換え一緒に学びをつくっていく姿勢を示している。家庭科の答は一つではない，クラスメイトは学び合う仲間，教室はまちがうところであることを告げている。

　第2時の意識調査「今の自分はこう考える」では，19問それぞれに対し数人ずつ言ってもらい問いかけする中で「何を言ってもいいんだ」と思える土壌・空気をつくり安心感を与えている。19問には，「結婚してあなたが名字を変え

表7-2　野原慎太郎教諭の家族学習単元のながれ

| 時 | 授業名／テーマ | 主な内容・教材等 |
|---|---|---|
| 1 | 授業をはじめるにあたって／オリエンテーション | 教諭の自己紹介，高校家庭科の歴史，教諭の考える家庭科，評価について説明する |
| 2 | 今の自分はこう考える／授業前意識調査 | 「人生」や「家族」，「世の中」などこれからの生き方を考えるにあたって19問に答える |
| 3・4 | 青年期をどう生きるか／ライフステージと青年期 | 青年期を題材にした歌や，新聞掲載の10代の悩みへの回答から青年期の自分の思いを見つめる |
| 5・6 | 「おんな」と「おとこ」の境界線／ジェンダー・セクシャルマイノリティ | 椿姫彩菜のドキュメント番組や本人の書籍の資料から生きづらさや生きやすさを考える |
| 7・8 | その恋愛は対等ですか／デートDV | 恋愛観チェックやDVの理解から恋愛観を問いなおす |
| 9・10 | 「家族」ってなんだろう／家族観・家族の多様性 | テーマ「家族の朝」で4人×2班がほぼ即興で演じる。自分の中のジェンダー観や家族観に気づく |
| 11・12 | 家族の法律を考える／家族法 | 2010年の民法をグループで分析し賛否意見を出し合う。現民法で改定したほうがよいものを考える |
| 13 | 資料で読み解く日本の男女の現在地／日本と世界の比較 | 法律，家事・育児時間，生活時間，自殺者数，生涯賃金，ジェンダーギャップ指数等を読み解く |
| 14 宿題 | 授業を通して考えたこと／自分の考えをまとめる | 第2時の意識調査と今の考えとを照らし合わせ，授業を通して変化したことや，社会と自分の課題を考える |

＋発展課題（自主活動）：映画「カランコエの花」「そして父になる」「クレイマー・クレイマー」「チョコレートドーナツ」から選択視聴（複数視聴する生徒もいる）
出所：引用文献の野原（2003）をもとに，野原の承諾を得て筆者作成

ることになったら，そのことをどう感じますか。」「（仲のよい友人を一人思い浮かべてから）突然『自分は同性愛者なんだよね』と打ち明けられました。あなたは何と答えますか。」などがある。19問はその後の授業で用い，生徒は自分と対話し，自分の考えの変化や成長を確認していく。

　また，「学校の授業でそんなことも言っていいんだ」と思わせる内容をちりばめている。例えば，第3・4時の「青年期をどう生きるか」では，尾崎豊の「15の夜」の歌詞（盗んだバイクで走り出す…）や「彼からのHの誘いを断れない」というティーンズの悩みを教材にしている。

　さらに，生徒のすべての発言に対し否定せずに「なるほど」「沈黙の中で発言してくれてありがとう」等と肯定的に受けとめ，発言した生徒がマイナス感情をもたないようにし，生徒が発言することを励ましている。特に自分の言葉で語ることを評価し，生徒に「真剣に考えたことに対して成績を下げることはないので，授業では，発言は自分の意見を正直に，記述は考えたことをそのまま書いてください。優等生意見や先生の顔色をうかがった発言は不要です。」と伝えている。生徒の学びを遮らない家族学習の評価であり，これまで生徒からの異議がなかったことから生徒も納得しているものと思われる。

　家族の学習方法の中心は対話ではないかと考えられる。対話により事象の背景や要因を探ったり，さまざまな視点・異なる考えから多面的に問い直したり，解決に向けて探究したりする。対話により何かを創造することや結論を出すこともあるが，対話というプロセスそのものに意味がある。自分の考えをさらけ出してしゃべり，それに応答し合う場で学ぶのは，家庭科という教科を超えて人間としての発達にとって，また民主的な社会を形成する主権者を育成するためにも重要なことである。家族学習には対話を深化させる要素があると考えられる。

・注
　1) 本章では多様な家族や家族の多様化の「多様」について厳密に定義できないが，
　　　法律婚の異性愛カップルが性別役割分業をもとにして情緒性を重視してつく

る近代家族としておく。形態だけでなく機能や関係性の多様性も含めて捉える（綿引　2022）。

2) 杉山春のルポルタージュ（杉山　2013, 2017）に依拠している。

・引用文献

樋口陽一.（2021）.　憲法 第4版, 278-279.　勁草書房.

石橋満里子.（1996）.　いろいろな生き方・暮らし方.　牧野カツコ編.　人間と家族を学ぶ：家庭科ワークブック, 54-55.　国土社.

笠原昭男.（2023）.　道徳教科書：家族教材を考える.　日本生活指導研究所公開講座, 道徳教科書から：ジェンダーと家族の問題を考える, 配布資料, 2023年4月16日.

片岡佳美.（2010）.　合意制家族と子どもの権利：フィンランドのエンパワーメント政策が示唆する論点.　同志社社会学研究, 14, 47-53.

菊地真理.（2021）.　「多様な家族」の限界への挑戦：再婚後の別居親子の継続と共同養育の実践, 家族関係学, 40, 25-35.

久保田裕之.（2009）.　「家族の多様化」論再考：家族概念の分節化を通じて.　家族社会学研究, 21（1）, 78-90.

清末愛砂.（2018）.　非暴力平和主義の両輪：24条と9条.　中里見博他.　右派はなぜ家族に介入したがるのか：憲法24条と9条, 129-156.　大月書店.

野原慎太郎.（2023）.　「家族」学習のむずかしさを超える授業実践.　開隆堂出版オンライン学習講座配布資料及び報告内容, 2023年1月20日.

野沢慎司, 菊地真理.（2021）.　ステップファミリー：子どもの視点から見た離婚・再婚.　角川新書.

二宮周平.（2022）.　憲法と家族法：憲法二四条の意義.　現代思想, 50（3）, 青土社, 29-41.

二宮周平, 風間孝編.（2022）.　家族の変容と法制度の再構築：ジェンダー / セクシュアリティ / 子どもの視点から.　法律文化社.

斉藤正美.（2021）.　「ライフプラン教育」と日本における「性と生殖をめぐる教育」.　現代思想, 49（4）, 青土社, 204-211.

下夷美幸.（2019）.　日本の家族と戸籍：なぜ「夫婦と未婚の子」単位なのか, 241-244.　東京大学出版会.

杉山春.（2013）.　ルポ 虐待：大阪二児置き去り死事件.　ちくま新書.

杉山春.（2017）.　児童虐待から考える：社会は家族に何を強いてきたか.　朝日新聞出版.

辻村みよ子.（2018）.　憲法改正論の焦点：平和・人権・家族を考える, 法律文化社. 168.

鶴田敦子.（2004）.　家庭科が狙われている：検定不合格の裏に, 53-54, 127, 139-151.　朝日新聞社.

柳原良江.（2021）.　代理出産における変遷：何が新しく何が多様なのか.　家族社

会学研究, 33（1）, 41.

綿引伴子.（2018）. 学習指導要領改訂の背景と家庭科教育の課題. 家族関係学, 37, 63-71.

綿引伴子.（2022）. 家庭科で家族を学ぶ意味を考える. 家族関係学, 41, 15-22.

綿引伴子.（2023）. 人類に不可欠なケアという活動. 高校家庭科教科書検討会編. 求められる家庭科の変革：高校家庭科教科書の検討から, 17-26. ドメス出版.

（綿引　伴子）

第8章
# 子どもが育つ環境と福祉

## 1. 日本の子どもをとりまく環境と今日的課題

### (1) 子どもの生活から社会的課題を考える

　次の写真（図8-1）は，ある公園での30分間の幼児の行動を定点カメラで記録したものである。

　子どもは1日1万7,000歩ぐらい歩き，走るといわれている。そして，写真のような，ぶら下がる，もぐる，跳ぶ，登る，滑る等，さまざまな身体的な活

**図8-1　いとちゃんの30分**
提供：こどもの視点ラボ　写真：てんてん

動をすることによって，敏捷性，瞬発力，回転力，登坂力等を身につけている。
30分間で，これだけたくさん動き回っているのだ。このように遊びの空間を目
一杯使って動き回る子どもたちにとって，安全な遊び場の存在は欠かせない。
遊びの空間が制限されるということは，発達に必要な活動が制限されてしまう
ことにもつながる。近年は，さまざまな大人の事情によって子どもの遊び場が
制限されてしまう状況が日本の各地で起こっている。多様な暮らし方をしてい
る人びとが共生する地域社会において，その地域の中に子どもの育ちを支える
安全な遊び場が十分に確保されているかという点については，今一度考えてい
かなければならない。

　仙田（2016）によると，遊び空間は，2016年までの60年間で100分の1とい
う規模で小さくなっている。表8-1は，仙田による遊び環境を6つの空間に分
けたものである。遊び環境の縮小に伴って，こうした遊び場は全体的に減って
しまった。

　また，仙田は遊び環境の悪化の循環について，遊び環境の4要素（空間，時間，
方法，コミュニティ）は相互に影響しあいながら縮小化，悪化しており，多くの

## 表8-1　6つの遊び空間

| | |
|---|---|
| 自然スペース | 遊び空間の中で最も基本的で，重要な空間。自然の変化や動物の生死に遭遇し，生命を知ることができる。採集の遊びはこの空間固有のものである。 |
| 遊具スペース | 遊具の空間。遊具は人工的な構造物であるが，大きなヒューム管のように本来の用途と異なったものを遊具としたり，子ども自身や大人と協力してつくる場合もある。 |
| オープンスペース | 力いっぱい走り回れる，広がりのある空間。子どもの身体いっぱいのエネルギーを受容できる，広がりのある場所が必要。多くの場合，集団ゲームが行われる。 |
| アジトスペース | 押し入れ，隅っこ，机の下のような小さな隠れた空間。大人から知られない，独立した空間を持つことで，独立心や計画性などが養われ，精神的にも成長していく。 |
| アナーキースペース | 廃材置き場や工事現場のような混乱に満ちた空間。整理整頓された空間よりも混乱に満ちた空間のほうが子どもの創造力を刺激する。 |
| 道スペース | 出会い空間，様々なあそびの拠点を連係するネットワーク空間。かつての道スペースはオープンスペースの役割まで兼ねていた。乗り物遊びがこの空間の現代の主流といえる。 |

出所：仙田（2016）をもとに筆者作成

子どもが遊ぶことに積極的ではなく，現状に満足していることを指摘している。遊び空間が制限されることで，遊びの広がりが制限されてしまう事態が起こりうる。こうした悪循環は，次世代の子どもたちにも影響を与えることが懸念される。遊び経験が十分に広がらない子ども時代を過ごした大人たちに，次世代の子どもたちが本当に必要としている遊び場をつくることができるのだろうか。

### (2)「こどもまんなか」で考える社会

　2023 年 4 月，こども基本法が施行された。こども基本法は，日本国憲法および児童の権利に関する条約の精神にのっとり，すべてのこどもが，将来にわたって幸福な生活を送ることができる社会の実現を目指し，こども政策を総合的に推進することを目的とし，図 8-2 に示す六つの基本理念をもとに施策が行われている（こども家庭庁　2023）。こども基本法では，「こども」の定義は，「心身の発達の過程にある者」であり，具体的な年齢の区切りはない。

　現代社会の子どもたちが置かれている現状をみると，児童虐待や子どもの貧困，個別最適な学びと協同的な学びの一体的な充実など，求められる支援は多岐にわたる。いずれにも共通しているのは，当事者である「子ども」が中心に置かれ，子どもをとりまく周囲の大人からのサポートが求められているという

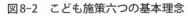

**こども施策は、6つの基本理念をもとに行われます。**

1　すべてのこどもは大切にされ、基本的な人権が守られ、差別されないこと。

2　すべてのこどもは、大事に育てられ、生活が守られ、愛され、保護される権利が守られ、平等に教育を受けられること。

3　年齢や発達の程度により、自分に直接関係することに意見を言えたり、社会のさまざまな活動に参加できること。

4　すべてのこどもは年齢や発達の程度に応じて、意見が尊重され、こどもの今とこれからにとって最もよいことが優先して考えられること。

5　子育ては家庭を基本としながら、そのサポートが十分に行われ、家庭で育つことが難しいこどもも、家庭と同様の環境が確保されること。

6　家庭や子育てに夢を持ち、喜びを感じられる社会をつくること。

**図8-2　こども施策六つの基本理念**

出所：こども家庭庁（2023）

ことである。また，先述の子どもの遊び環境の縮小とも関連して，子どもたちには家庭や学校以外に安心して身を置くことができる第3の居場所が必要といえる。居心地のよい居場所がどのような場であるかは子どもによって異なる。それはフリースクールであったり，子ども食堂や習い事の場，児童センターであったりと，これらのほかにも子どものための居場所は多岐にわたる。どのような子どもにとっても，頼ることのできる居場所が複数あることは大切なことである。そして，子どもたちが信頼を寄せられる居場所を用意することもまた，私たち大人の責務である。

## 2.　家庭科保育学習が目指すもの

　子どもたち自身が "自分たちは人権が守られるべき大切な存在である" ことを実感できるのが「こどもまんなか」の社会である。そして，「まんなか」にいるべき子どもたちに対して，子どもが「まんなか」に置かれることの大切さを学問として扱う教科が家庭科である。学校教育の中で，子どもそのものについて系統的に取り上げている教科は家庭科のほかにない。中学校や高等学校の家庭科で扱う保育分野では人と人とのつながり，社会とのつながりについて，誰しもが通る子ども時代を軸に未来へと展開していく。現代の家庭科で扱われている保育分野の学習は，決して乳児の世話などの保育技術を身につけることが第1の目的ではない。ここで，家庭科保育分野の歴史的変遷について述べる。

### (1)　学習指導要領における家庭科保育分野の変遷

　家庭科の保育分野は戦後の学制以降，さまざま形で学習指導要領に位置づけられており，その扱いは時代の変遷とともに，変化してきた。表8-2では，天野（2018）や叶内（2019）らの先行研究をもとに，家庭科保育学習の歴史的変遷について社会的視点から整理した。

　戦後の保育学習の出発当初は小学校から高等学校に至るまで，家庭内での育児の担い手の育成という要素が強かったことがわかる。親になるための準備教育，家庭人としての女子教育に重きが置かれてきた。しかし，社会の変化とと

表8-2　家庭科保育分野の歴史的変遷

| 年　　代 | 小 学 校 | 中 学 校 | 高 等 学 校 |
|---|---|---|---|
| 小1947年<br>（S22年）<br>中1947年<br>（S22年）<br>高1948年<br>（S23年） | 「家庭における子供の仕事」（第5学年）として「子守り」という項目がみられる。 | 「幼い家族の世話（乳幼児の生活）」（第7学年），「乳幼児の保育」（第9学年），「乳幼児の病気とその手当」（第9学年）といった，乳幼児の世話や子守りについての技術を身につけるような内容が中心。 | 「乳幼児の理解と保育」（第12年級）では，子守りやしつけに関する内容がある一方，教師の準備や活動としては「託児所・幼稚園・乳児院等があれば，これらとの連絡」と，社会的な保育施設についても記載がある。 |
| 中1951年<br>（S26年）<br>高1949年<br>（S24年） |  | 女子向き課程の例として，「幼い幼児のせわ」（第1学年），「正しい保育」（第3学年）という項目がみられる。主眼には「女子の天職を認識し」という文言があり，乳幼児の保育が女子の仕事と位置付けられている。 | 必修にあたる「一般家庭」の内容は具体的な家庭での保育技術の向上に関するもの。<br>総目標としては「おとな，あるいは国家の保護なしには成育しない」「どの家庭の乳幼児も健康に育つよう，個人も国家も乳幼児を正しく導くように努力する態度」と，国全体で子育てを担う必要性について述べられている。 |
| 小1956年<br>（S31年）<br>中1957年<br>（S32年）<br>高1956年<br>（S31年） | 直接的な保育の領域はなくなる。家族関係の指導内容として「老人や弟妹には思いやりの心をもって親切に世話ができる」という記述のみ。 | 「保育と家族を一連のものとして」「こどもの世話や家族関係については，家庭において実践する」という記述がみられる一方で，「広く社会的視野に立ってこどもを見る態度を養う」という文言がみられる。 | 「家庭一般」では，乳児保育について発達や保育技術に関する内容が中心ではあるが，選択となっている「保育・家族」では，「こどもについては家庭の狭い視野に止まらず，広く社会的視野からみる態度を養う」という文言がみられる。 |
| 小1968年<br>（S43年）<br>中1969年<br>（S44年）<br>高1970年<br>（S45年） | 記載なし | 「世話」という記述はなくなり，「幼児に対する関心を高める」「こどもの成長のためには，あたたかい社会環境が必要であることを考えること」という文言がみられ，子育ては社会で取り組むべきものとして扱われている。 | 「家庭一般」の目標として，保育における家庭環境と生活指導の重要性，親の役割について言及。<br>保育領域の母性保健の項では「母親の責任を自覚し」という文言がみられる。 |
| 小1977年<br>（S52年）<br>中1977年<br>（S52年）<br>高1978年<br>（S53年） | 記載なし | 前回の改定時と内容に大きな違いはないが，「社会環境」という文言はなくなる。<br>これまで女子のみが学習していた保育学習について，選択履修という形で男子も履修が可能となる。注1) | 前回の改定時と内容の大きな差はない。「保育原理・技術」の項では，実習に十分な時間を配当し，特に保育関係の施設において現場実習を行うことが望ましいという記述がみられる。 |

| 小1989年<br>（H元年）<br>中1989年<br>（H元年）<br>高1989年<br>（H元年） | 記載なし | ここでも保育の目標として「幼児に対する関心を高める」ことが示される。 | 「家庭一般」「生活技術」「生活一般」の内容に大きな差異はない。総授業時数のうち，原則として10分の5以上を実験・実習に配当すること。と示される。 |
|---|---|---|---|
| 小1998年<br>（H10年）<br>中1998年<br>（H10年）<br>高1998年<br>（H10年） | 記載なし | 「保育」ではなく「B家族と家庭生活」という領域となり，「子どもが育つ環境としての家族の役割について考える」という記述がみられる。社会についての言及はないが，「幼稚園や保育所等で幼児との触れ合いができるよう留意すること。」と具体的な社会の中の子育て支援施設について示され，直接的なかかわりの機会が求められる。 | 「家庭基礎」「家庭総合」「生活技術」のいずれにおいても子どもの健全な発達のために，親や家族及び社会の果たす役割が重要であることを認識させるという内容の記述がある。<br>児童福祉に関する法律や制度については専門教科の内容として扱われている。 |
| 小2003年<br>（H15年）<br>中2003年<br>（H15年）<br>高2003年<br>（H15年） | 記載なし | 前回の改定時とは大きく変わらない。「幼児との触れ合いやかかわり方の工夫ができること」と，直接的なかかわりの機会が重視される。 | 前回の改定時と内容はほぼ同様。 |
| 小2007年<br>（H19年）<br>中2007年<br>（H19年）<br>高2008年<br>（H20年） | 記載なし | 「A家族・家庭と子どもの成長」という領域となり，幼児との交流が必修化された。 | 「家庭基礎」「家庭総合」「生活デザイン」ともに，子どもの発達における親や家族及び地域や社会の果たす役割の重要性，子どもとのかかわりについて扱う。内容の取り扱いにおいても，親の役割と子育てを支援する環境に重点を置くことが示される。 |
| 小2016年<br>（H28年）<br>中2016年<br>（H28年）<br>高2017年<br>（H29年） | 保育分野ではないが，「A家族・家庭生活」における内容の取扱いの項で「幼児又は低学年の児童や高齢者など異なる世代の人々との関わりについても扱うこと。」と記載あり。 | 再び「A家族・家庭生活」という領域となる。幼児との交流は引き続き重視される。社会と子育てに関する直接的な記述は無いが，「家族，幼児の生活又は地域の生活の中から問題を見いだして課題を設定し，その解決に向けてよりよい生活を考え，計画を立てて実践できること」と示される。 | 「家庭基礎」「家庭総合」のいずれも子育て支援について理解を深めること，子供を取り巻く社会環境の変化や課題及び子供の福祉について理解を深めること，親や家族及び地域や社会の果たす役割の重要性について示される。 |

注）実態としては男子の保育領域の履修は1割未満であったようである（日本家庭科教育学会2000）.

もにその内容は保育技術の習得だけに終始するものではなくなり，幼児の社会性の発達や遊びに関する内容，保育環境に関する内容など，幼児理解への記述が目立つようになった。また，国や社会として子育てを支えていくことの必要性についても言及されるようになった。平成の時代に入ると，保育を学ぶことへの男女の隔たりは完全になくなった。社会としても，少しずつではあるものの男性の育児休業に関する制度も拡充してきている。2018年，2019年告示の学習指導要領解説では，小中高ともに乳幼児や低学年の児童とのふれ合い（ふれ合い体験学習）の機会を設けることについての内容が盛り込まれている。

　多様なライフスタイルが共存する現代社会の中で，家庭科保育学習は関わる機会が少なくなった乳幼児期の子どもについて知る機会，世代間交流の機会を中心的に担っているといえるだろう。ふれ合い体験学習を通じて他者を知り，社会全体で子育てを担っていくことについて考え，当事者として実践していく力をつけることが，今の家庭科保育分野の学習では目指されているといえる。

## (2) 人との関わりが生徒の心を動かす

　生徒が乳幼児との交流を行うふれ合い体験学習では，乳幼児への肯定的なイメージ形成（岡野　2011ほか）や，育てる側としての意識形成（伊藤　2007ほか），共感的応答性の向上（岡野ら　2012），自己や人間関係について考える機会（岡野2006），生徒の自尊感情の向上（叶内・倉持　2014）など，家庭科の枠にとらわれない多くの効果がある。家庭科教師としてふれ合い体験の場に立ち会うと，生徒の普段とは異なる一面や，生徒の心が動く瞬間に遭遇することがある。ここでは，ある男子中学生のエピソードを紹介したい。

　彼は中学校ではあまり自分から発言をするほうではない。いつも教室の隅で静かに過ごしているようなタイプである。ふれ合い体験で訪れた幼稚園では，はじめのうちは入ったクラス（すみれ組）の隅のほうでただ立っているだけに見えた。他の生徒が幼児と積極的に交流する中，時間だけが過ぎていった。そんな様子を見た幼稚園の先生が，一人の園児を連れてこの生徒のところへやって

きた。「お兄さん，この子をさくら組さんまで一緒に連れていってあげてくれませんか？」そう言って園児の手を中学生に託した。園児はニコニコとうれしそうに中学生の顔を見上げている。中学生は少し困惑した表情のまま，園児に手を引かれるようにさくら組へ向かう。移動の数分間，二人は会話を交わすことは無かった。無事にさくら組に着くと，園児は「ありがとう」と元気に挨拶をして中に入っていった。中学生はゆっくりとすみれ組に戻る廊下を歩く。途中，何度も立ち止まり，手をゆっくりとグーパーさせながらつい先ほどまでつないでいた自分の手を見つめている。園児の手の感触の余韻に浸っているようだった。そこから，少しずつこの生徒の行動に変化がみられた。自分に話しかけてきた園児の声を聞こうと，自分から背中を丸めてしゃがみ，うなずき，話を聞いていた。一緒に音楽に合わせてダンスをする時間には園児と笑い合う姿があった。

　後日，中学校で行われた事後学習では，ワークシートに幼児の手の小ささに驚いたこと，あたたかかったこと，かわいかったこと，何を話したら良いのかわからなかったこと，子どもの存在を身近に感じたことなどが書かれていた。


　幼い子どもが身近にいない生徒たちにとって，実際に幼い子どもと関わる経験は大人が考えている以上に大きな意味をもつものなのかもしれない。ふれ合い体験学習のような人と人との関わりは，いくら AI の技術が進歩したとしても代替できるものではない。生身の人間同士の直接の関わりは，人びとが豊かな心を育んでいくための重要な役割を担っているのではないだろうか。家庭科で扱う保育学習では，中高生という「育てられている時代に育てることを学ぶ」（金田　2003）という点にも特徴がある。ふれ合い体験学習を通して，中学生では子どもの立場での視点で，高校生では育てる側の視点で考えていることが多いことも明らかになっている（尾城・吉川　2010）。また，ある保育施設の園長は，園で生徒のふれ合い体験を受け入れることは，未来の保護者を育てることでもあると語っていた（叶内・倉持　2019a）。子ども時代の主人公も，次世代を担う未来の大人も，そのどちらも「いま」を生きる生徒たちなのである。

## 3. 保育学習から「子育ての社会化」へ

　社会全体で子育てを支えていくという視点が強調された現代の家庭科であるが，生徒たちは「どのような形で自分が社会の一員としての子育てに関わることができるのか」というビジョンをすぐには持てないこともある。家庭科保育学習では生徒が「自分ごと」として捉えられるような工夫が必要といえる。

### (1) 児童生徒の「幼い子ども」のイメージ

　では，当事者である児童生徒たちは，幼い子どもについてどのようなイメージを持っているのだろうか。家庭科保育学習前の関東地方の小学 6 年生 104 名と中学 3 年生 117 名を対象に，小学校入学前までの子どもに対するイメージを最大三つまでたずねた結果，次のようなキーワードが挙がった（叶内・倉持 2019b）。小学生・中学生ともに多かった回答は「小さい」「かわいい」であった。次いで中学生では「元気・活発・明るい」「幼稚園・保育園」「うるさい」「泣く・泣き虫」「遊ぶ」「幼い」「子ども」と続いた。小学生では「うるさい」「泣く・泣き虫」「幼い」「幼稚園・保育園」「わがまま」「遊ぶ」と続いた。どちらも幼い子どもに対して似たようなイメージを持っていることがわかるが，中学生の 90.2％が最大数の 3 つ記述をしていたのに対して，小学生では三つのすべてに記述をしたのは 67.4％であり，中学生のほうが幼児という言葉から連想した内容の記述数が多かった。小学生は中学生と比べると，幼児という存在について思い浮かぶことが少ないようであった。記述をした内容の種類も，中学生のほうがバリエーションに富んでいた。さらに，小学生のみで「幼稚」「生意気」等，中学生のみで「おもちゃ」「無邪気」等の言葉がみられた点が特徴的であった。

　また，伊藤ら（2010）の先行研究における中高大学生男女の共感的応答性の比較では，年齢とともに発達していくことが示されていたが，今回の小中学生の比較においても同様の傾向がみられた。一方で，幼児への関心の高まりや幼児の発達に関する知識については年齢とともに自然に習得することは難しく，幼い子どもへの関心を持てるような機会の確保や子どもの発達についての学習の機会を得る必要があるといえる（叶内・倉持　2019b）。自分ごととして児童生

徒が社会の中の子育てを考えていくためには，ふれ合い体験学習を含む保育学習を通して，乳幼児の特徴について理解していくということが必要である。

## (2) 地域の一員として支える子育て

　現代の日本の子育てをめぐる状況について，NHK で 2016 年に放送，その後書籍化（NHK スペシャル取材班，2016）されて大きな話題となった『ママたちが非常事態⁉』というテレビ番組の内容の一部を紹介したい。番組の中で，人間は共同養育を基本とする生き物であると解説されている。チンパンジーは 1 頭で子育てをするため，6 年に 1 度しか子どもを産まないが，人間は本来，生物学的な親以外の養育者が子育てに関わる共同養育を基本とする生き物なので，毎年出産をすることが可能なのだそうだ。

　昔の日本には，家族以外の人ともお互いに育児をし合う文化があった。しかし現代は，女性の社会進出に伴い保育所などの整備は進んでいるものの，家庭内では子の両親に大きな育児負担がかかり，彼らのキャパシティを越えた状態といえるのではないだろうか。つまり，現代の日本の育児スタイルは，従来の複相的育児から単相的育児へと変化（網野　1994）してしまった。

　こうした家庭における育児負担の大きい現代社会において「ミルクピッチャー理論」という子育て支援の考え方を参考にしたい。ミルクピッチャー理論とは，もともとは Clausen, J. P.（1973）が妊産婦のケア体制について取り上げた理論である。母親をミルクを注ぐためのピッチャーに，子をミルクが注がれるカップに例え，母親が子どもにミルクを注ぎたい（適切なケアをしたい）と思っていても，母親自身のエネルギーが枯渇していれば，子に与えるためのピッチャーの中のミルクは足りなくなってしまう（適切なケアはできない）ので，専門家のケアや家族からのサポートによって母親自身に余裕ができることが大切であり，それが母親の子どもをケアする力の源になるという考え方である。もっとも，現代社会ではミルクピッチャーの立場に立つのは母親だけではない。さらに，特定非営利活動法人東京コミュニティミッドワイフ活動推進協議会（2015）では，この理論をもとに「地域の力」を加えた説明を用いている（図

8-3)。家庭科教育の立場からこの理論を捉えるならば，この「地域」の力の中には，児童生徒も含まれるといえる。児童生徒たちは，ケアされる子どもの立場でありながら，一方では社会の一員として他者をケアすることができる存在でもある。幼い子どもや子育て世代との直接的な関わりを持つケアの形だけでなく，例えば地域の道路や施設を小さな子どもや子育て世代がより使いやすくなるように考え，行動を起こしていくこともまた間接的なケアの形といえるだろう。家庭科保育学習は，自分とは異なる立場の他者の置かれた状況に目を向け，今の自分にできることを考え，実践していける場でありたい。

**図8-3　ミルクピッチャー理論**

出所：Clausen, J. P.（1973）をもとに特定非営利活動法人東京コミュニティミッドワイフ活動推進協議会（2015）が作成

## （3）子育ての社会化につながる保育学習

　内閣府は子育ての社会化について，「親世代だけでなく，同世代の友人，あるいは会社の同僚，近隣に住む人々など，社会全体で何らかの子育てに参加する，あるいはそれができる仕組みを構築していくこと」と定義し，「子育てが家族の責任だけで行われるのではなく，社会全体によって取り組むこと」（内閣府　2005）と明確に述べている。ここでは，親世代，同世代の友人，同僚，近隣の人びとといった大人が想定されているが，生徒たちにも今の自分にできる

子育て支援があるのではないだろうか。

　国が子育ての社会化を推進する背景には，児童虐待の相談対応件数が毎年増加していることなど，家庭内だけの閉ざされたケアでは，対応しきれなくなっていることなどが挙げられる。しかし，「子育ての社会化」が現実化されてきている一方で，親（特に母親）が子育ての責任を依然として家庭に付与している現状がある（清水　2014）。3歳児神話を否定する研究は多く存在するが，それが一般にまで浸透していない（中島ら　2015）。従来の「子育ての社会化」と「家族化」「家庭化」という二項対立を乗り越え，家庭と社会が共同して子育てを担っていくことが目指されつつも，結局は「家族化」から抜けきることができていない（中西　2017）という問題が指摘されている。

　これらを踏まえ倉持（2022）は，たくさんの子育て支援のメニューが用意されていても，人びとの意識が，子育て＝親（特に母親）に縛られている限り，子育ての困難さに対して親がヘルプを求めにくい現状は変わらないと述べている。さらに，「たとえ親が在宅で子育てをすることができたとしても，その親が親としての技術や知識などの力を持ち合わせず，子どもに対して不適切な援助しかできないという意味を加味した，子育ての社会化の必要性」も指摘されている（森田　2000）。大学生の時点では，学年が上がっても子育ての社会化志向が高まる傾向はみられないという研究結果もある（扇原　2018）。

　これらのことを踏まえると，中学校・高等学校で行う保育学習は，卒業後に多様な未来へ進む生徒たちがともに「子育て」に焦点を当てて考えることのできる最後の機会であり，そこでの学習がその後の「子育ての社会化意識」を持つことへの鍵を握るのではないだろうか。


## 4. 誰もが暮らしやすいインクルーシブな地域社会を目指して

　本章では，子どもをとりまく環境から，子育ての社会化について考察してきた。子どもは自立した大人とは異なり，子どもだけで生きていくことは難しい。子育てには地域社会の多くの支援が必要である。弱い立場にある子どもに配慮された社会や環境は，ほかのさまざまな立場の人びとにとっても過ごしやすい

社会・環境といえるのではないだろうか。

　同じ地域に暮らす全員が地域社会を構成する大切な一員であり，皆の暮らしはつながっているという視点を持って一人ひとりが暮らすことで，世代間の壁は取り除かれていく。「つらいとき・つらくなりそうなときはSOSを出していい」「どのような立場の人も頼ることのできる場所がある」という支援の場の存在について，家庭科の授業は，目の前の子どもたち・将来の大人たちに直接伝えられる場でもある。誰もが暮らしやすいインクルーシブな地域社会の実現の一端を担う教科は，家庭科である。家庭科における保育学習から，いまの子どもたち，そして未来の大人たちへと次世代のバトンを繋げていきたい。

## ・注

　本文では「こども」の表記について，「子ども」を基本とし，官公庁による文章では原文で用いられている表記を用いる。

## ・引用文献

天野佐知子.（2018）.　小・中・高等学校家庭科における「保育領域」に関する研究.　金沢星稜大学人間科学研究, 12（1）, 1-6.

網野武博.（1994）.　家族および社会における育児機能の心理社会的分析.　社会保障研究所編.　現代家族と社会保障：結婚・出生・育児, 89-105.　東京大学出版会.

Clausen, J. P.（1973）. *Maternity Nursing Today*（p.410）. US：McGraw-Hill Inc.

NHKスペシャル取材班.（2016）.　ママたちが非常事態!? 最新科学で読み解くニッポンの子育て.　ポプラ社.

伊藤葉子.（2007）.　中・高校生の家庭科の保育体験学習の教育的課題に関する検討.　日本家政学会誌, 58（6）, 315-326.

伊藤葉子, 倉持清美, 岡野雅子, 金田利子.（2010）.　中・高・大学生の幼児への共感的応答性の発達とその影響要因.　日本家政学会誌, 61（3）, 129-136.

金田利子.（2003）.　育てられている時代に育てることを学ぶ.　新読書社.

叶内茜.（2019）.　中学校における家庭科保育学習の中核となる幼児とのふれ合い体験.　東京学芸大学大学院連合学校教育学研究科博士学位論文.

叶内茜, 倉持清美.（2014）.　中学校家庭科のふれ合い体験プログラムによる効果の比較：幼児への肯定的意識・育児への積極性と自尊感情尺度から.　日本家政学会誌, 65（2）, 58-63.

叶内茜, 倉持清美.（2019a）.　家庭科保育学習 中学生と乳幼児のふれ合い体験事

例集，東京学芸大学児童学研究室.

叶内茜，倉持清美. (2019b)．小学校家庭科のふれ合い体験に求められる視点：小・中学生へのアンケート結果の比較から．日本家庭科教育学会第62回大会，報告用紙.

こども家庭庁. (2023)．こども基本法.
　https://www.cfa.go.jp/policies/kodomo-kihon/（2023.8.1）

石田文子，沓掛光宏，一川誠，てんてん. (2021)．こどもの視点ラボ・レポートNo.4【こどもの視点ラボ】こどもの時間と大人の時間，どれほど違う？．電通報.
　https://dentsu-ho.com/articles/7857（2023.7.20）

国立教育政策研究所「学習指導要領データベース」.
　https://erid.nier.go.jp/guideline.html（2023.6.30）

倉持清美. (2022)．家庭科保育学習の課題．日本家庭科教育学会誌, 64（4）, 233-243.

森田明美. (2000)．子育ての社会化：今，これから．子ども家庭福祉情報, 16, 50-54.

内閣府. (2005)．平成17年版国民生活白書：子育て世代の意識と生活．国立印刷局.

中島美那子，秋葉美奈子，飯田裕香里，金澤優. (2015)．「社会全体で子育て」は可能なのだろうか：母親の意識から．茨城キリスト教大学紀要, 49, 123-135.

中西さやか. (2017)．「子育て・保育の社会化」に関する研究動向と課題．社会保育実践研究, 1, 51-54.

日本家庭科教育学会. (2000)．家庭科教育50年：新たなる軌跡に向けて．建帛社.

尾城千鶴，吉川はる奈. (2010)．高等学校「家庭総合」における保育体験学習の効果と課題．埼玉大学教育学部附属教育実践総合センター紀要, 9, 149-158.

岡野雅子. (2006)．中学生・高校生の保育体験学習に関する一考察：幼稚園・保育所側から見た課題．信州大学教育学部紀要, 117, 25-36.

岡野雅子，伊藤葉子，倉持清美，金田利子. (2011)．家庭科の幼児とのふれ合い体験と保育施設での職場体験学習の効果の比較．日本家庭科教育学会誌, 54（1）, 31-39.

岡野雅子，伊藤葉子，倉持清美，金田利子. (2012)．中・高生の家庭科における「幼児とのふれ合い体験」を含む保育学習の効果：幼児への関心・イメージ・知識・共感的応答性の変化とその関連．日本家政学会誌, 63（4）, 175-184.

扇原貴志. (2018)．大学生における子育ての社会化志向尺度の作成．心理学研究, 89（1）, 93-103.

仙田満. (2016)．こどもの庭：仙田満＋環境デザイン研究所の「園庭・園舎30」．世界文化社.

清水美紀. (2014)．「子育ての社会化」は進行したか：保育者の子育て観と子育てへの支援に関する認識に着目して．お茶の水女子大学子ども学研究紀要, 2, 65-75.

特定非営利活動法人東京コミュニティミッドワイフ活動推進協議会.（2015）. 産
　後の早期訪問でママに安心をプラス事業報告書, 19.　現代家族と社会保障：結
　婚・出生・育児, 89-105.

（叶内　茜）

# 第9章
# 家庭科教育における
# 「ものづくり」学習の意義

## 1. 近現代日本の家庭科教育における「ものづくり」

### (1)「手仕事の国」と「ものづくり」

　1940年前後に執筆された柳宗悦の著作『手仕事の日本』の冒頭で「貴方はとくと考えられたことがあるでしょうか，今も日本が素晴らしい手仕事の国であるということを」という一節がある（柳　1985）。同書において手仕事とは手作業でものをつくりだす「最も人間的な仕事」と見なされ，手仕事の中に地域の文化，作り手の「自由と確かなものをつくる責任」を見出す。池田（2019）は近代の日本における "表象としての女性の「手仕事」" は常に私的領域にとどめられ，癒しをもたらす素朴なものとして，男性による「手仕事」との違い，すなわちダブルスタンダードの存在を示唆する。柳の著作から，80年以上経過したいま，私たちはどのような「手仕事の国」の中で生活しているのだろうか。そして，「手仕事」と似たニュアンスを持ちつつ，別の概念を指す「ものづくり」という言葉がある。「ものづくり」とは，「物を作ること。特に，熟練した技術者がその優れた技術で精妙を極めた物を作ること」である（小学館　2012）。渡瀬（2022）は，技術科教育の学習指導要領に提示された「ものづくり」の捉えを援用し，家庭科教育における「ものづくり」の定義を「生活の向上を目指す問題解決の過程で，科学的な知識等を踏まえ，経済・文化・環境に配慮した設計・計画を行い，身体的な技能等を用いて製作を行うこと」と捉えた。文章中の「科学的な知識等」とは，科学的な諸事象をもとに，児童・生徒に「なぜそうするか」を考えさせたり，原理・原則をつかませたりするための知識を指す。また，同

文章中の「製作」は「被服製作」，小物類などの手芸品を含む「布を用いた製作」等，衣生活分野で行われる製作実習だけではなく，布を用いない製作実習（保育分野におけるおもちゃ製作，住生活分野における整理箱等の製作など）さらに調理加工をも包摂する概念である。

　そこで，本章は近現代の家庭科教育における「被服製作」「布を用いた製作」に焦点を当て，「ものづくり」学習の意義について概観し，再考する。

## (2) 学校で「ものづくり」を学ぶ　―縫製技術伝授から創造性育成へ―

　近代日本の学校教育制度において，「通常の衣服（衣類）」の裁ち方・縫い方を扱う，いわゆる「裁縫」が小学校の教育課程に置かれたのは1879年の教育令以降である。田中（2010）は昭和初期になると「裁ち縫い中心の教育から衣服の選択・購入，管理，更生等の衣生活事情を反映した教育への志向」に転換され，「戦後の家政・家庭科教育における被服教育へと受け継がれた」と述べている。清重（2022）は，大正後期から昭和初期に表れた「技術習得だけでなく，衣類全般を扱う教育として再編する議論」の例として，山本キクの「衣服科」構想，黒川喜太郎の「衣類科」構想を挙げた。前者は「衣服の文化的側面も視野に入れた包括的な裁縫教育論」であり，後者は，家事科で学ばれていた「被服管理，手芸及び図画，作法」等の学習内容と「簡単な修繕」等，裁縫技術の習得を最小限にとどめた枠組みである。清重はこれらの新教科構想から「戦前の裁縫教育の教育的価値が縫製技術の伝授だけではなかった」と指摘している。

　大正・昭和期に渡り，被服教育に携わってきた成田（1974a）は「生活と製作の指導」について「人間生活において，ものを製作するということは必要欠くことのできないものとして，教育上重要視しなければならない。物を製作するには，素材に何らかの加工を施して実生活に役立つものにする。すなわち，ある形体にまとめる必要がある。そのまとめ方が技術である」と捉えた。さらに成田は「技術の習得には単なる伝授とか経験のみではじゅうぶんではないのであって，科学性と合理性，さらに教育の根本をなす自由性をもった態度がなければならない」と述懐している。成田がこの考えに至った背景には，子ども個々

人の関心や個性，創造性を重視した大正自由教育の影響が垣間見える。成田は東京女子高等師範学校附属小学校訓導時代に「小学校の近くで袋物を教えるところがあり，すべて形の自由などはなく，創作しようにも基本となるものがなく，先生のこれまでこしらえられたとおりに少しも違うところなく作るのであった。(中略) 長い経験によってここまで完成された形や技法であるだけに，美の点から，また実用の点からも，すぐれたできばえであることには，感心させられたのであるが，次への発展にはいささか不じゅうぶんではあるまいか。いわゆる伸びる教育ではなく技術の伝達であることに大きな疑問を持った」と語っている。この言にも「ものづくり」の教育的意義が縫製技術伝授のみならず学習者の創造性育成重視という当時の教育思潮がうかがわれる。しかし，時代を経ても，被服製作＝縫製技術伝授という見方が根強いのはなぜだろうか。

## (3)「ものづくり」学習のジレンマ

　「ものづくり」学習は，家庭科のカリキュラムにおいて多くの時間が割かれ，教科のパブリックイメージに影響を与えてきた。しかし，図9-1左側に示した❶～⓬等の課題・要配慮事項もある。授業実践に係わる事項には，❶時間不足，❷個人差，❸技術の定着，系統性，❻「試行体験」確保の難しさ，がよく指摘されている。また，❾・⓫等の「既製品の過流通」に付随して生じる価値観の変化や「ものづくり」に対する⓬「家庭・地域の変化」がうかがわれる。

　しかし，❾～⓬の状況は翻ってみれば，学校教育で「ものづくり」を学ぶ意義にもつながる。図9-1右側に記載した①～⑩の「実践の意義・可能性」例が示すように，①「家庭科」ならではの学習内容・学習方法はもとより，②・③に挙げた「できる」実感，先述した「創造性」につながる④「自己表現」の育成にも寄与できる。また，「ものづくり」から「よりよく生きる (well-being)」ことを複層的に考える豊かな学習経験が積めるかもしれない (⑥～⑩)。以上のことから，「ものづくり」学習の意義に立ちはだかる「課題」を克服し，ジレンマを解消するためには，授業時間の確保につながる「製作することだけを目的化しない」有機的な授業の構想や製作教材の工夫が不可欠だといえるだろう。

実践上の課題・要配慮事項の例　　　　　　　実践の意義・可能性の例

〈主に授業実践に係わること〉
❶授業時間・授業準備時間が足りない
❷個人差等から，製作の進度差が生じる
❸技術定着しにくく，学習の蓄積が図りにくい（系統性）
❹学習者が製作工程を見通せない
❺教材の準備，購入の困難（家庭，地域の状況）
❻過度に「失敗」を恐れる学習者と教師
　⇒試行体験確保の難しさ
❼製作物の活用場面の設定
❽「補修」「リメイク」の扱い
〈主に社会的背景・変化に係わること〉
❾作らなくても「買えばよい」という考え方
❿「手づくり品」に対する評価
⓫ものに対する価値観の変化
⓬家庭や地域でものづくりを日常的にしている人の減少

⇔ジレンマ⇔

〈主に授業実践に係わること〉
1「家庭科」ならではの学習内容・学習方法
　―衣生活文化の継承・創造，多文化理解
　―快適に生活する条件の気づき（「被服の機能」の確かめ）
　―縫製の科学と技術
2"できる"実感，"できない"実感の獲得
3製作を通して体得することがある（腑に落ちる）
4「自己表現」の手段
5「粘り強く取り組む」手立て
〈主に社会的背景・変化に係わること〉
6製作を通して家庭・地域社会・国際社会に貢献できることもある
　（文化祭・地域の催しへの参加，ボランティア活動など）
7SDGs12「つくる責任・つかう責任」について生産者・消費者両方の視点から考える力の育成
8ものを使用する際に特別な配慮が必要な人のニーズを考え，対応する力の育成
9アパレル関係のキャリア準備教育
10充実した余暇の過ごし方の選択肢

**図9-1　製作を含む「ものづくり」学習のジレンマ**

出所：筆者作成

## 2.「ものづくり」学習における製作教材の変化

### (1)「製作の系統図」と学習内容とのかかわり

　図9-1の「実践上の課題・要配慮事項の例❸」で言及したように，製作実習において小学校，中学校，高等学校の各校種間における「学習の系統性」を捉え直すことは重要課題である。川合ら（2008）は「被服製作に必要な技能技術等と現行の学校種別の製作題材を検討したところ，重点的に指導する必要がある項目の多くが小学校段階に配置されており，中・高等学校での重複が顕著」であることを指摘した。

　そこで，本節は1950年代以降に発行された小学校，中学校，高等学校の家

庭科教科書を分析資料として，製作教材例の変化の様態から，「ものづくり」
学習の特徴を明らかにする。そして「学習の系統性」の捉え直しの検証に際し，
高木葉子（1976）による「製作の系統図」を踏まえて渡瀬（2023）が作成した「製
作の系統図と学習内容とのかかわり」（図9-2）を用いる。

　図9-2に示した〈糸と針の扱い〉は「縫う」という技術的側面から見た学習
進行の例である。そして，〈布が覆うものの形状・性質〉では，製作の際に使
用する布の状態・用途目的に応じて5分類「①平面（物体），②立体（物体），③
立体（人体の一部を覆う），④平面（上半身／下半身を覆う），⑤立体（上半身／下半
身を覆う）」した。ここでは，「人体の動き（生活活動上の機能）」に関連させた科
学的理解を見るめやすとする。〈学習内容とのかかわり〉は，家庭科教育にお
ける「ものづくり」のキーワード「経済・文化・環境に配慮」という側面から，
「衣生活文化」と生活経営の視点（とくに購入・廃棄あるいは再生に伴うコスト面
や意思決定）とともに，衣生活に関する学習内容（自然科学／社会科学／人文科学）
を包摂した概念図として，作成した。

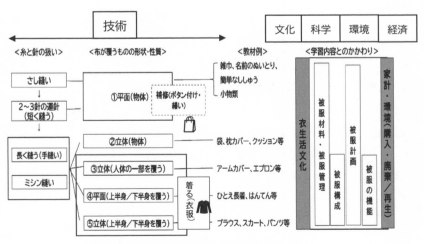

**図9-2　製作の系統図と学習内容とのかかわり**

出所：渡瀬（2023）に一部加筆

## （2）分析対象

「被服製作／布を用いた製作」の題材を分析するために，小学校，中学校ともにK社から発行された教科書：小学校 37 冊（1956 年〜 2020 年），中学校 37 冊（1962 年〜 2021 年）で，K社の教科書を対象にしたのは，科目成立時から刊行されていることによる。高等学校の教科書「家庭一般／家庭総合」は最も刊行期間が長く，現在も使用されているJ社 30 冊（1956 年〜 2022 年）を分析対象とした。

## （3）教科書に掲載された製作教材例から読み解く

第二次世界大戦前の「裁縫科」における教材選定の基準は「通常の衣服（衣類）」＝日常着であり，「和服が主流の時代は和裁，洋服の流行と共に洋裁」が教材として主に扱われてきた（田中 2003）。裁縫は，「裁ち方・縫い方」の学習であるが，授業では「縫い方」に重点が置かれ，小学校においても，基礎縫い，部分縫いの技術習得に多くの時間が費やされてきた。それでは，第二次世界大戦後の家庭科教科書では，「被服製作／布を用いた製作」の教材をどのように取り上げ，描いてきたのだろうか。

表 9-1 は，小学校，中学校，高等学校の各学習指導要領改訂「期：Ⅰ〜Ⅷ」と履修形態，授業時数・単位数の一覧である。表中の網掛け箇所は，教育課程上で「男女必修」を指し，現在は必修化施行から 30 年が過ぎようとしている。そして，家庭科の授業時数は教科成立後，減少の一途である。

表 9-2 は，図 9-2 の〈布が覆うものの形状・性質〉①〜⑤を縦軸に置き，横軸は表 9-1 に示す学習指導要領改訂ごとの時期（Ⅰ〜Ⅷ）で整理した製作教材例である（表 9-2 の詳細は渡瀬（2022，2023）を合わせて参照されたい）。小学校家庭科の教科書は教科設立後，最大で 19 種類の教科書が発行されていたが，現在まで発行し続けているのは 2 社である。本節は，そのうちの 1 社であるK社が発行した小学校家庭科の教科書に掲載された製作教材を取り上げる。

小学校では，〈布が覆うものの形状・性質〉の分類「①平面（物体）」と「②立体（物体）」のバリエーションが多く，分類①は，学習の初期に配される傾向

表9-1　学習指導要領改訂による小学校・中学校・高等学校の履修形態・授業時間数の変化

| 期 | 学習指導要領発行・告示年 | 小学校 | 中学校 | 高等学校 |
|---|---|---|---|---|
| | | 履修形態・授業時間数 | 履修形態・授業時間数 | 科目名・履修形態・単位数 |
| I | 1956（S31） | 男女必修・105時間×2（第5学年，第6学年） | 注1） | 「家庭一般」女子のみ4単位（履修望ましい） |
| II | 1958（S33）小中 1960（S35）高校 | 男女必修・70時間×2（第5学年，第6学年） | 女子向き（5領域）必修105時間×3，選択70時間×3　合計：315〜525時間 | 「家庭一般」普通科女子4単位必修（特別の事情がある場合は2単位） |
| III | 1968（S43）1969（S44）1970（S45） | 男女必修・70時間×2（第5学年，第6学年） | 女子向き（6領域）必修105時間×3，選択35時間×2（第1，2学年）70時間（第3学年）合計：315〜455時間 | 「家庭一般」女子必修　4単位 |
| IV | 1977（S52）小中 1978（S53）高校 | 男女必修・70時間×2（第5学年，第6学年） | 相互乗入（5領域注2）+1領域）必修70時間×2+105時間，選択35時間（第3学年）合計：245〜280時間（但し，技術科の授業時間を一部含む） | 「家庭一般」女子必修　4単位，男子選択 |
| V | 1989（H元） | 男女必修・70時間×2（第5学年，第6学年） | （4領域必修+3領域以上選択）必修70時間×2+70〜105時間，選択35時間まで（第2，3学年）合計：210〜280時間（但し，技術科の授業時間を一部含む） | 「家庭一般」「生活一般」「生活技術」の中から1科目　男女選択必修4単位 |
| VI | 1998（H10）小中 1999（H11）高校 | 男女必修・60時間（第5学年）55時間（第6学年） | （4領域注3）必修）必修70時間×2（第1，2学年）+35時間（第3学年）合計：175時間／2＝87〜88時間 | 「家庭総合」「家庭基礎」「生活技術」の中から1科目　男女選択必修（2）〜4単位注4） |
| VII | 2008（H20）小中 2009（H21）高校 | 男女必修・60時間（第5学年）55時間（第6学年） | （家庭分野：4内容，技術分野：4内容）必修70時間×2（第1，2学年）+35時間（第3学年）合計：175時間／2＝87〜88時間（家庭分野） | 「家庭総合」「家庭基礎」「生活デザイン」の中から1科目　男女選択必修（2）〜4単位注4） |
| VIII | 2017（H29）小中 2018（H30）高校 | 男女必修・60時間（第5学年）55時間（第6学年） | （家庭分野：4内容，技術分野：4内容）必修70時間×2（第1，2学年）+35時間（第3学年）合計：175時間／2＝87〜88時間（家庭分野） | 「家庭総合」「家庭基礎」の中から1科目　男女選択必修（2）〜4単位注4） |

注1）　中学校のⅠ期に該当する時期は教科名が「職業・家庭」なので，この表では割愛した。
注2）　「被服1」「被服2」「被服3」「食物1」「食物2」「食物3」「住居」「保育」から5領域必修
注3）　家庭分野の場合「A生活の自立と衣食住」「B家族と家庭生活」の各（1）〜（4）必修。（5）「簡単な衣服の製作」は選択
注4）　「家庭基礎」は2単位。その他の科目は4単位
注5）　表中の網掛け箇所は男女必修の時期を表す
出所：各改訂学習指導要領より筆者作成

がある。時代的な変化を見ると，「台ふき」はIV期までよく取り上げられたが，ライフスタイルの変化に伴いV期以降では「ランチョンマット」の方がよく取り上げられるようになった。また，「すまい」の学習との関連でIV期頃まで「インテリア関連」の題材（のれん，ウォールポケット等）が多く掲載された。分類②では「ケース・袋類」や「カバー類」の製作例が多様であるが，「洋服カバー」は，カバー類の中でもやや複雑な形状であるためか，IV期以降，掲載されなくなった。小学校では「日常着」等の人体を覆うことを目的とした分類③〜⑤は，あまり教科書に記載されていない。しかし，教科設立初期のI・II期では，分類⑤の製作教材が6年生の教材として登場した（表9-2・左下の破線部）。

表9-2中央の中学校技術・家庭科の教科書（K社）に掲載された教材例を見

表9-2　小学校・中学校・高等学校家庭科における布を用いた製作題材例（概要）

| 布が覆うものの形状・性質 | 小学校（K社，37冊） | 中学校（K社，37冊） | 高等学校（J社，30冊） |
|---|---|---|---|
| ①平面（物体） | 台ふき，花びんしき，ランチョンマット等の敷物／ネームプレート／ウォールポケット | ふきん／ウォールポケット | |
| ②立体（物体） | まくらカバー，洋服カバーなど／ティッシュボックスカバー／手さげ袋，マイバッグ等の持ち手つきかばん類／整理ぶくろ，裁縫箱入れなどの巾着型の袋類／クッション | ファイルカバー／クッションカバー／バッグ類／防災リュック | ペットボトル入れ／ジーンズバッグ |
| ③立体（人体の一部を覆う） | 前かけ，エプロン，カフェエプロン／頭おおい／身じたくずきん／保育：ぬいぐるみ | エプロン | カフェエプロン |
| ④平面（上半身／下半身を覆う） | | ひとえ長着 | ひとえ長着／じんべい，はんてん |
| ⑤立体（上半身／下半身を覆う） | ギャザースカート／ズボン | ブラウス／Tシャツ／ベスト／パーカー／（セミ）タイトスカート／フレアスカート／ひだスカート／スラックス／ショートパンツ／ハーフパンツ／ワンピース／（ラグラン袖の）パジャマ／スモック | ブラウス（シャツカラー）／ベスト／リバーシブルベスト／ジャケット／Tシャツ／（セミ）タイトスカート／フレアスカート／プリーツスカート／スラックス／パーカー／ジャンパースカート／ショートパンツ／ハーフパンツ／ワンピースドレス／ショートガウン／パジャマ |

注）男女必修の時期に該当する箇所を網掛けにして示した。
出所：筆者作成

ると，小学校では分類①と②が中心だったが，中学校では分類①〜⑤に分布し，女子のみ履修の時代は分類⑤に集中している。

　分類「①平面（物体）」は，小学校で製作されることが多く，中学校ではⅣ期の後半まで登場しないが，Ⅴ期以降散見されるようになる。同様に「②立体（物体）」もⅣ期までは出現率が低いが男女共修化されたⅥ期以降は教科書に数多く掲載されるようになった。

　体全体を覆わないタイプの「エプロン」は「③立体（人体の一部を覆う）」に分類したが，中学校では「⑤立体（上半身／下半身を覆う）」にあたる「スモック」の製作がⅢ・Ⅳ期の教科書に掲載された。「④平面（上半身／下半身を覆う）」の製作教材は「ひとえ長着」の製作としてⅡ期では主に2年生，Ⅲ期では主に3年生用の教材として教科書に掲載された。分類④の教材は，Ⅳ期以降，中学校の教科書の中であまり扱われなくなったが，その代わりに高等学校の教科書に記載されるようになる。

　分類⑤の製作教材には，さまざまな種類のブラウスやスカートが「活動的な日常着」としてⅡ・Ⅲ期の中学校1年生用教科書に掲載され，相互のコーディネートも提案されていた。また，ブラウス＝上半身の動作，スカート＝下半身の動作，を科学的に認識し，「動きやすさ」「ゆとり」を生徒が考えることもねらいとされていた。同時期の2年生用の教材は「パジャマ」，3年生用は「ワンピース」や「スラックス」の製作など，縫う箇所が増え，縫製技術も難しくなっている。履修形態の変化に伴い一部内容の「相互乗入」があったⅣ期では，教科書に掲載される製作教材例は整理・縮小されたが「スカート」や「パジャマ」はこの時期も掲載された。しかし，男女共修に移行したⅥ期以降は，これらの教材が取り上げられなくなり，ジェンダーレスなルーズフィットの製作教材（ショートパンツ／ハーフパンツ）が主に掲載されるようになった。また，分類②の製作教材では，リフォームの手法が紹介されており，経済面・環境面にも配慮した学習が意識されている。

　高等学校「家庭一般／家庭総合」の教科書に掲載された製作教材例は，Ⅳ期まで分類⑤の製作教材がほとんどだったが，男女共修になったⅤ期以降，次第

に分類②〜⑤に広がり，用いられる技法も易化傾向にある。また，中学校の状況と同様に男女共修化以降，製作教材のジェンダーレス化や精選化が進行した。

　本節では，1950年代以降に発行された小学校，中学校，高等学校の家庭科教科書における製作教材例の変化を〈布が覆うものの形状・性質〉の分類から読み解いてきた。その結果，分析対象の教科書では，小学校（主に①②）⇒中学校（①〜⑤）⇒高等学校（②〜⑤，男女共修化以前は主に⑤）というように学校段階の上昇に伴い製作教材の違いや系統性が，表中の矢印に示す通り現れた。

　「技術」面では，中学校・高等学校の「女子のみ履修／必修」時代に難しい技法が扱われていたが，男女必修化以降は，学校段階の違いによる習得「技術」の差が縮小した。中学校・高等学校では，被服の生活活動上の機能や被服材料の性質等に関する「科学」的理解を分類③〜⑤の製作を通して達成することがねらわれたが，製作教材の変化から実践しにくくなったことが推察される。

　日本の衣生活「文化」の学習は，分類④の製作教材から和服の構成・縫製の特徴を知ったり，分類①②の教材で刺し子の文様や縫い取りを取り入れたりすることも可能である。「経済」の観点については，製作した衣服をコーディネートし，組み合わせて着られる服の購入計画を立てる学習活動が高等学校のⅠ〜Ⅲ期で「生活（家庭）経営」の分野と関連づけて構想された。

　服の修繕は，穴やほつれを直す補修技術から，「環境」配慮やデザインの創造性を育む「リメイク」へと教材の扱いに変化が見られる。Ⅵ期以降はすべての校種で授業時間数が削減されたためか，教科書に掲載された製作教材が減少した。

## 3.　自分と世の中の見え方が変わる「ものづくり」の学び
### (1)「ものづくり」が身近にあるライフスタイルをつくる

　家庭科教育における「ものづくり」学習とは，「縫製技術」を習得することだけではなく，「生活の向上を目指す問題解決の過程」に「製作」を位置づけることである。「生活の向上」「問題解決」という言葉から“実践するには難しいイメージ”を抱くかもしれないが，「ちょっと使いにくいものを使いやすくリ

メイクする」「自分にとって，使うと気分がよくなるような，かわいい／かっこいい／素敵なものをつくる」等，身近なところにそれぞれの「生活の向上」と「問題解決」があり，目指すレベルの設定は各主体による。

　「家庭科」の特徴を活かした「科学的な知識等を踏まえ，経済・文化・環境に配慮した設計・計画」を取り入れることで，学習活動にも組み入れやすくなる。夫馬（2022）は，高齢者の衣生活に関する実態調査，デイサービスにおける実践活動を踏まえた「ユニバーサルファッション」の教材を提案した。この製作教材は内容 A の高齢者に関する学習にも関連し，リメイクを取り入れる場合は，内容 C の消費生活・環境とつなげて学習できる。何よりも，現実の「問題解決」と「生活の向上」のプロセスが可視化できる点が興味深い。他にも「もっと便利な〇〇」「（個人・学校・地域の）オリジナル〇〇」等，学習者の創造性を刺激する製作教材のテーマは，世の中に溢れている。授業とともに，学習者の日常生活で「ものづくり」が身近になるためには何が必要なのだろうか。

## (2)「ものづくり」する主体へのバイアスを問い直す

　本章の冒頭で"表象としての女性の「手仕事」"について言及した。山崎（2020）は近代の学校制度に女子のみが学ぶ裁縫や手芸が導入されたことについて「学校教育は普遍的に少女たちに手芸技術を授け，生活のために販売する手芸と趣味・教養的な手芸というふたつの極を生み出した」と捉えた。後者については，中学校技術・家庭科の学習指導要領の記述の中にその一端が垣間見える。例えば，女子のみが家庭科を学んでいた 1969 年告示には「余暇の利用と手芸との関係を生徒に考えさせる」こと，1977 年告示では「生活の中に手芸を利用しようとする態度の育成」や「（手芸が）余暇の利用として価値のあること」を生徒に理解させることが述べられている。しかし，男女が同内容を学習することになった 1989 年告示からは，生活の中に「ものづくり」があることの価値理解に関する文言が消えてしまう。男子生徒も手芸等の「ものづくり」を余暇に楽しんでよいのにもかかわらず，この対応である。2021 年の東京オリンピックに出場したトム・デーリー選手は集中力を高めるため，競技場で編み物をしていた姿が

メディアに取り上げられた。このように「ものづくり」は万人にとって「心を整える」こと，あるいは「生活を潤す」生活行為になりうる可能性を秘めている。

ある新聞記事において，移動中の機内で「編み物をする男性」が「男のくせに編み物？」と周囲に思われることを危惧するも，自らの「偏見」に気づくエピソードが紹介された（若松 2023）。私たちは無意識のうちに「ものづくり」する主体のジェンダーに対して思い込みや偏見を抱くことがある。編み物専門雑誌『毛糸だま』は，編み物を生活の中に取り入れ自然体で楽しむ男性たちを「編み物男子」と呼び，その様子を伝えていた。製作を通して「人と会って話す」ことを楽しみに編み物教室に通う人，編み込みセーターを自らデザインし，製作するグラフィックデザイナー等，さまざまなバックグラウンドの「編み物男子」が登場した（日本ヴォーグ社 2015，2017）。そして現在の当該誌はジェンダーを問わず，編み物を楽しむ「あみものピープル」の紹介が連載されている。

家庭科が小・中・高で男女必修になってから久しいが，誰もが「ものづくり」を抵抗なく楽しむことが当たり前のようでいて，そうとも言い切れないのはなぜか。改めて「ものづくり」する主体へのバイアスを問い直したい。

## (3)「ものづくり」とサスティナビリティ

ファッション産業は，製造にかかるエネルギー使用量や生産から廃棄までのライフサイクルの短さ，過供給など環境負荷が非常に大きい産業といわれている。「平均すると1日あたり大型トラック約130台分の服が焼却・埋立処分され」「1年間1回も着られていない服が一人当たり25枚あり」「手放された服の約20％しかフリマやアプリ回収等を通じ古着としてリユースされていない」現実がまさしくこのことを物語っている（日本総研 2021）。衣服の「大量生産・大量消費・大量廃棄」の現状改善には，企業側の姿勢によるところが大きいが，消費者側の「ものづくり」に対する捉え直しも重要である。例えば，「サスティナブルファッション」の考え方（原材料の調達から生産，流通，着用，廃棄されるまでのライフサイクルにおいて，将来にわたり持続可能であることを目指し，生態系を含む地球環境，ファッションに関わる人や社会に配慮した取り組み）を知ることは，

地球環境や経済の観点に立った「ものづくり」を捉え直すチャンスになるだろう。同時にこの考え方を自分の日常に取り入れるとすれば，何ができそうか，「ものづくり」を通して世の中と自分の生活との接点を見出すことは，自分はどう暮らしたいか，ということにもつながりうる。

### (4) 家庭科教育における「ものづくり」学習の可能性

　本章は，家庭科教育における「ものづくり」学習に焦点を当て，「技術」「科学」「経済」「文化」「環境」「創造性」「ジェンダー」等のキーワードから教育的意義や課題について概観した。第二次世界大戦前の「裁縫科」は女子を対象に豊富な授業時間のもと技術習得が目指されたが，模倣のみでない「創造性」の育成が課題とされた。新しい教育制度のもと誕生した家庭科では細かい技術の教え込みに片寄らないことが学習指導要領にも記載されたが，製作教材例を見ると男女共修化以前は中・高等学校の「製作実習題材の難しさ」が指摘されていた。そして授業時間数の減少，履修形態の変化（男女共修化）に伴い，製作教材の易化と精選化が進んだものの，先行研究でも指摘された「小学校の製作学習と中学校・高等学校での重複が顕著」という新たな課題を生むことになった。

　生活の変化を反映して学習内容は増えるものの，家庭科の授業時間数は一向に増えない。この現状で，多くの授業時間を要する「ものづくり」学習の意義や可能性は何か。例えば，「被服製作／布を用いた製作」に代表される「ものづくり」学習が家庭科教育のみに存在すること，「着る」「纏う」「装う」「（使いやすいものを）作る」「（ものを大切に）使う」という生活行為を考える学習方法として「実感」を伴う優れた側面があることは，家庭科という教科の強みの一つである。限られた授業時間の中で学習を実質化するために，「被服材料の性質，人体の動き（科学）」「使用する材料のコスト（経済）」「デザイン・技法の文化的背景・意味（文化）」「リメイク・リフォームを交えた製作計画（環境）」等，多様な視点をつないだ「製作」を通した学習の「広がり」と「深まり」に迫ることが「ものづくり」学習の意義につながっていく。社会的要請，時代の背景を加味した学習観の転換がいま，求められている。

・**引用文献**

夫馬佳代子．（2022）．家庭科における問題解決的学習を支援する教材冊子の効用：衣生活に関する副読本の提案．岐阜大学教育学部研究報告 教育実践研究・教師教育研究，24，133-140.

池田忍．（2019）．手仕事の帝国日本：民芸・手芸・農民美術の時代，272．岩波書店．

川合みちる，谷口明子，平嶋憲子，中嶋たや，菱田道代，河﨑智恵，鈴木洋子．（2008）．小・中・高等学校の系統性に配慮した被服製作題材の検討．奈良教育大学教育実践総合センター研究紀要，17，191-199.

清重めい．（2022）．1920年代から1930年代における山本キクの「衣服科」構想：「服装文化」に着目して．日本家政学会誌，73（11），635-644.

成田順．（1974a）．被服教育六十年の回顧：米寿を迎えて，106-122.

成田順．（1974b）．続・被服教育六十年の回顧：米寿を迎えて，42.

日本総研．（2021）．環境省 令和2年度 ファッションと環境に関する調査業務：「ファッションと環境」調査結果．
https://www.env.go.jp/policy/sustainable_fashion/goodpractice/case25.pdf（2023.5.14）

日本ヴォーグ社．（2015）．毛糸だま．165，64-65.

日本ヴォーグ社．（2017）．毛糸だま．173，54-55.

小学館．（2012）．ものづくり．デジタル大辞泉．

高木葉子．（1976）．「衣」領域教育内容分析と再編成の視点．年報・家庭科教育研究，1，47-52.

田中陽子．（2003）．大正後半期から昭和初期小学校裁縫科教材論．日本家庭科教育学会誌，46（3），207-215.

田中陽子．（2010）．「裁縫」から「被服製作」への展開過程における裁縫と手芸．相愛大学研究論集，26，125-139.

若松新平．（2023）．「男のくせに編み物？」と言われるかと… 高齢男性の思わぬ問いかけ．朝日新聞デジタル2023年5月22日．

渡瀬典子．（2022）．家庭科教育における「ものづくり」教材を再考する：高等学校における「被服製作／布を用いた製作」を中心に．年報・家庭科教育研究，39，81-93.

渡瀬典子．（2023）．小学校家庭科，中学校技術・家庭科における布を用いた製作題材の変遷．東京学芸大学紀要：総合教育科学系紀要，74，357-370.

山崎明子．（2020）．「手芸」と技術：「つくること」に与えられた社会的意味．上羽陽子，山崎明子編．現代手芸考：ものづくりの意味を問い直す，35．フィルムアート社．

柳宗悦．（1985）．手仕事の日本，6．岩波書店．

（渡瀬　典子）

# 第10章
# 食と環境の学びとSDGs

## 1. いま，なぜ食と環境の学びが必要なのか

### (1) 家庭科教育に求められているもの

　いま，なぜ食と環境の学びが必要なのか。その理由には，環境に配慮した食の取り組みが安全安心な食生活の持続可能性を高め，人びとの生活にとって重要な役割を果たすことが挙げられる。近年，食と環境に関する課題が顕在化している。これらはSDGsに代表される地球規模の課題と密接に関連している。具体的には，"食料自給率""フェアトレード""フードマイレージ""バーチャルウォーター""食品ロス"への対策が求められている。ほぼすべての人びとが，日常的に食に関わる消費活動を行うことから，個人の環境配慮行動が，地球環境への貢献となり得る（矢野・酒井　2017）。そのため，食と環境に関する課題に取り組み問題解決を行うことは現代社会において必要不可欠である。

　学校教育では，子どもたちが環境に配慮した食生活を実践し，健康で豊かな生活を送るための力を育成することが求められている。現在，学校教育では，家庭科をはじめ，総合的な学習の時間や社会，理科などでも積極的に取り上げられ，10代の若者の食の社会的課題の意識は向上している（渡辺　2021）。しかし，意識の先にある行動の表出には至っていない点が課題である（大浦　2018）。

　家庭科は，生活の事象を体験的実践的に学習できる教科であり，今後の家庭科において行動実践を促進させる働きかけが期待されている。家庭科の学習では，意思決定プロセスの獲得と技能の習得により，生活をよりよくする主体を育てることができる（荒井ら　2021）。

## (2) 食生活を包括的に捉える

　食生活を包括的に捉えた「食生活領域指導内容構造図」(鶴田　1990)(図10-1) では，中学校の家庭科における食生活の学習を体系的に示している。これは食生活の課題を多面的に俯瞰できるため，他の学校種でもカリキュラム・デザインに有効である。縦軸は自然科学的な内容で「食物と健康」が，横面の人文・社会科学的な面は「食物と生活」が主である。横面には家庭生活と社会環境の食生活課題や食文化の相互関連が示されている。縦軸と面の接点に配置されている調理は，食生活のさまざまな側面と相互に影響し合うことを示している。

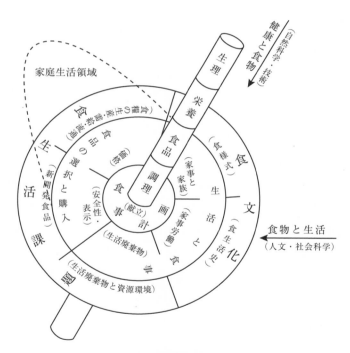

**図10-1　食生活領域指導内容構造図**

出所：鶴田 (1990) をもとに筆者作成

### (3) 新たな時代に求められる資質・能力

　新たな時代の教育に求められていることの一つが，他者とコミュニケーションをとりながら協働的に問題解決にあたる資質や能力の育成である（国立教育政策研究所　2013）。新学習指導要領（2017, 2018）の基盤となった「21 世紀型能力」（国立教育政策研究所　2013）では，「基礎力」の習得にとどまらず，主体的な意思決定を行い，協働して社会参画する力などの「実践力」を身に付けることが目標とされている。その中核に位置づけられているのが「思考力」である。「基礎力」をベースに，問題解決のプロセスで思考・判断・表現することで社会課題に向き合う「実践力」が育成される。

　問題解決型学習は，広く柔軟な視野をもち文化の異なる人びとと協働して問題解決ができる人材を育むために有効な学習である（国立教育政策研究所　2013）。そして，家庭科においては，Janet Laster らの実証的推論プロセスに依拠した批判的思考を育む実証的推論プロセスが有効である。このプロセスは，問題に着目し，問題の特定，解決の選択肢の検討，決定と行動，省察の段階から成る（荒井ら　2021）。しかし家庭科教員全体の 41.3％が，まだ問題解決型学習を導入した授業を実施していない。家庭科で学習したことを社会で活かせる工夫をしている教員はわずか 38.5％であった（国立教育政策研究所　2015）。家庭科における問題解決型学習は，生活や社会に即した実践的な能力を育成することができるため，今後ますます重要性が高まることが予想される。

## 2. 問題解決型調理実習の学びの系譜

### (1) 調理実習のおもな学び

　調理実習は，8 割以上の学習者が好意的で，実生活に有用性を感じる学習方法である（国立教育政策研究所　2015）。調理実習を通して育める学びは，単に調理技能を習得するだけでなく，実感を伴う学びを通して，食生活に関する科学的（調理科学や栄養，衛生など）・文化的（地域や海外の食文化など）・社会的（環境配慮，防災など）課題の認識を深め，食生活における自立や生活を豊かにするために必要な能力を育成する。同時に，学習者同士の協働的な学び合いが創発さ

れ，作る喜びを味わうことによって，実生活においても実践する意欲が高まるとされている（石島・松葉口　2021）。また調理実習には，友達の様子を見る，応用可能性に気づく，料理に前向きになる，自己評価できるといったさまざまな学びの要素がある。調理実習の学びの特徴である「身体的に理解する」とは，体験で感じたことを言葉で表現し，メタ認知していく営みである（河村　2016）。

### (2) 調理実習の課題

　その一方，調理実習における学習には課題も残されている。まず，実習回数が少ないことが挙げられる。全国の8割近くの高校が設置している選択必修科目「家庭基礎」では，7割程度の学校が，3回程度しか調理実習を行えておらず（国立教育政策研究所　2015），調理技能の習得が十分とはいえない。調理技能の低下は看過できない状況にある中，現在は外食や中食の増加により家庭調理が外部化するなどの食生活の変化がみられ，高度な調理技能の必要性は以前ほど高くなくなった。調理実習で育む知識や技能は，こうした変化に応じて新たに捉え直す必要性がある（河村・江田　2005）。

　次に，家庭科教員が調理実習の学習目標を的確に捉えていない点が課題として挙げられる。川嶋ら（2003）の調査では，調理技能の習得を第一義の目標にしているにも関わらず，調理技能の習得を目指す工夫をしている教員は少なかったことを明らかにした。また，調理技能の習得以外の目標も併せて設定している教員が少ないこと，食生活と環境に関連が深い社会的認識を調理実習の学習目標としている教員はほとんどいなかったことも明らかにした。河村・江田（2005）は，このような状況に対し，調理実習を食生活教育の総合的な場として位置づける視点の欠如を指摘している。

　また，教員主体の授業が依然として多く行われていることから，調理実習の学びを深める手立てが十分に取り入れられていない点が課題として挙げられる。したがって，授業を担当する教員が調理実習の教育的意義を認識し，適切な調理実習の授業デザインを行うことが重要である。

### (3) 問題解決型調理実習とは

　このような課題に対して，有効な方法とされるのが問題解決型調理実習である。問題解決型調理実習とは，学習の過程で，調理実習の体験や調理技能を習得しながら課題解決に向けて試行錯誤し思考を深める学習方法である（鈴木ら2010）。調理実習自体が目的とならないよう，まず学習者が生活場面をイメージしやすいストーリー性のある単元に調理実習を組み込み，単元全体を通して問題解決型の授業を行うことが重要である。こうすることで，調理実習が単発的な学習にとどまらず，学修内容を深く理解することができる。

　筆者が過去に視察した，問題解決型学習の先行する諸国での実践例を二つ紹介する。フィンランド（2013）の中学校では，郷土食であるトナカイ肉の炒め物の味付けの際に，3 名の班員が塩を少しずつ加えながら，何度も味を確認し話し合って仕上げていた。またデンマーク（2016）の小学校では，ショートパスタに加える野菜の切り方を取り上げ，班員同士でさまざまな切り方を実践し，他の班の料理と比較をしながら，ショートパスタにはどちらの切り方が適しているかを考えさせていた。授業担当の教員にそれぞれ調理実習の指導における学習者に考えさせる工夫についてヒアリングしたところ，教員が学習者に調理工程に関するすべてを教えることはせず，美味しく作る工夫について考える点を明確に示すことがポイントで，学習者が料理を指示通り作ることにのみに意識が集中しないような工夫をしていることがわかった。また料理の題材は，学習者が考えてから実行する，もしくは考えながら実行しやすくするような簡単なものを選んでいた。

　小松（2016）は，日本の第 6 学年児童を対象に，教員がすべてを教える教授型群と調味料や手順を考えさせる問題解決型群についての教育効果の比較を行ったところ，問題解決型群の学習者は教授型群よりも，美味しく作る自信や家庭での実践意欲などの評価項目がより向上した。

　問題解決型調理実習による教育効果は，基礎的技能の定着とその技能を用いた創造的活動を可能にし，教材に対する認識の変容と生活要素の相互関係について気づきを生み，自己認識の深まりとともに主体性感覚の醸成がなされ（鈴

木ら　2010），学習者が達成感をもち，学びを通じて自己への自信を深め，さらなる学びや生活実践への意欲をもつことにつながる（河村ら　2003, 石島・松葉口　2021, 石島　2021）。

## 3. 消費者市民の視点を育むカリキュラム・デザイン

### (1) 消費者教育の課題

　調理実習で育まれる視点として，消費者の視点を考察する。本章のテーマである食生活と環境を消費者教育により探求することが重要である。消費者市民について，Thoresen (2005) は，倫理的，社会的，経済的，生態学的な考慮に基づいて選択をし，家族，国家，世界レベルでの思いやりと責任ある行動によって公正で持続可能な開発の維持に積極的に貢献する市民と定義している。

　2012年8月に成立した「消費者教育の推進に関する法律」においても，消費者が主体的に消費者市民社会の形成に参画することの重要性が示されている。しかし，社会的な消費に対する消費者の意識は海外に比べ日本は低く（内閣府 2008），特に日本の若者は社会課題の解決に積極的ではない傾向も示されている（内閣府　2018）。高等学校家庭科教員に対する意識調査（国立教育政策研究所 2015）によると，教員の95％が「食生活」の学習に対しては生徒が学習内容に興味関心を持ちやすいと感じている一方で，「ライフスタイルと環境」の学習に対してはその割合が32.5％であった。同様に，学習内容が身につきやすいと感じている教員の割合は，前者が88.1％であるのに対して後者は27.3％であった。これは消費者教育の指導の効果が十分ではないことを示唆している。

　そこで石島 (2020) は，消費者市民的視点を含んだ問題解決型調理実習の授業デザインや教育効果に関する文献レビューを実施した。分析枠組みには「消費者教育の諸概念の分類」(Bannister & Monsma　1982) を使用し，「消費者市民」をキーワードとした。「消費者教育の諸概念の分類」とは，消費者教育で育むべき内容を「意思決定 (Decision Making)」「資源管理 (Resource Management)」「市民参加 (Citizen Participation)」に3分類したものである。

## (2) 消費者市民的視点を育む問題解決型調理実習の研究動向

　石島 (2020) の調査によると, 消費者市民的視点を含んだ問題解決型調理実習に関する研究は, 2010 年以降増加していた。これは, 高等学校家庭科の学習指導要領において, 1989 年から「消費生活」, 1999 年から「環境」, 2009 年から「持続可能な社会の構築」が明記されるようになったことや, 2012 年に消費者教育推進法が施行されたことが影響していると考えられた。さらに, 社会の変化に伴い学力観が転換され, 問題解決型学習が推進されるようになったこともその要因の一つであるとされた。

### 1)「意思決定」スキルを育む調理実習

　消費者市民的視点を育む問題解決型調理実習に関する文献を「消費者教育の諸概念の分類」を枠組みとして,「意思決定」「資源管理」「市民参加」の三つに分類した。まず「意思決定」スキルを育む調理実習に分類された文献は, 行事食や郷土料理の調理実習から価値観やライフスタイルを見直す研究が大半を占めていた。これには, 2013 年に「和食」がユネスコ無形文化遺産に登録されたことや, 核家族の増加によって生活文化の伝承が家庭で困難になってきていることが背景にあると考えられた。食生活を歴史的な観点から再評価し, 循環型社会を捉える視点や地域の生活文化を構成する要因について焦点化するなど, 持続可能な社会の構築につながる俯瞰した授業設計の視点が必要である (片平・上村　2015)。

　授業実践の例に, 生活文化を創造する生活主体の育成を目指してウィンナーソーセージに含まれる添加物を問い直し, ドイツの伝統的な製法を参考にした調理実習がある (桑畑・立山　2001)。星野 (2017) は, 調理操作を外国語で表現する外国語連携授業で, 既習事項を活用しメタ認知を図った。また, 防災教育に関する学習では, 単に防災の社会的認識の獲得にとどめることなく日常の消費生活場面においても資源管理や協働の意識を転用することができたと報告されている (石田・中山　2017)。自然科学的課題である食中毒予防方法や栄養診断を活用した自由献立, 試食を活かした適塩学習は, 課題解決のプロセスに含まれた調理実習によりメタ認知的思考が形成されたと報告されている (谷口・鈴

木　1992)。また，学習者の実感を活用した学習には，試食の際に評価活動を取り入れると有効であることが報告された (河村・里村　2013)。

### 2)「資源管理」スキルを育む調理実習

　「資源管理」スキルを育む調理実習に分類された文献は，節水・エネルギーや食材の廃棄量，環境配慮行動を取り入れた調理などいわゆるエコ法で行った調理の有用感を学習者に実感させる手法が大半を占めていた (井元ら　2005, 三神　2012)。また，調理実習における食材の購入方法を題材とする消費者市民教育の教育効果についても報告があった (山下・河村　2014)。

### 3)「市民参加」スキルを育む調理実習

　「市民参加」スキルを育む調理実習に分類された文献は，教育現場から社会参画を行う，地域食イベントへの参加や地域食材を活かしたオリジナル料理の考案 (加賀　2018) などが確認された。食を活かした社会参画活動が見られるようになった背景には，食育基本法 (2005) の影響があると考えられる。この法律は，生涯にわたる心身の健康のために食の教育を行うことを目指して施行され，これまで家庭内で行うことが多かった調理行動や郷土料理の継承を社会化するなど地域社会に影響を与えた (和田　2019)。また，調理実習を学習方法として捉える際には，他者と関わることで協働的問題解決力を育むことができることが明らかになっている。この教育効果に関しても，授業担当者が学習目標に位置づけ，調理実習を実施することの重要性が報告されている (河村　2016)。

## 4. 持続可能な社会を目指す食と環境の学び

### (1) 環境配慮行動の促進を図る有効な教育

　以上より，食生活を包括して捉え，一つの課題を解決することを通して消費者市民の視点の育成につなげるような授業デザインを考える重要性が示された。具体的には，1 節で述べたように環境配慮行動の促進を図ることが必要である。これには広瀬モデル (広瀬　1994) が有効である。広瀬モデルは，意識と行動の間に生じる差を構造的に捉え可視化し，環境配慮対策アプローチの基盤となる。さらに，社会心理学の観点からさまざまな分野でその有効性が実証されており，

学習者に環境問題に対する有効なアプローチを提供することができると評価されている（例えば，西尾　2005）。

　広瀬モデルでは，環境配慮行動の意思決定構造にあたる目標意図と行動意図の形成が 2 段階構造となっている。それぞれの形成に影響する規定因が異なるために，「やる気はあるが実行できない」という意識と行動との乖離が生じることが指摘されている。環境問題のリスク認知，環境問題の責任帰属認知，対処有効性認知が意識に影響を与え，環境配慮行動の便益・費用の評価，社会規範評価，実行可能性評価が行動に影響を与えることから，これらを学習者に伝える必要がある。

### (2) 問題解決型調理実習のカリキュラム・デザインの特色

　消費者市民としての行動は，多様な場面で多岐にわたるため，単にルール化や教え込みをするだけでは，多様な場面には広がらない（西尾　2005）。この考え方に基づき石島（2021）は，食品ロスに対して社会的・科学的な側面などの多様な面から，図 10-2 のように消費者市民の視点を持ち段階を追って食品ロス削減行動の促進にアプローチする学習ステップを検討した。

　問題解決型調理実習の単元構成においては，前出の例のように調理技能の習得を学習者の課題として設定し，課題解決を目指して工夫を試みながら学習させるものや，食生活の調理以外の栄養や衛生，食文化などの課題を学習させるものがある。また，家庭科の学習内容のうち食生活以外の幼児食や高齢者食，災害食，環境配慮調理などの課題を学習させることもできる。授業は横断的な視点で実施されることがある。この場合，それぞれの学習課題について目標を立てることで，それぞれの視点を生かした授業

**図10-2　食品ロス学習のステップ**
出所：筆者作成

が構築でき，調理実習の学習目標が明確になる。これによって，調理実習の教育効果が向上する。

　効果的な授業デザインのポイントは，教員は授業を通して学習者にどのような資質を身に付けさせたいのか目標を明確に持ち，それを学習者と共有することである。学習者は，それぞれ自分に適した学びのプロセスを選択できるように配慮して，一つではなく複数の学習方法を設定すると良い。例えば，調理実習の前に行う講義形式の授業では，自分ごととして問題意識を持たせる方法がある。この際に，ジグソー法学習やディスカッションなどの参加型の学習を取り入れると効果的である。また，調理実習の説明においては，グループワーク形式で課題解決の方策や調理計画（手順や役割分担など）について考えさせることも良い。教員は，解決の方策に関するポイントを明確に示し，学習者が試行錯誤をするプロセスを可視化できるようワークシートを用意すると良い。試行錯誤の振り返りは授業時間内の実施が望ましいが，難しい場合は，学習者にワークシートへの記入を促し，次の授業の時間に発表するなどさまざまな方策を工夫すると良い。

| 回（時間） | 1回目 | 2回目 | 3回目 |
|---|---|---|---|
| 時間 | 2コマ | 1コマ | 2コマ |
| 学習方法 | ジグソー法を含む授業 | 調理実習を含む授業 | |
| 学習内容 | 「食品ロスを削減するために，自分が出来ることは何か」  | 「梨」をむいて，廃棄率を算出する調理実習  | 「豚汁」「しりしり」「コールスロー」などの調理実習。皮や芯などの普段は廃棄する部分を使用する。通常法とエコ法で行った際の食品ロスを，1回の調理実習で，2回測定をして削減率を算出する。 |

**図10-3　食品ロス学習プログラムの概要**

出所：筆者作成

## (3) 問題解決型調理実習を取り入れた食品ロス学習プログラム

　これまでに述べた問題解決型調理実習を取り入れた具体的な事例に関して，石島・松葉口 (2021) は，高等学校で食品ロス学習プログラムを開発し，教育効果や学習者の学びのプロセスを検証した。

　食品ロスは，消費・環境と食生活にまたがる問題であり，日本では家庭からの排出が 45％と大変多いため，消費者の行動変容が求められている。このため，2015 年に国連総会で採択された SDGs では，2030 年までに 50％削減する目標が掲げられている。食品ロスの問題意識と行動には乖離がある傾向があるが (大浦　2018)，調理実習は，学習者の直接的な行動実践につながりやすいことから，石島はその導入に注目した。

　授業は全 3 回で構成され，1 回目の授業ではジグソー法を用いた協働学習を取り入れた。ジグソー法は，一人ひとりが主体となって学びながら他者との関わりを通じて自分の考えを深める授業デザインである (東京大学 CoREF　2009)。2 回目の授業では梨をむいて廃棄率を算出する調理実習を取り入れ，3 回目の授業では，食品ロス半減を体感することを目的とした調理実習を導入した。授業の主題は，通常の切除方法で排出された野菜くずから，工夫して食べられる部分を取り出すことで，学習者に野菜くずの削減率を算出させ，食品ロス半減を体感してもらった。学習者は普段は廃棄する部分を使用して調理を工夫して活用することで，「豚汁」で用いた大根や人参の皮から「しりしり」を作ったり，キャベツの芯も捨てずに塩もみしたりゆでたりして「コールスロー」を調理することで，試行錯誤を通じて食品ロスを削減する方法を学んだ。

## (4) 問題解決型調理実習を取り入れた食品ロス学習プログラムの学び

　全 3 回の授業の感想を，共起ネットワークの「行動する」に着目をし，学習者がどのように家庭内食品ロスを削減する行動性が向上するに至ったのかを分析した (図 10-4)。1 回目の授業では，ジグソー法の学習により，「行動する」と最も結びつきが強かったのは，「考える」であった。考える学習活動を通して，「消費者市民の価値観の内面化」を伴う行動意図が向上したと考えられた。2 回

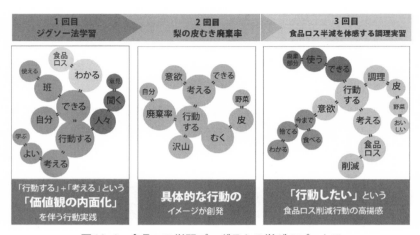

**図10-4　食品ロス学習プログラムの学びのプロセス**

出所：筆者作成

目の授業では，梨の廃棄率を算出することにより，「行動する」に「廃棄率」や「むく」という具体的な行動のイメージが創発したことが見て取れた。3回目の授業では，食品ロス半減を体感する調理実習により，実行可能性評価の向上や「行動したい」という食品ロス削減行動の高揚感が見て取れた（石島・松葉口　2021）。

### (5) 問題解決型調理実習導入の教育的意義

　この授業により，家庭内食品ロス削減の行動性の向上が確認された。特に問題解決型の調理実習の教育的意義として，「食品ロス削減行動を実行することができる」という自己評価（実行可能性評価）が向上し，ジグソー法を含む授業と比較して教育効果が認められた（石島　2021）。実行可能性評価は，高校生の食品ロス削減行動に最も影響のある要因であることから（石島　2020），実行可能性評価が向上することは，食品ロス学習における問題解決型調理実習の教育的効果を意味するものである（石島　2021）。

　本章では，食と環境の学びに関する家庭科のカリキュラム・デザインの有効性について，実践例を交えて問題解決型調理実習を中心に論じた。また，食品

ロス学習プログラムでは，実証的に検討した食品ロス削減行動の影響要因に注目して教育効果を示し，学習者の学びのプロセスから食品ロスを削減する行動性が，①価値観の内面化，②具体的な食品ロス削減行動のイメージの創発，③食品ロス削減行動への高揚感とすすむことが明らかとなり，問題解決型調理実習導入の意義が明らかになった。

## ・引用文献

荒井紀子他. (2021). 生活主体を育む：探究する力をつける家庭科，ドメス出版.

Bannister, Rosella & Charles Monsma. (1982). *Classification of Concepts in Consumer Education*, Cincinnati, USA：South-Western Publishing.

広瀬幸雄. (1994). 環境配慮的行動の規定因について. 社会心理学研究, 10 (1), 44-55.

星野洋美. (2017). 外国語活動と他教科の連携による内容言語統合型学習の成果と課題：家庭科との連携による CLIL 実践の試み. 常葉大学外国語学部紀要, 34, 25-33.

井元りえ，大家千恵子，津田淑江. (2005). 持続可能な食生活を目指した食教育プログラムの開発（第 2 報）食教育プログラムの実践と評価. 日本家政学会誌, 56 (9), 633-641.

石田綾子，中山節子. (2017). 小学生を対象とした災害時を想定した調理実習の教材開発と授業分析. 千葉大学教育学部研究紀要, 66 (1), 1-7.

石島恵美子. (2020). 高校生における家庭内食品ロス削減行動の規定因：関東地方の高校生への意識調査から. 日本家政学会誌, 71 (9), 600-609.

石島恵美子. (2020). 消費者市民的視点を含んだ問題解決型調理実習に関する文献レビュー. 日本家政学会誌, 71 (4), 221-230.

石島恵美子. (2021). 家庭内食品ロス削減行動を促す 問題解決型調理実習プログラムの開発. 日本家庭科教育学会誌, 63 (1), 15-26.

石島恵美子，松葉口玲子. (2021). 消費者市民を育む問題解決型調理実習を組み込んだ食品ロス学習プログラムにおける学びのプロセスの検証. 消費者教育, 41, 1-12.

加賀恵子. (2018). 調理実習と関連を図った消費者市民教育カリキュラムによる社会参画意識の形成. 消費者教育, 38, 43-54.

片平理子，上村協子. (2015). 大学の調理実習授業で行う生活文化 ESC (Education for Sustainable Consumption)：持続可能なライフスタイルと調理. 消費者教育, 35, 197-206.

河村美穂，武藤八恵子，川嶋かほる，石井克枝，武田紀久子，小西史子. (2003).

調理実習における問題解決的な取り組みに関する実践的研究. 日本家庭科教育学会誌, 46 (3), 245-254.

河村美穂, 江田恵. (2005). 家庭科教育の実践事例報告にみる「調理実習」の現状と課題. 埼玉大学紀要　教育学部 教育科学, 54 (1), 11-22.

河村美穂, 里村友実. (2013). 調理実習の試食に関する研究. 埼玉大学教育学部紀要, 62 (2), 9-19.

河村美穂. (2016). 家庭科の調理実習で学ぶ大切なこと. 日本家政学会誌, 67 (5), 297-304.

川嶋かほる, 小西史子, 石井克枝, 河村美穂, 武田紀久子, 武藤八恵子. (2003). 調理実習における学習目標に対する教師の意識. 日本家庭科教育学会誌, 46 (3), 216-225.

国立教育政策研究所. (2013). 教育課程の編成に関する基礎的研究報告書5　社会の変化に対応する資質や能力を育成する教育課程編成の基本原理, 26-30.

国立教育政策研究所. (2015). 教育課程研究センター平成27年度高等学校学習指導要領実施状況調査　教師質問紙調査 (家庭基礎).
https://www.nier.go.jp/kaihatsu/shido_h27/h27/21h27kyoushi_kateiKiso.pdf (2019.12.5)

小松直樹. (2016). 小学校の調理実習におけるアクティブ・ラーニングの授業開発. 茨城大学卒業論文.

桑畑美沙子, 立山ちづ子. (2001). 未来型食文化の創造につながる授業の開発 (第1報)：ウィンナーソーセージに関する地域の食文化. 日本家庭科教育学会誌, 44 (1), 30-40.

三神彩子. (2012). 環境に配慮した食生活「エコ・クッキング」が地球環境問題の改善に与える影響. 日本調理科学会誌, 45 (5), 323-331.

内閣府. (2008). 国民生活白書　平成20年　消費者市民社会への展望：ゆとりと成熟した社会構築に向けて.
https://warp.da.ndl.go.jp/info:ndljp/pid/9990748/www5.cao.go.jp/seikatsu/whitepaper/h20/10_pdf/01_honpen/index.html (2020.3.3)

内閣府. (2018). 我が国と諸外国の若者の意識に関する調査.
https://www8.cao.go.jp/youth/whitepaper/r01honpen/s0_1.html (2020.3.3)

西尾チヅル. (2005). 消費者のごみ減量行動の規定要因. 消費者行動研究, 11, 1 (2), 1-18.

大浦宏邦. (2018). 環境配慮行動の推移と規定要因について. 帝京社会学, 31, 31-47.

鈴木明子, 小倉亜砂, 萱島知子, 井川佳子, 樽本和子. (2010). 小学校家庭科における問題解決的な学習を取り入れた調理実習授業の開発：自己の成長と変容を実感させる指導方法の検討. 広島大学教育学部・附属学校共同研究紀要, 38, 217-222.

谷口明子，鈴木洋子．(1992)．適塩指導を取り入れたみそ汁の調理実習（第2報）：塩分濃度計を用いた授業実践の検討．日本教科教育学会誌，15（4），11-17.

Thoresen, Victoria W. (ed.). (2005). Consumer citizenship education Guidelines, Vol.1 Higher Education; The Consumer Citizenship Network
http://tuningacademy.org/wpcontent/uploads/2014/02/CNN-Learning-Teaching-Guidelines-vol-1finel-21-9-05_2_.pdf（2020.8.5）

東京大学CoREF．(2009)．協調学習授業デザインハンドブック　第2版：知識構成型ジグソー法を用いた授業づくり．
http://coref.u-tokyo.ac.jp/archives/16634（2019.5.5）

鶴田敦子．(1990)．中学校の食生活領域の指導内容と方法の一考察（第2報）：食生活領域指導内容の方向性．日本家庭科教育学会誌，33（3），31-35.

和田涼子．(2019)．地域と家庭を結ぶ食育活動：子ども食堂におけるキッズ料理教室の試み．日本家政学会誌，70（3），166-168.

渡辺龍也(2021)フェアトレードと倫理的消費（Ⅱ）：全国調査が明らかにするその動向．東京経済大学現代法学会誌，40，99-144.

山田好子，山本紀久子．(2001)．調理実習における環境教育．日本家政学会誌，52，4，359-365.

山下綾子，河村美穂．(2014)．調理実習のための買物体験の効果：小学校6年生での授業実践より．埼玉大学教育学部教育実践総合センター紀要，13，17-23.

矢野順也，酒井伸一．(2017)．食品ロスを巡る国際動向．環境保全，31，7-12.

**謝　辞**

この研究の一部は，JSPS科研費（22K02226）「消費者市民を育む問題解決型調理実習に関する家庭科教師教育プログラムの構築」の助成を受けたものである。

（石島　惠美子）

# 第11章
# これからの住まいとよりよい生活

## 1. 住まいの機能の再考

　住まいとはどのような場所か。西山 (1989) は,「住宅は人間の『住生活』を入れる器であるが, その住生活＝住むということは, 人類と人間社会の発展とともに, 歴史的に変化してきた」と述べている。住生活とは, 睡眠, 食事, 団らん, 身支度, 調理, 家財管理などの住まいの中で営まれる生活のことであり, 私たちが生活するために住まいはなくてはならない場所である。また, 建築家のル・コルビジェ (1967) は,「住宅は住むための機械である」という言葉を残している。機械というとなんとなく冷たい印象に感じるかもしれないが, 機械や道具にそれぞれ役割があるように, 住まいは人が住むための場所として建てられるべきと, 生活の場として住環境の改善の必要性を述べた言葉である。

　では, 生活を営む上で欠かすことのできない住まいの機能や役割とは, 何だろうか。住まいの基本的な機能としては, ①雨風を防ぎ外敵から身を守り, 気候を緩和するシェルターとしての機能, ②休養の場や寝場所としての機能, ③家族生活を営む場としての機能, ④精神的な安らぎを与え, 文化創造の拠点となる生活活動の場としての機能が挙げられる (梁瀬ら　2001)。

　かつて, 農村住宅は生活の場であるとともに農業生産の場であり, 住まいは地域社会のコミュニケーションの媒体としての機能も持っていた (鈴木　1999)。都市化に伴い, 地域社会の相互扶助によって成り立ち住居内で営まれていたさまざまな生活行為は, 次第に地域施設・サービスの利用に替わってきた。これを住まいの機能の社会化・外部化という (定行・薬袋　2023)。このように, 住

まいには私たちの身を守り生活を支える，時代を経ても変わらない基本的な機能がある一方で，時代とともに変化している部分も大きい。

　国土交通省（2015）の行ったアンケートでは，「あなたにとってのお住まいとは」（3つまで選択可）という問いに対して，どの世代も多くが「安らぎ・くつろぎの場所」「家族団らんの場所」を選択していた。住まいは精神的な拠り所といえる。また，「災害や犯罪等から身を守る安全・安心の場所」や「近隣住民の地域との交流・つながりが持てる場所」は年齢が高い世代ほど，「趣味や余暇を楽しむ場所」は若い世代が多く選択していた。住まいの捉え方は世代によって異なり，よりよい住生活の実現に向けては，社会の変化やライフステージに合わせて，住まいに求める機能を再考し続けていく必要がある。なお，国民生活に関する世論調査（2022）において「家庭はどのような意味をもっているか」（複数回答）を尋ねた結果でも「家族の団らんの場」「休息・やすらぎの場」が上位に挙げられた。"住まい≒家庭"と捉えている人が多いのであろう。住まいについて学習するにあたり，まずは普段は何気なく生活している場である住まいが自分にとってどんな場所であるか，改めて考えてみたい。

## 2.　よりよい生活と関係を築く住教育

　住生活をよりよくしていくために，どのような学習が必要か。住まいに関する学問領域としては，住居学がある。住居学の出自は戦前の家政学にあり，家政系の教員養成とともに家庭の主婦を対象とし，住宅をハードな建物としてではなく，住様式・住生活を考究する学問として発展してきた（中島　2018）。住居学について初めて体系だって論じられたのは『住居学ノート』（西山　1977）であり，ここでも「『住む』ということは，広義に解すると『生活する』ということと殆ど同じ意味である。住居学の扱う『住む』ということは，この『生活する』ということを空間的側面からとらえることである」と述べられている。「住む」「生活する」を扱う住居学は，家族関係学，児童学，食物学，被服学，家庭経営学など他の分野と密接なつながりを持っている。また，生活は常に住宅の外側に広がっており，地域や自然環境など大きな生活空間の中に存在して

機能していること，生活を規定する人間関係も家族関係だけでなく地域・社会
の人間関係の中に組み込まれていることなど，住生活を送る空間とそこで関わ
る人間関係の広がりについて述べられている。住居学では，自身や家族の生活
をよりよくする住まいの学習にとどまらず，地域や社会の中の一員としてもよ
りよい生活について考えていく必要がある。

　現在，小学校・中学校・高等学校の家庭科で学習する住生活に関する内容も
住居学の学問領域に概ね準ずる枠組みとなっている（亀崎・河村　2013）。小学
校から高等学校まで学校種が上がるにつれて，各学問領域の中の内容が増えて
深まっていくとともに，扱われる学問領域も増え広がっている。

表11-1　住居学の枠組みと家庭科住生活領域での学習内容例の対応

| | 住居学ノート(1977) | 小学校家庭科 | 中学校家庭科 | 高等学校家庭科 |
|---|---|---|---|---|
| 基礎領域 | 住生活学(住生活史・住生活論) | 住まいの機能(保護的機能) | 住まいの機能，和式・洋式 | 住宅の歴史，気候風土と住まい，食寝分離・就寝分離，起居様式，住要求 |
| | 住居管理学 | 整理・整頓，清掃 | 家庭内事故，防災 | メンテナンス，耐用年数，防犯 |
| | 住居政策論(新たな住生活の課題を含む) | ごみの分別 | 環境共生住宅 | 住宅事情，住生活基本法，公団・公庫・公営住宅，環境共生住宅，ZEH，コレクティブハウス，コーポラティブハウス，まちづくり |
| 専門領域 | 住居衛生学・住宅設備工学 | 暑さ・寒さ，通風・換気，採光，騒音 | シックハウス症候群，一酸化炭素，かび・ダニ | 日照・採光・照明，通風・換気，結露，騒音，冷暖房，シックハウス症候群 |
| | 住居意匠学 | | 生活行為と住空間，家族と住空間，バリアフリー，ユニバーサルデザイン | 平面図，収納，人体・動作寸法，ゾーニング，動線，インテリア |
| | 住宅材料・構造学 | | | 木造，鉄筋コンクリート造 |

出所：亀崎（2013）を参考に小学校・中学校の学習内容を加え筆者作成

　ところで，高等学校家庭科教諭の普通免許状の授与を受けるために必要な教
科に関する科目には「住居学（製図を含む。）」と製図が含まれていた[1]。一方で，

高等学校の限られた時数の中で製図を行うことは難しいかもしれないし，専門家でないのに製図をする必要性に疑問を持たれるかもしれない。製図を課すことは空間感覚の養成につながるが，その効果として，『住居学ノート』(1977) では以下のことが示されている。さまざまなパターンの間取りがあり，間取りが同じであっても家具の置き方や部屋の使い方にはさまざまな可能性があることから，住み心地よい住まいができるかどうかは，居住者が頭の中にどのような住空間を組み立てられるかの能力が大きく影響する。また，住宅については実物大で考える機会より，一定の縮尺図面を見て予め考える必要があることも多い。家具や空間のスケール感覚を養うために最も良い学習が自ら製図を行うことであり，製図は日常生活での住経験の乏しさを補う能率的な学習でもある。さらに，講義で学習したことを総合的・具体的に捉えることにもつながる。

　大学の家庭科教員養成課程の授業で製図を行うと，受講生は慣れない作業に戸惑うが，時間をかけて作業を終えた後に提出されるレポートには「普段意識していなかった柱の位置や構造を知ることができた」「換気設備や窓がどうしてこの場所にあるのかなど考えながら図面を引いた」「平面表示記号を覚え，部屋の広さや家具の大きななどイメージできるようになった」などの記述がみられる。高等学校で製図が難しい場合にも，平面図を集めて選ぶ経験や，学校内での空間や開口部・家具等の計測，縮尺を考えながら平面図に家具を配置するなどの演習を通して，空間感覚や自身の理想の住空間を構成する力を育成したい。

## 3.　多様なライフスタイルを実現するための住まい

　住まいなくしては，人間らしく生きることができない。「住まいは人権」という言葉があり，私たちは誰もが住宅に住む権利 (居住権) を有し，日本国憲法 (1947) でも保障されている (宮﨑　2005)。また，居住の権利は，すべての人民とすべての国とが達成すべき共通の基準として国連総会で採択された世界人権宣言 (1948) や，単なる宣言にとどまらず，各国が責任を持ってその内容を成し遂げることができるようにと世界人権宣言を基に条約化された国際人権規約

(1966) にも記載され，日本は 1979 年にこれを批准している。

**表 11-2　居住の権利に関わる条文**

| 日本国憲法 | 1947 年施行 | 第 25 条第 1 項<br>すべて国民は，健康で文化的な最低限度の生活を営む権利を有する。<br>第 2 項<br>国は，すべての生活部面について，社会福祉，社会保障及び公衆衛生の向上及び増進に努めなければならない |
|---|---|---|
| 世界人権宣言 | 1948 年採択 | 第 25 条 1 項<br>すべて人は，衣食住，医療及び必要な社会的施設等により，自己及び家族の健康及び福祉に十分な生活水準を保持する権利並びに失業，疾病，心身障害，配偶者の死亡，老齢その他不可抗力による生活不能の場合は，保障を受ける権利を有する。 |
| 国際人権規約 | 1966 年採択<br>1976 年発行<br>日本は 1979<br>年批准 | 社会権規約　第 11 条<br>この規約の締結国は，自己およびその家族のための相当な食糧，衣類及び住居を内容とする相当な生活水準についての並びに生活条件の不断の改善についてのすべての者の権利を認める。締約国は，この権利の実現を確保するために適当な措置をとり，このためには自由な合意に基づく国際協力が極めて重要であることを認める。 |

出所：葛西 (2022)

　現在，世界では，都市人口の急増に伴う住宅難や，大規模災害や紛争などによって住宅を失うなど，さまざまな住宅問題が発生している。これらの住宅問題について，国境を超えて考えていくため国連ハビタット（国際連合人間居住計画，1978）が創設され，国際会議ハビタットⅡ (1996) では「すべての人々が適切な住宅に住む権利」は基本的な人権（人が生まれながらにして持っている権利）である，と宣言された。また，単に住めればどんな住まいでも良いというわけではなく，住まいの条件として，①風雨から守られていること，②安全な飲料水や衛生設備があること，③強制立ち退きやプライバシーの侵害がないこと，④学校，医療施設等に安易に到達できること，⑤適正な通勤圏内に立地していること，⑥家族生活のための最小限の広さを確保していること，⑦負担しうる居住費であること，を挙げている（日本住宅会議　1997）。

　わが国では，第二次世界大戦後に 420 万戸以上の住宅が不足した。住宅不足

の解消に向けて，住宅金融公庫法 (1950) や公営住宅法 (1951) が整備され，日本住宅公団の発足 (1955) により，ダイニングキッチンの誕生，ステンレス製の流し台の導入など，衛生的で効率的な戦後の新しい住まい方が提案された。

　さらに，住宅建設計画法 (1966) が制定され，住宅不足解消のため 5 年ごとに住宅建設数の目標と達成するための計画が立てられた。1973 年には「一世帯一住宅」が全国で達成され，近年は，最低居住面積水準（健康で文化的な生活の基礎として必要不可欠な面積に関する水準）を満たす住宅が 9 割を超えている。

　その後，少子高齢化，小世帯化，女性の社会進出など，人びとのライフスタイルや住まいに求めるものが変化する中で，住生活基本法 (2006) が制定されると，住宅の質に重きを置いた住宅政策が進められるようになった。災害時の避難生活を送る場や住宅再建，アルバイトやフリーターなど働き方の多様化によるネットカフェ難民や路上生活者となる若者の増加，超高齢社会における高齢者の住まいの安全性，障がい者の住まい，空き家率の増加などの問題も出てきている。これらの問題解決のためには，住宅政策など社会的支援の充実も欠かせないが，私たち自身も住生活に関する学習を通して生活者として必要な基本的な知識や問題解決能力を身に付けておく必要があるだろう。

　また，近年では，シェアハウスやコレクティブハウジングといった血縁にこ

### 表11-3　多様な住まい方の例

| コーポラティブハウス | 入居予定者が組合を結成し，協働して，事業計画を定める。コーディネーター会社の協力のもと，設計者や施工会社とも協働で進める。計画・設計段階から参加することで，入居者の意向が反映でき，コミュニティが育まれやすい。効率良く土地を利用でき，建材などもまとめて発注できるためコスト上のメリットもある。 |
|---|---|
| コレクティブハウス | プライバシーが確保された独立した住居の他に，コモンスペース（共用空間）がある。当番制で家事を担当することで効率化となる。コモンミール（居住者が集まって食事をする）により，自然に居住者間のつながりが生まれる。管理・運営は居住者が行う。ヨーロッパでは，女性の社会進出をきっかけに誕生したが，その後，多世代型，シニア型なども誕生した。 |
| シェアハウス | ひとつの家屋（棟）または居室を非縁故関係の複数の人々が共有し生活する。規模や形態も多様である。高齢者，障がい者，母子家庭を対象としたシェアハウスなどもある。また，空き家等を活用したものも増えている。 |

出所：筆者作成

だわらず集まって暮らす人びとも増えている。住生活における学習を通して，多様な住まい方を知ることは，自身の住居観の構築にもつながるし，自分らしいライフスタイルの実現を手助けすることになるだろう。

## 4. 健康・快適・安全な住環境

　住まいは私たちの身を守り安らげる場所であるが，大気環境が原因の呼吸器疾患，家庭内事故による外傷，化学物質によるシックハウス症候群など，劣悪な住居や住環境が体調不良や病気を悪化させる原因となることもある。

　現在，世界では，人口動態の変化（世界の都市人口は 2050 年までに倍増すると予想され，高齢化も進むことが予測されている）や気候変動（温暖化が進み異常気象が問題となっている）によって，住環境整備は健康にとってますます重要になってきている。このような状況に対応するため，WHO では，科学文献をレビューし最新のエビデンスをもとに，劣悪な住環境による健康影響や，住環境整備の例についての情報をまとめ，「住まいと健康に関するガイドライン」(2018) を示した。このガイドラインは，主に住宅関連の政府機関を対象とし，建築家，建設業者，住宅供給業者など技術者や専門家に向けても発信しているものであるが，居住者自身にも住まいと健康の関わりとしてどのような項目が挙げられているかなど理解して欲しい内容である。

　日本では，住宅の過密性については，前述のとおり，住宅建設計画法 (1966) の制定によって，最低居住面積水準が概ね満たされ，改善されてきた。室内の寒さと断熱については，かつて夏向きの住まいづくりがされ，個別暖房が中心であった日本では課題が大きく，室内温度の推奨値である 18℃以上を満たす住宅はわずか 1 割程度と報告されている (Umishio et al. 2020)。

　室内の暑さについても，熱中症の発生場所として住居が多い現状では課題が大きいといえる。家庭内の安全と傷害についても，住宅用火災警報器の設置の義務付け (2006) がされたが，全国の設置率は 8 割，条例適合率も 7 割程度にとどまっており（総務省 2021），乳幼児の高層階からの転落事故等の報道も後を絶たない。アクセスのしやすさについては，日本の住宅は高い床や尺貫法によ

る構造，床座の生活などによって生活上のバリアが多く，高齢者が住む住宅の
バリアフリー化率（2箇所以上の「手すりの設置」又は「段差のない屋内」がある住
宅の割合）は4割程度にとどまっているが，高齢者，障がい者等の移動等の円
滑化の促進に関する法律（バリアフリー新法　2016）の施行によって，公共交通
機関や施設等のバリアフリー化が進められている。

　これらの内容は，家庭科住生活領域の学習内容とも重なっており，自身や家
族の健康・快適・安全な住環境をつくっていくためにも必要な知識であるが，
地域社会や世界の課題解決の観点からもさらに充実した学習が求められる。

**表11-4　住まいと健康に関するガイドライン**

◎強く推奨　○推奨

| 過密性 Crowding | ◎感染症対策などの観点から，住宅内の密集を防止するための施策を講じる。 | 家庭内の安全と傷害 Home safety and injuries | ◎住居には安全装置(煙や一酸化炭素の警報器，階段ゲート，窓ガードなど)を装備し，意図しない負傷につながる危険を減らす。 |
|---|---|---|---|
| 室内の寒さと断熱 Indoor cold and insulation | ◎寒さによる健康被害を予防する。寒い季節の室内温度として18℃以上を推奨している。○効率的で安全な断熱材を新しい住宅に設置し，既存住宅は改修する。 | アクセスしやすさ Accessibility | ◎障がい者や高齢者がアクセス可能な住宅や，バリアフリー対応住宅のストックを十分に確保する。 |
| 室内の暑さ Indoor heat | ○室内で過剰な高温環境下に曝されないための施策を講じる。 | このほかに，飲料水の水質，空気質，騒音，有害物質（アスベスト，鉛，ラドン），受動喫煙（タバコの煙）についてガイドラインが示されている。 | |

出所：WHO（2018）を参考に筆者作成

　小学校学習指導要領解説家庭編および小学校家庭科教科書の住生活に関する
内容で使用されている語句を調べたところ，学習指導要領では平成10（1998）
年改訂，教科書では平成14（2002）年発行版より"快適"という単語が多く使
用されるようになった（萬羽ら　2022）。快適な環境とは，どのような環境か。

　建築環境工学の分野では，環境の心理評価において快適には「消極的快適」
と「積極的快適」があることが知られている。消極的快適は，英語では
comfort にあたり，刺激がなく生理的に負荷のかからない状態のことで，不快
ではないニュートラルな状態（知覚されない），積極的快適は，英語では
pleasantness にあたり，積極的な意味での快適性（知覚され，認知される）と定
義される（瀬尾・坊垣　1995，羽根　1993）。かつては，健康・安全を損なわない，
不快ではない消極的快適な環境を得ることが重視され，家庭科で扱う内容も消
極的快適が中心となっている。現在でも熱中症やヒートショックなど住環境が
要因となる健康被害がなくなったわけではないが，以前よりも住宅や設備の性
能が改善した現在では，消極的快適にとどまらずさらなる快適性の向上を求
め，積極的快適についても考えていきたい。

　積極的快適を得るためには，まずは周囲の温熱・空気・音・光環境に関心を
持つこと，季節やその時の環境の変化に敏感になることが大切である。また，
自身が心地よいと思う環境条件や気になる要素を知り，積極的快適を体験する
ことはさらなる住環境への興味を持ち，積極的に環境調整・環境改善を行う
きっかけにもなるだろう。

表11-5　消極的快適と積極的快適の例

| | 消極的快適 | 積極的快適 |
|---|---|---|
| 温熱 | 防寒・防暑 | 自然の心地よさ（風・ひなたぼっこ），寒暑涼暖を楽しむ |
| 空気 | シックハウス対策（化学物質の低減，換気） | におい風景やにおいマップ，心理的な効果を求めた香りの活用 |
| 音 | 騒音がないこと | サウンドスケープ（音のある風景），音のユニバーサルデザイン（サイン） |
| 光 | 視覚疲労の低減を目的とした明るさの確保・調整 | 空間の演出（照明） |

出所：筆者作成

　快適な環境について考える際に，考慮すべきものとして，"個人差"がある。
例えば，体調調節機能や視力・聴力・嗅覚などは加齢に伴い変化するため，若
年者と高齢者では好まれる環境が異なる。また，住宅選択などには過去の生活

経験（居住地，住宅形態，生活習慣など）が大きく影響を及ぼす。家族と暮らしている住宅内や学校の教室などで，一緒に過ごしている人と温度の好みが合わなくて気になった経験がある人も多いのではないだろうか。

　小学校・中学校・高等学校の家庭科教科書にも温度・湿度，照度，騒音レベルなどの基準値が示されており，教室で環境測定を行い基準値と比較したりすることも多い。これらの基準値は健康・安全を損なわない範囲で定められたり，実験結果の平均値等をもとに算出されたりしている。実際には個人差もあるため，環境測定の際には，それぞれの児童・生徒が「どのように感じたか」も大切にしたい。感じ方に個人差があることを知ることで，例えば暑い・寒いと感じたときに冷暖房機器の使用や調整を行う前にまずは衣服で調整するなど，それぞれ個人で調整する必要性にも気づくことができるし，他者の感性の受容や

## 快適な明るさを考えよう！

| 場所 | 照度<br>(lx；ルクス) | どのように<br>感じたか | 勉強<br>するときに<br>もっとも快適<br>だと思う場所<br>（選んだ人数） |
|---|---|---|---|
| 教室ろう下側 | 450 lx | 暗い | 4人 |
| 教室真ん中 | 800 ～ 900 lx | 暗い | 3人 |
| 教室窓側<br>（南側） | 1500 ～<br>2000 lx | 明るすぎ | 8人 |
| ろう下<br>（北側） | 150 ～ 200 lx | 暗い | 0人 |
| 電気スタンド<br>の下 | 650lx | ちょうど良<br>い明るい | 11人 |
| ベランダ | 13000 ～<br>14000 lx | 明るすぎ，<br>日光がまぶ<br>しい | 5人 |

（照度計）（勉強するときに）

題材名「寒い季節を快適に」の授業内に照度測定を行った。それぞれの場所の照度と，その場所の明るさをどのように感じたか，「勉強をするときに最も快適だと思う場所」に挙手をしてもらい，その人数を示した。学校環境衛生基準では500lx以上，JIS規定では750lxである。児童が勉強をするときに最も快適と回答した場所は電気スタンドの下で，次に教室の窓側が多く，他の場所を選んだ児童もいるなど個人差がある。基準値だけで評価するのではなく，健康影響のない範囲で省エネルギー等にも配慮しながら，自身の快適環境を作るための工夫について考えたり，周りの人の感じ方にも配慮した調整方法についても考えたりする機会としたい。

**図11-1　小学校における照度測定の結果と明るさの感じ方（板書例）**

出所：東京学芸大学附属小金井小学校，授業者：西岡里奈教諭，2017年2月をもとに筆者作成

高齢者への配慮など，ユニバーサルデザインなどの理解にもつながっていく。

## 5. 住居観を構築し，未来の生活をつむぐ

　ある程度暮らしていると，その住まいに対して愛着を持つようになる一方で，ふと不満に思う部分が出てきたり，小さな不満が積み重なって苦痛に感じたりする場合がある。吉野 (1992) は，「住要求の発生は生活者の何らかの欠乏の状態が存在するか，欠乏の状態が存在していると自覚させる状態のあることが必要である」と述べている。現在の住まいに対する不満や苦痛 (欠乏または欠乏の自覚) は，情報を得たり学習したりすることで，住生活をこうしたいという住要求となり，具現化するための検討が行われる。技術的・経済的・制度的な問題によって実現できない場合には，諦めることになり再び不満や苦痛を感じる。実現した場合にもいったん満足するが，しばらくすると新たな不満や苦痛を感じるようになる。私たちはこれらの経験を繰り返しながら，住に関わる行動や判断を秩序づける価値体系である住居観を構築していく (扇田　1978)。

　欠乏を自覚し，住要求を持って具現化するための検討を行うことは，住まいについて主体的意識を持って行動する，住生活の質の向上のための第一歩である。そして，そのためには住まいについて新たな情報を得たり，学習したりすることが非常に重要な意味を持つ。住教育を通して，現在の住まいを見つめ直し，"自分らしい住居観" を築いていくことこそが住教育の大きな意義といえる。

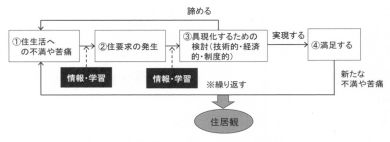

**図 11-2　住要求の発生と住居観の構築**

出所：扇田 (1978) を参考に筆者作成

　大学の家庭科教員養成課程における住居学関係の授業の初回には，住まいプロフィール帳の作成[2]など，これまでの住経験を振り返り自分らしい住まいを意識化する演習を取り入れている。プライバシー等には配慮しなくてはならないが，自身の生活を振り返ることは自身の住要求に気づき，住居観を築くための重要なステップである。その後の授業では住まいの歴史や現代的課題に触れながら多様な住まい方を紹介する。多様な住まい方を知ることは受講生の今後の住まい方の選択肢を増やすことにもなるし，たとえ紹介した住まい方に共感できなくても，そこで考えたことで自分らしい住まい方を見つめ直すことができる。また，ロール・プレイングの要素を取り入れ，模擬家族を作り住まいを考えたり，住宅を設計・販売する人の立場からお客さんのニーズに合わせて住まいを選択したりするなどの活動も行っている。他者の立場から考えることで，普段の自分とは異なる選択をし，新たな住まい方を知るきっかけになる。

　さらに，住まいの計画に関連し，自分の好きなものを集めたインテリアコラージュの作成を行っている。直感的に自身が好きだと思った画像を集めていくのだが，作成後，画像を選ぶ過程でどのように感じたか（形容詞，感情など）振り返り，出来上がったものを他の受講生と見せ合いコメントをもらうと自分の好みが客観的に整理されていく。かつて，小学校家庭科では物の配置や美化，美化に役立つものづくりなど「調和のある住まい方」，高等学校の家庭科でも住居を魅力的にするための「室内装備と家具」などの学習がされていた。住生活の学習によって空間構成の喜びや楽しさに気づき，自分らしい個性的な住まい方の創造につながっていくものとなっていくことが望まれる。

　高等学校における，「自分らしい住生活」を題材とした授業例を紹介する（茂木　2023）。高等学校の家庭科住生活領域では，ライフステージやライフスタイルに合わせた住まいの選択や住まい方など生涯を見据えた内容を学習する。これからの住生活を自分で選択し判断・決定して営んでいく上で重要な学習であるが，高校生にとっては身近に感じにくい長期的視点や社会的視点が必要な内容でもある。そのため，第1次では，自分の生活と住まいを結びつけるきっかけづくりとして，コラージュによって住まいの好きなもの集めをし，自身の好

みを自覚した上で，現在の自分の部屋・住まいにお気に入りの場所を作るための計画と実践を行った。自分のできる範囲で住まいをよりよくする体験を通して，住生活への興味・関心を持つことをねらいとした。第 2 次では，ライフステージごとの住まいを想像しやすくするために生活設計の分野との横断的な展開とし，それぞれの年代の自分のプロフィールを考えるワークシート「未来プロフィール」を用いた。現在から未来へと人生を意識して住生活を考えられるよう，現在，20 代，30 〜 50 代，60 代以上とライフステージで区切り展開した。

　各ライフステージの学習の最初に，未来プロフィールにライフスタイルや想

**表11-6　高等学校家庭科における自分らしい住まい方をテーマにした授業例**

| 題 材 名 | 自分らしい住生活をつくる |
|---|---|
| 次 | ねらいと学習活動 |
| 第1次<br>現在の自分<br>と住まい | ・現在の自分の住まい，生活を振り返り住要求を整理する<br>・「住まいの好きなもの集め」（コラージュ）<br>・「お気に入りの場所づくり」 |
| 第2次<br>ライフステージ<br>と住まい | ・「未来プロフィール」で20代の自分と住まいを構想し住要求を考える<br>・住空間，平面表示記号，住宅広告について<br>・20代の一人暮らしに向けて，住まい探し<br>・「未来プロフィール」で20代の住要求に優先順位をつけて住まい方の工夫を考える |
| | ・「未来プロフィール」で30・40代の自分と住まいを構想し住要求を考える<br>・乳幼児の家庭内事故，子育て期の住まい，まちについて<br>・住まいと防災（地震）について<br>・「未来プロフィール」で30・40代の住要求に優先順位をつけて住まい方の工夫を考える |
| | ・「未来プロフィール」で60・70代の自分と住まいを構想し住要求を考える<br>・長く住まうための工夫について（バリアフリー，メンテナンス）<br>・「未来プロフィール」で60・70代の住要求に優先順位をつけて住まい方の工夫を考える |
| 第3次<br>住まいの設計 | ・「未来プロフィールと住まい」を振り返る<br>・シール教材でライフステージ，ライフスタイルに応じた「住まいの設計」を行う |

出所：茂木はるひ（2023）を一部改変

注1）住まいのプロフィール帳は，以下のページで公開している（萬羽郁子，researchmap資料公開）。
　　https://researchmap.jp/read0154809/published_works （2023.8.1）

定した住まいを記入，学習後には住要求の優先順位や，住要求を叶えるための住まい方などを記入した。第3次では，これまでの学習内容のまとめとして，自身が選択したライフステージに合わせた住まいを計画した。

　住居の学習は生活そのものの学習でもあり，生涯を見通した住生活についての学習は，未来をつくることにつながる。また，住居観は生涯を通じて構築し続けていくものである。自分らしい住生活を実現しするために，小学校・中学校・高等学校での住生活に関する学習を通して住居観の礎をつくりたい。

・**注**
　1）教育職員免許法施行規則の改訂によって，「住居学（製図を含む。）」を「住居学」に変更予定である（令和6年4月施行）。

・**引用文献**
萬羽郁子，倉持清美，渡瀬典子，藤田智子.（2022）. 学習指導要領解説および教科書における小学校家庭科住生活領域の記述内容の変遷. 日本家庭科教育学会第65回大会研究発表要旨集，日本家庭科教育学会，22.
羽根義.（1995）. 快適性の概念とその側面. 人間工学，29（2），49-57.
亀﨑美苗，河村美穂，（2013）. 家庭科教科書における住生活領域の構成とその課題. 日本家庭科教育学会誌，56（3），141-151.
国土交通省.（2015）. 住生活に関する意識調査の結果概要（国土交通行政インターネットモニターアンケート）.
　　https://www.mlit.go.jp/common/001090307.pdf（2023.6.30）
葛西リサ.（2022）. 13歳から考える住まいの権利　多様な生き方を実現する「家」のはなし. かもがわ出版.
ル・コルビュジェ 著，吉阪隆正訳.（1967）. 建築をめざして. 鹿島出版会.
宮﨑陽子.（2005）.「居住の権利」をどう位置付けるのか：家政学の役割と期待. 家政学原論研究，39，42-49.
茂木はるひ.（2023）. 高等学校家庭科住生活分野における自分らしさを視点にした授業の検討. 東京学芸大学教職大学院課題研究.
内閣府.（2022）. 国民生活に関する世論調査.
　　https://survey.gov-online.go.jp/r04/r04-life/index.html（2023.6.30）
中島明子.（2018）. 住居学：都市住宅学・都市居住における住居学の貢献とこれから. 都市住宅学，（100），66-71.
日本家政学会編，吉野正治著.（1992）. 家政学事典. 朝倉書店.

日本住宅会議，ハビタット日本NGOフォーラム編.（1977）.　住まいは人権.　かもがわ出版.

西山夘三編著.（1977）.　住居学ノート.　勁草書房.

西山夘三.（1989）.　すまい考今学：現代日本住宅史.　彰国社.

扇田信.（1978）.　住生活学.　朝倉書店.

定行まり子・薬袋奈美子編.（2013）.　生活と住居.　光生館.

瀬尾文彰，坊垣和明.（1995）.　快適性の構造に関する基礎的研究.　日本建築学会計画系論文集，（475），75-83.

総務省.（2018）.　平成30年住宅・土地統計調査：住宅の構造等に関する集計　結果の概要.
https://www.stat.go.jp/data/jyutaku/2018/pdf/kouzou_gaiyou.pdf（2023.6.30）

総務省.（2021）.　住宅用火災警報器の設置率等の調査結果.
https://www.soumu.go.jp/menu_news/s-news/01shoubo01_02000470.html（2023.6.30）

鈴木成文.（1999）.　住まいを読む：現代日本住居論.　建築資料研究所.

Umishio Wataru, Toshiharu Ikaga, Yoshihisa Fujino, Shintaro Ando, Tatsuhiko Kubo, Yukie Nakajima, Tanji Hoshi, Masaru Suzuki, Kazuomi Kario, Takesumi Yoshimura, Hiroshi Yoshino, Shuzo Murakami.（2020）. Disparities of indoor temperature in winter: A cross-sectional analysis of the Nationwide Smart Wellness Housing Survey in Japan. *Indoor Air*, 30（6），1317-1328.

World Health Organization.（2018）. WHO Housing and health guidelines.
https://www.who.int/publications/i/item/9789241550376（2023.6.30）

梁瀬度子，長沢由喜子，國嶋道子.（2001）.　ピュア生活科学　住環境科学.　朝倉書店.

（萬羽　郁子）

# 第12章
## 家庭科教育における地域

## 1. 生活環境・生活課題と生活文化から立ち上がる学び

### (1) 学習指導要領にみる地域

　2017（平成29）年告示の小学校学習指導要領に示された家庭科の内容には，それまでの「近隣」に代わり，「地域」の語が用いられた。これによって義務教育段階の家庭科教育では学校種にかかわらず地域を取り扱うことになった。

　中学校の家庭科教育の内容に，地域の語句が登場したのは1989（平成元）年告示学習指導要領であり，1998（平成10年）告示学習指導要領には，「家庭生活は地域の人々に支えられていることを知ること」「地域の人々の生活に関心をもち，高齢者など地域の人々とかかわることができること」が示された。

　地域に関する学習は，例えば社会科や生活科，総合的な学習の時間等でも行われている。社会科では，小学校第3学年では市区町村が，第4学年では都道府県が身近な地域として扱われており，行政単位により土地が区切られ，その区域が地域とされている（文部科学省　2017）。

　現在，学校と地域の関係が改めて議論され，学校とそれぞれの地域との連携が求められている。一方，グローバル化の進展，少子高齢社会等の社会状況やSociety5.0時代の到来等の社会を見据えた，教育が模索されている。人工知能やロボット等の先端技術を伴うSociety5.0社会は日常の〈私〉の生活の営みといった個別的具体的な事柄よりもビックデータを扱うことを得意とし，グローバル化の潮流は実際にふれたりみたりすることができない世界のできごとを身近に感じさせることもある。〈私〉が今住むまちよりも，地球の裏側にあるま

ちを知ることが，〈私〉にとって容易で身近のようにも思われる。学校と地域との連携と並行しておきているのは，グローバルな地域やローカルな地域へのインターネットを介したアクセスである。現在はバーチャルとリアルなアクセスが混在し共存する中で，日常生活の営みが重ねられているのである。このことを踏まえつつ，地域の学びについて再考する必要があるだろう。家庭科教育で対象とする地域はどのような観点により区切られるのか，家庭科教育では，地域の何を，誰が，どのように学習するのか，その目標は何と考え，家庭科教育を行いたいのかを考えてみたい。

### (2)『家庭科教育事典』(日本家庭科教育学会編　1992) にみる地域

　1992 年刊行の日本家庭科教育学会編『家庭科教育事典』では，地域に関する内容は「地域社会と学校」に示されている (柳　1992)。それは「地域社会は，地域性と地域感情を基礎として共同生活が営まれるところ，すなわち住民共有の生活台であり，生活の拠点である。」と始まり，「学校教育の場」では家庭科だけでなく，社会科でも地域が扱われていることから，家庭科の独自性を考えなければならないと提起される。「地域社会と学校」の内容は①「学校・家庭・地域の連携・協力」②「地域の教材化」③「地域と地域教育集団」④「地域の教育力」⑤「地域に開かれた学校」⑥「地域開発と家庭科」⑦「地域と教師」⑧「家庭科の地域教材」⑨「学校教育の中で」という九つの内容からなっている。

　地域がどのようなものであるかに関する記述は①「学校・家庭・地域の連携」②「地域の教材化」③「地域と地域教育集団」④「地域の教育力」⑤「地域に開かれた学校」⑥「地域と教師」にみられる。①「学校・家庭・地域の連携」及び④「地域の教育力」では，地域は社会化の機能をもつと説明され，③「地域と地域教育集団」⑤「地域に開かれた学校」では地域はさまざまな集団を含むと説明されている。②「地域の教材化」⑦「地域と教師」では地域は生活の拠点であると書かれており，④「地域の教育力」では地域は多面的な生活体験の場であると説明されている。これらから，家庭科教育が対象とする地域は行政区分で区切られた土地のような一つの観点で区切られた区域とは異なると考

えられる。家庭科教育が対象とする地域とは，生活の拠点，生活の足場であり，生活体験や文化や価値や規範を含む生活様式や生活文化を身に付けるよりどころの場であると考えられる。

　また，「家庭科における地域教材化論は，中央支配に反対し，生活の拠点を重視しようとする地域教育運動の影響をうけてきた。」「家庭科では，生活や生命を脅かす諸問題に注目した教材が開発されてきた。」「地域教材はそれだけでなく，当該地域の『生活課題』に対する問題意識を喚起する目的で取り入れられる。」との説明から考えるならば，家庭科教育が対象とする地域は生活する者の生活課題や生活問題が立ち上がる場であるといえよう。

　以上より，家庭科教育における地域は社会科における地域と重なる部分があっても，同じではなく，考え方が異なるものであると整理できる。

## 2.　家庭科教育の本質と地域

### (1)　家政学からみた地域

　家庭科教育の本質が教育学と家政学の交錯する部分にみることができると仮定するならば，家庭科教育が対象とする地域をどのように捉えるかは，家政学が捉える地域に由ることになろう。家政学は，家庭生活を中心とした人間生活における人間と環境の相互作用について，人的・物的両面から，自然・社会・人文の諸科学を基盤として研究し，生活の向上とともに人類の福祉に貢献する実践的総合科学である（日本家政学会　1984）。

　人間を環境と相互作用するものとするのは人間生態学モデルにより説明され，人間とその環境の相互作用はエコシステムといわれている（日本家政学会家政学言論部会　2002）。図 12-1 は人間エコシステムを示したものである。人間エコシステムの中心には人間を取り囲む単位がある。それは，生物物理的，心理的，社会的な次元をもつ単独の個人であり，共通の資源，目標，価値，関心を共有し，何らかの意味の共通の特徴があり，一体感をもった家族のような個々人の集団であると説明されている。

　これを踏まえるならば，人間を取り囲む単位としての地域は図の中心にある

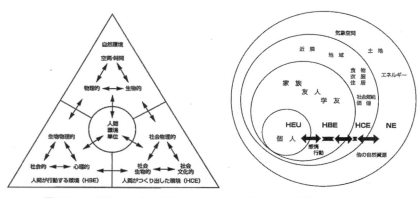

図12-1　人間エコシステム　　図12-2　人間エコシムテムの例

出所：日本家政学会家政学原論部会（2002）家政学未来への挑戦　全米スコッツデイル会議における
　　　ホーム・エコノミストの選択. p.203図Ⅳ-1, p.206図Ⅳ-2

　人間環境単位の中に位置づくことになるであろう。この人間生態学モデルは，エコシステムの大きさを問わずに概念化するといい，その一つとして，人間を取り囲む単位（HEU）と身近な人間が行動する環境（HBE），人間がつくり出した環境（HCE），自然環境（NE）の相互作用としての人間エコシムテムの例が示される（図12-2）。

　地域は，家庭や，より大きい環境のつながりの中に含まれると説明され，地域社会は，身近な人間がつくり出した環境や自然環境の一部であると示されている。これらのことから考えるならば，地域とは，人間生態学モデルにおいて，人間を取り囲む単位として位置付けられるものであるが，それだけではなく，他の環境との相互作用である人間エコシステムを構成するものでもあるといえよう。したがって，家庭科教育では，人間生態学的な見方・考え方で自分の現在及び将来の生活を捉え，地域もまた，人間エコシムテムの中の一つに位置付くことを前提として，人間生活における人間と環境の相互作用について捉える必要があろう。

### (2) 家庭科教育における地域

1 (2) でみたように，家庭科教育が対象とする地域とは，第1に〈私〉が生活を営む場であり，生活の拠点，生活の足場である。第2に生活，生活体験や文化や価値や規範を含む生活様式，つまり，生活文化を身に付けるよりどころとなる場である。第3には，そこで生活する者にとっての生活課題や生活問題が立ち上がる場である。なお，第1から第3で「場」としたが，これらの「場」が物理的な説明のみでなされることはごくまれである。なぜなら，物理的な場において，〈私〉は生活の営みを〈私〉を取り巻く生活環境との相互作用の中で行っているからである。この「場」は，過去から現在の間につくられて，現在展開されているシステム，いわゆる地域社会を内包するからである。

したがって，家庭科教育における地域は物理的な側面にシステムとしての側面を重ね合わせて考えることが必要であろう。物理的側面とシステムとしての側面を重ね合わせた場としての地域において，〈私〉がどのような生活の営みをしていくかの意思決定は個人の価値観によることを考えれば，家庭科教育における地域は客観的でありつつも，主観的でもあろう。

家庭科教育における地域とは，〈私〉を中心として，それを取り巻く，生活環境と生活文化と生活課題の相互の関わりからなり，今，生活を営む〈私〉が環境への最善の適応をし，よりよい生活＝"well-being"を志向する場と考えられるのではないだろうか。

かつて，国際家族年において，家族に対する単一の見解や普遍的な定義がないとされた（国際連合広報センター 1994）ように，家庭科教育における地域もまた単一の見解や普遍的な定義ができないものなのかもしれない。しかし，少なくとも，〈私〉の生活を中心におき，それを取り巻く生活環境と生活文化と生活課題という視点で「地域」との関わりを捉えることはできるであろう。

どの地域に生まれたか，「生まれた地域」は家庭科教育の学習を行う児童生徒には変えようがない。しかし，どの地域にも，生活環境に適応したり，生活課題に立ち向かったりした先人の知恵や生活文化がある。したがって，家庭科教育における地域の学習によって，児童生徒は現在及び将来の自分の生活の営

みの場としての地域をつくることができるように思われる。

## 3. 地域の学習の実践と研究

　次に，家庭科教育における地域の学習の実践と研究をみていきたい。1947（昭和 22）年発行の学習指導要領一般編（試案）及び家庭編（試案）には，それまでの教育のあり方とこれからの教育のあり方が異なること，これからの教育にとって最も重要なのは中央で決めた画一的なものをただ行うのではなく，下の方からみんなの力で，作り上げて行くことが重要と書かれている。

　民主的な国民を育てる教育には，学習指導要領に沿いながらも，「その地域の社会の特性や，学校の施設の実情やさらに児童の特性に応じて」それぞれの現場で，内容や方法を考え，工夫することが重要であること，そのために，「教師は，よくそれぞれの地域の社会の特性を見てとり，児童を知る」こと，一般社会とその学校のある地域社会の特性を知り，その要求に耳を傾け，現実の児童の生活をよく知ることの必要性が述べられており，これを前提に家庭編（試案）の展開がなされたものと解釈できる。

　1948（昭和 23）年〜 1952（昭和 27）年に，文部省は民間情報教育局（CIE）との共催で，教育指導者講習（以下，IFEL）を実施した。家庭科部門の独立設置は 1949（昭和 24）年 10 月からの第 3 期からであり，初回となった第 3 回の IFEL 家庭科班は，ワークショップ報告書『新しい家庭科の動向』(1950) を発行した。それには一貫して，カリキュラム構成に際しての実態調査の必要性が示されている。「教育の内容に必要なものは教育対象たる生徒の生活の実際を基盤とすべきである。生徒はその地域社会を生活環境として育てられ成長して行くものであり明日の社会をよりよく建設して行く任務を持っている。ゆえに教育内容は，その地域の生活実態を把握しその要求に応じて構成されなければならない。」と書かれており，全領域において，実態調査問題の実例が示されている。例えば，住居では「地域社会の罹災状況を知る」「住居に関する教育に対して，地域社会並びに生徒の要求を知る」の他に六つの問いが示されている等である。

　また，高等学校の家庭科教育を新教育としてもっとも意義あるものとし，その価値を発揮するものとして，家庭科教育におけるホームプロジェクトと学校家庭クラブ活動があげられている（仙波　1951）。ここでは，ホームプロジェクトは学校と地域の架け橋であること，学校家庭クラブ活動は地域社会を理解し，地域社会への貢献の機会として位置づけられている。

　図 12-3 は「家庭科」「地域」をキーワードとした CiNii Research 検索の結果によるものである。期間は学習指導要領（試案）が発行された 1942 年から2023 年である。

　CiNii での検索結果を事例とみるならば，初めての報告は 1950 年であり，その数が 10 件を超えるのは 1998 年前後になってからである。1998 年から 2007

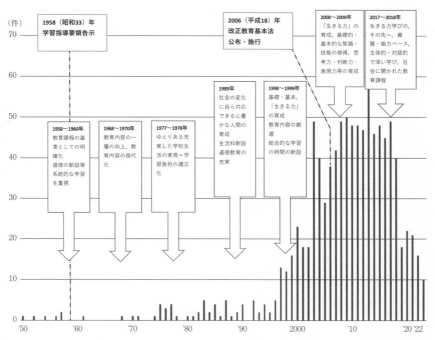

注）検索ワード「家庭科」×「地域」により CiNii 検索を行った。学習指導要領の変遷は文部科学省
　　（2011）を参考にした。
出所：筆者作成

**図 12-3　地域をキーワードとした家庭科教育の動向と学習指導要領の変遷**

年までの時期には，学習指導要領の改訂に伴い，全学校種において導入された「総合的な学習の時間」の影響をうかがうことができる。「総合的な学習の時間」は，家庭科教育が従来行ってきたことと重なることも多く，さまざまな議論がなされた。日本家庭科教育学会（1999）発刊の『家庭科はおもしろい！　家庭科から総合学習への提案』はその一つといえるであろう。

　2008年から2016年までの時期は，改正教育基本法において伝統文化の尊重等が示されたことに加えて，2008年告示学習指導要領で，伝統や文化に関する学習の充実が，それに加えてその後の学習指導要領に続く社会に開かれた教育課程との考え方が影響し報告が増えたものと考えられる。このことから，1998年以降にみられる家庭科教育における地域に関する学習の実践は，学習指導要領や改正教育基本法等の家庭科教育を取り巻く環境の影響，社会的要請といった外部からの働きかけに対応する形で報告されたものと考えられる。

　一方，それ以前は，児童生徒及び地域の実態をみつめ，学習指導要領による画一化や中央からの支配に対して立ち向かい，生活する者にとっての生活課題や生活問題が立ち上がる場としての地域の捉えによるもののように思われる。

　次に，家庭科教育と地域をキーワードとして報告された実践を中心にみていきたい。まず，1998年以前の実践及び研究である。1950（昭和25）年から1967（昭和42）年までは「職業・家庭科」「工業地域」「農村」「農山漁村」等とともに地域の語を確認することができる。

　1968（昭和43）年から1976（昭和51）年までは，「家庭科教育の立場から－地域の生活を重視した自主編成を」（和田　1970）にあるように，中央が決めたことではない家庭科教育の必要性が示され始めている。桑畑（1987）は1960年代からの問題意識に基づき，「自分の生活を見つめ，暮らしの中の課題や矛盾に気づく子どもはほとんどいない」と述べ，地域の食べものを家庭科教育で取り上げることの必要性を示している。

　時得（1974）による「地域の生活と結び付けた〈大島の住居〉の学習」は伊豆七島の一つである大島にある高校での実践である。僻地を顧みない国の政策により，翻弄される島の生活をみてわきあがった何ともいえない怒りが原動で

あったと記されている。そして，生徒に郷土の真の姿を知らせ，郷土を作りかえる力をもたせたいとの思いにより，「地域の生活課題に根ざした家庭科教育」として展開したと報告されている。

1980 年代には福原 (1986)，武藤 (1989) 等の実践報告がある。福原 (1986) は地域の典型的な生活事象の一つを教材化した授業案作成までのプロセスを紹介している。そこで紹介された生活事象は「切干し大根づくり」であった。この実践の根底には，画一的に示される教科書教材への違和感があるとされ，児童生徒の生活の場で意味をもつ生活事象を取り上げ，調理・加工法の原理や食生活の原型を学ばせることが意図されている。

武藤 (1989) は自分が住んでいる地域の郷土食や行事食を取り上げる授業実践の意義は，昔の人の暮らしを知ることやそれらの調理実習をすることのみではないという。さまざまな条件におかれた風土の中で，食材料や調理法をどうするかは，生きることの根源的な営みであり，物流の少ない時代にどうしたらおいしく食べることができるかと，先人が知恵をしぼり，労働を重ねてきた証であること，食材料を得ること自体が自然の恵みであり，人びとの祈りの対象でもあったこと，人間もまた，自然の一部であることを学ぶことを意図するところにこそ，意義があると述べている。「多摩（東京西北部）の郷土食を教材にした授業」では食物が地形や作物とどう関わっていたか，不作のときに人びとはどうしたか，食物保存の工夫としての漬物，干物等を学ぶ構成になっている。

1990 年代に入り，環境教育や高齢者等のキーワードがみられ，2000 年代になると，「生きる力」「伝統文化」「社会に開かれた教育課程」のキーワードが示す方向性が後押しするかのように，家庭科教育における地域に関する実践は急増する。小川 (2004) は「高齢者学習」において，地域の高齢者とともに学び合う機会の有効性を示している。2000 年代には，家庭科教育と地域の学習に関するさまざまな研究や提案がなされた。

1970 年代から家庭科教育における「地域」概念の整理等を行っていた柳は2004 年に「家庭科教育における地域教材の再検討」を示した。ここでは，「地域に根ざす教育実践」の基盤の変化を示しながら，家庭科教育が目指す地域の

学習とは，「権力や独占資本の力に抵抗する主体としての自立地域を考えるもので，地方化に抵抗する主体としての地域観である」とし，自らの生活の拠点に関心をもち，責任をもって，生活を改善するものであるべきとしている。

　他方，桑畑も『食べものを教える：歴史と地域の再発見』(1987) で，「ものを消費する立場だけでなく，生産・流通・消費とともに，廃棄まで含んだ立場で生活を点検」し，自分たちのくらしの課題や矛盾に気づき，それを解決する力が必要と述べている。

　家庭科教育における地域の学習に関する検討には，日本家庭科教育学会各地区の区分に準じた単位での共同研究等もみられる。九州地区会は，九州・沖縄の「生活課題」「生活文化」に関わる家庭科の授業研究を共同研究により行っている (伊波ら　2008) (國吉ら　2008) (桑畑ら　2010)。そこでは，地域の「ひと」「もの」「こと」「取り組み」などに関わって展開されたと読み取れた家庭科の授業実践の検討が行われている。

　この九州地区会による授業実践検討のための分析基準は，家庭科における地域学習を構想・実践するうえでの示唆に富む。それらは，基準1：学習方法に「地域」の視点があるか，基準2：学習内容に「地域」の視点があるか，基準3：自分の生活を見つめ，子ども自身の課題に気づく視点があるか，基準4：「地域」や社会を見つめ，そこでの生活課題に気づく視点があるか，基準5：「地域」を変えようとする視点や「地域」再生の視点があるか，の五つである。

　それらの分析により，「地域」の生活文化や生活課題にまで踏み込んだ学習事例は多くないこと，地域の食材を用いたり，郷土料理の調理をしたりはしているものの，その食材と地域との関わりや郷土料理に見出される地域の人びとの知恵や工夫などの学習はない事例が多かったと報告されている。また，目標には「地域」の生活文化や生活課題を取り上げることが書かれているが，どのような生活課題が展開過程でどう扱われたのか読み取れない事例が多いことを指摘している。その上で，学習指導要領において，「地域」が重視されていることを勘案すると，今後「地域」に関した，あるいは「地域」を取り上げた事例の増加が予想されるとし，その場合には，「地域」を扱う意義が明確に，記

述されることがまず求められるであろうと総括している。

　大谷ら (2010) は家庭科の伝統や文化に関する学びは，人間の生活が風土とともにあるという根本的な意味において，現代的課題である持続可能な社会の実現に向かうことができるとしている。日本家庭科教育学会中国地区会は，『家庭や地域と連携・協働する家庭科授業 – 21 世紀型スキルに向き合う–』(2020)の中で，「変化を余儀なくされている学校」(柳 1977) 自らが，家庭や地域に向かって働きかける方向の家庭科教育実践を提起している。

## 4. 地域の今と未来を拓く学びにむけて

　コロナ禍以前より，地域社会は再び変動の時期を迎えていたように思われる。例えば，ほとんどの地域が「少子化」「高齢化」や「空き家」を課題としている (内閣府　2022，2023)(国交省　2022)。今の状況は突然現れるものではなく，過去から地続きにあり未来に続く。たとえ少子高齢社会が進もうとも，同じ時代をともに生きる者としての生活は続く。人はその中でよりよい生活を志向して生活の拠点として地域を足場として生活を営む。

　そこで，家庭科教育では地域の何を，誰が，どのように学習するのか，その目標は何と考え，家庭科教育を行いたいのかを整理してみたい。家庭科教育における地域の学習は，生活環境と生活文化と生活課題の学習を通して，現在及び将来の自分の生活の営みの場としての地域を児童生徒がつくることにつながるものであろう。それは生活環境への適応，調整や醸成，生活文化の継承・発展等を考慮した生活の営みのできる生活者の育成にもつながる。

　とりわけ，家庭科教育では〈私〉の生活の営みを中心とした生活課題が立ち上がるところに独自性があろう。桑畑 (1987) は，人がそれぞれに思う暮らしの歴史や文化には生活の営みを変えていこうとする知恵やエネルギーが潜んでいるとし，暮らしの原点にさかのぼり，生活事象を追体験する，現実の他者のいきざまから，生活の文化を学ぶ，そのことが技能や知恵や哲学の獲得に結び付くと述べている。飯野 (1979) は，児童の身近な地域を取り上げる意味を，実際に自分の身体を使い，学び，知り，わかり，活かす場として，実感を伴った生

活が営まれる場としての位置づけだという。

　よって，家庭科教育における地域の学習には生活環境に適応し，生活課題に立ち向かった事実や，そこから生みだされた生活文化を，児童生徒が身体を使い，実感を伴うことが必要であろう。この学びには現実の他者の関わりが重要である。それは，地域の人が「教える存在」だけでなく，「学び合う存在」であることの重要性である（桑畑ら　2005）。地域の人のこの関わりは児童生徒にとっての学習の意味だけでなく，関わる人びとや地域にとっての学びの意味にもなるものといえよう。

　ホールら（1968）は，家庭科教育の授業に現実味を与えることの重要性を述べている，なぜ，家庭科の授業に現実味が必要なのか。それは，児童生徒自身の生活を営む力の育ちに結びつくからである。現実味をもった授業により，児童生徒は生活を自分の身体を通してみつめる。そのことにより，今の自分自身の生活を起点とし，現在及び将来における，生活を営む力の育ちに結びつくのである。そのためには，教師が地域を知ること，地域を形成している多くの要素をよく知ることが必要かつ重要とされる。

　地域を知ることは，家庭科教育における学習を豊かにするだけでなく，児童生徒の生活の実態をつかみ，実感を伴った現実味をもった学習として何を教えるかの決定につながる。つまり，教師の教材研究につながり，家庭科教育の教育目標の達成につながる。これは，教師を目指す学生の場合も同様である。

　学生の時期は，教師のように児童生徒に向き合うことができないため，児童生徒の実態に基づき，家庭科教育を考え，行うのは難しい。しかし，生活の営みに係る事象を，大学のある地域で，生活者である自分を起点として，どっぷりと見つめ，学ぶことはできるだろう。地域をみつめ，地域に学び，地域で暮らすということの本質は，どの地域でも変わらないからである。

　教師や学生が，現在の自分の生活に重ね合わせながら，地域を知り，地域資源を家庭科教育に取り入れることは，児童生徒の生活を営む力の育ちのために家庭科教育で何をどう，行うかだけでなく，自分の生活の営みにもつながる。

　また，児童生徒や教師自身を通して，地域や家庭と相互に関わり，それぞれ

の生活の営みにつながるという循環を生み出すことになるであろう。現実味ある，実感の伴う，自分の生活の営みを中心とした家庭科教育の学習は，〈私〉の生活の営みを大事にしつつ，地域や地球の持続可能な未来を拓く力に連なる。

## ・引用・参考文献

第三回 I・F・E・L 家庭科班. (1950). 新しい家庭科の動向. 東山書房.

福原美江. (1986). 教材研究方法の実際：「切干し大根づくり」を例にして. 村田泰彦，一番ケ瀬康子，田結庄順子，福原美江. 共学家庭科の理論, 84-96. 光生館.

ホール, O.A.B. パオラッチ著，原田一監修，宮原佑弘訳. (1968). 家庭科教授法, 55-84. 家政教育社.

伊波富久美，浅井玲子，國吉真哉，久保加津代，倉元綾子，立山ちづ子，福原美江，宮瀬美津子，桑畑美沙子. (2008). 九州，沖縄の「生活課題」「生活文化」にかかわる家庭科の授業研究（第2報）：学習者自身の生活課題に対する視点を中心に. 日本家庭科教育学会誌, 51 (3), 180-190.

飯野こう. (1979). 家庭科でなにをどう教えるか：小学校の授業, 93-94. 家政教育社.

国際連合広報センター. (1994). "家族構造の変化"1994国際家族年.
https://www.unic.or.jp/files/family02.pdf (2023.8.18)

国土交通省住宅局. (2022). 空き家政策の現状と課題及び検討の方向性.
https://www.mlit.go.jp/policy/shingikai/content/001518774.pdf (2023.8.18)

國吉真哉，浅井玲子，伊波富久美，久保加津代，倉元綾子，立山ちづ子，福原美江，宮瀬美津子，桑畑美沙子. (2008). 九州，沖縄の「生活課題」「生活文化」にかかわる家庭科の授業研究（第1報）：実践事例報告からみた現状と課題. 日本家庭科教育学会誌, 51 (2), 96-104.

桑畑美沙子. (1987). 食べものを教える：歴史と地域の再発見. 農山漁村文化協会.

桑畑美沙子，藤井有紀. (2005). 地域の人が参加する家庭科のフィールドワーク（第1報）：地域の食文化を教材化した授業実践における学び合い. 日本家庭科教育学会誌, 48 (2), 103-112.

桑畑美沙子，浅井玲子，伊波富久美，今村桂子，國吉真哉，久保加津代，倉元綾子，立山ちづ子，福原美江，宮瀬美津子. (2010). 九州，沖縄の「生活課題」「生活文化」にかかわる家庭科の授業研究（第3報）：「生活課題」と「地域再生」として扱われた学習内容の検討. 日本家庭科教育学会誌, 52 (4), 263-271.

桑畑美沙子，浅井玲子，伊波富久美，今村桂子，國吉真哉，久保加津代，倉元綾子，立山ちづ子，福原美江，宮瀬美津子. (2010). 九州，沖縄の「生活課題」「生活

文化」にかかわる家庭科の授業研究（第4報）：「生活文化」，及び「生活課題」と「地域再生」を組み込んだ授業案の検討．日本家庭科教育学会誌，52（4），263-271.

桑畑美沙子，宮瀬美津子.（2012）．熊本県における「地域」の「生活課題」「生活文化」にかかわる家庭科の授業研究．日本家庭科教育学会誌，55（2），124-134.

文部科学省.（2011）．学習指導要領の変遷．
https://www.mext.go.jp/b_menu/shingi/chukyo/chukyo3/004/siryo/_icsFiles/afieldfile/2011/04/14/1303377_1_1.pdf（2023.6.15）

文部科学省.（2017）．小学校学習指導要領．

村田泰彦.（1978）．家庭科教育の理論．青木書店．

武藤八恵子.（1989）．食物の授業（pp.157-177）．家政教育社．

内閣府.（2022）．少子化社会対策白書全体版（PDF版）．
https://www8.cao.go.jp/shoushi/shoushika/whitepaper/measures/w-2022/r04pdfhonpen/r04honpen.html（2023.8.18）

内閣府.（2023）．令和5年版高齢社会白書（全体版）．
https://www8.cao.go.jp/kourei/whitepaper/w-2023/zenbun/pdf/1s1s_04.pdf（2023.8.18）

中間美砂子.（1987）．家庭科教育学原論，141-150．家政教育社．

日本家政学会.（1984）．家政学将来構想1984，22．光生館．

日本家政学会家政学原論部会.（2002）．家政学：未来への挑戦──全米スコッツデイル会議におけるホーム・エコノミストの選択──，201-207．建帛社．

日本家庭科教育学会.（1999）．家庭科はおもしろい！：家庭科から総合学習への提案．ドメス出版．

日本家庭科教育学会中国地区会編.（2020）．家庭や地域と連携・協働する家庭科授業：21世紀型スキルに向き合う．教育図書．

小川裕子.（2004）．家庭科カリキュラムに関する実践的研究：大学生が食生活について地域の高齢者を通して学んだことからの考察．静岡大学教育学部研究報告（教科教育学篇），35，211-223.

岡村益.（1972）．地域社会と家庭科教育：家庭科における地域性の問題．月刊家庭科教育，46（6），100-112.

大谷良光，日景弥生，長瀬清.（2010）．東北発！地域に根ざした技術・家庭科の授業．弘前大学出版会．

澤井セイ子.（1984）．地域社会と家庭科教育，地域に密着した家庭科教育．月刊家庭科教育七月増刊，58（9），41-52.

仙波千代.（1951）．高等学校の家庭科．東京教育大学内教育学研究室編集．家庭科教育，348-349．金子書房．

時得捷子.（1974）．地域の生活と結びついた「大島の住居」の学習〈家庭一般・1年〉．家庭科教育研究者連盟．民主的家庭科教育の創造，244-255．明治図書出版．

柳昌子．(1974)．家庭科における「地域」の教材化（Ⅰ）:「地域」概念の変遷について．福岡教育大学紀要，5（24），1-12．

柳昌子．(1976)．家庭科における「地域」の教材化（Ⅱ）：教師の地域参加と教育実践．福岡教育大学紀要，5（26），1-12．

柳昌子．(1977)．家庭科における「地域」の教材化（Ⅲ）：教師の発達と「地域」．福岡教育大学紀要，5（27），49-58．

柳昌子．(1980)．家庭科における地域．大学家庭科教育研究会編．解説：現代家庭科研究，42-50．青木書店．

柳昌子．(2004)．家庭科における地域教材の再検討．大学家庭科教育研究会編．子どもが変わる／地域が変わる／学校が変わる：市民が育つ家庭科，49-61．ドメス出版．

和田典子．(1970)．家庭科教育の立場から：地域の生活を重視した自主編成を．教育評論，252，3-36．

（佐藤　ゆかり）

# 第13章
# キャッシュレス時代の消費生活

## 1. キャッシュレス化の進行

### (1) キャッシュレスとは

　キャッシュレス (cashless) とは，端的にいえば現金 (cash) を介さない (less) という意味であり，その多くは決済，すなわち支払い場面を指している。現代は，こうした現金以外による支払い手段であるキャッシュレス決済が進行したキャッシュレス社会へと移行していると考えられる。

　経済産業省は，2017年3月に「クレジットカードデータ利用に係る API 連携に関する検討会」を立ち上げ，翌年「キャッシュレス・ビジョン」を提示した (経済産業省　2018)。その中で，「今後の取組み」として「大阪・関西万博 (2025年) に向けて，『支払い方改革宣言』として『未来投資戦略 2017』で設定したキャッシュレス決済比率 40%の目標を前倒しし，高いキャッシュレス決済比率の実現」(p.11) を宣言した。また，同省公式サイト内では，「消費者に利便性をもたらし，事業者の生産性向上につながる取組」(経済産業省　公式サイト) としてキャッシュレスを推進している。

　2017 (平成29) 年に告示された中学校学習指導要領においても，「キャッシュレス化の進行に伴い，小・中・高等学校の内容の系統性を図り，中学校に金銭の管理に関する内容を新設」(文部科学省　2018) と記述されたように，現金以外の決済手段を前提にした金銭管理について，学ぶ必要が生じているといえよう。そのため，学習指導要領改訂前は高等学校の学習内容であったクレジットカードによる後払いの仕組み (三者間契約) について，中学校段階で取り扱うよう移

行された（文部科学省　2018）。

　キャッシュレス時代の消費生活は，多様な支払方法によって成り立っており，クレジットカードによる決済は，その一部に過ぎない。キャッシュレス化の国際的な潮流は，もはや避けられない状況にあるといえよう。

### (2) キャッシュレス比率[1]の推移

　経済産業省（2023 年 4 月公表）によると，2022 年のキャッシュレス決済額は 111 兆円で，その比率は 36.0％である（図 13-1）。前年の 95 兆円から約 1.17 倍に伸び，比率も 3.5％上昇した。内訳をみると，クレジットカードによる決済が 84.5％と大多数を占めている。その他の決済方法で，近年比率が上昇傾向にあるのはコード決済（7.1％）である。調査項目に加わった 2018 年の 0.2％から飛躍的に伸び，2022 年には電子マネーを超えた（経済産業省　公式サイト，2023.7.15 閲覧）。

　キャッシュレス決済比率を国際的に比較（一般社団法人　キャッシュレス推進協

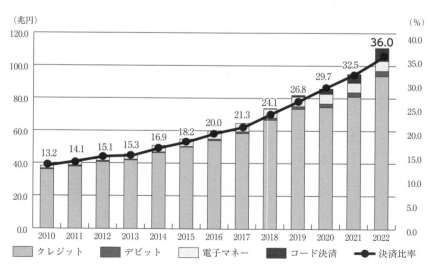

**図13-1　我が国のキャッシュレス決済額及び比率の推移（2022年）**

出所：https://www.meti.go.jp/press/2023/04/20230406002/20230406002.html（2023.6.1）

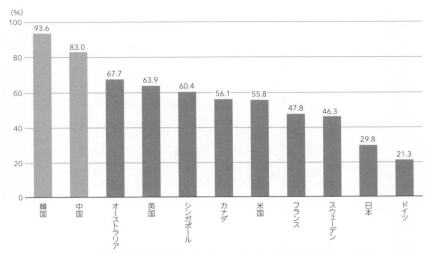

**図13-2　世界主要国におけるキャッシュレス決済比率（2020年）**

出所：世界銀行「Household final consumption expenditure（2020年（2021/12/16版））」，BIS「Redbook」
　　　の非現金手段による年間支払金額から算出
　　　韓国，中国に関しては，Euromonitor International より参考値として記載
　　　https://paymentsjapan.or.jp/wp-content/uploads/2022/08/roadmap2022.pdf（2023.6.1）

議会　2022）すると，2020 年時点で調査対象国の中で最も高いのが韓国の
93.6%，次いで中国の 83.0%となっている（図 13-2）。

　日本のキャッシュレス化の進行が「遅れた」理由は諸説あるが，現金に対す
る信頼度の高さが影響している。紙幣の偽造防止対策に係る高度な技術によっ
て，いわゆる偽札の流通が極めて少ないためである。その他，○○ Pay などの
決済会社や手段が多数あることや，高額な加盟店手数料などがキャッシュレス
決済の普及を阻害していると考えられる。

　しかし，2019 年以降の新型コロナウィルス感染症の拡大によって，非対面に
よる決済方法の普及が加速した。「巣ごもり需要」が高まり，インターネット
を介した購入が増加し，それに伴ってクレジットカード決済も増える結果と
なった。入国規制が緩和されて海外からの訪日外国人の増加も，決済の利便性
を担保する必要からキャッシュレス決済を進行させたと考えられる。

## 2.「見えない収支」の管理

### （1）家計の構造

　　総務省統計局「家計調査」に基づいた，家計の収支構造を図13-3に示した。いわゆる生活費といわれているのは，実収入から税金や社会保障費などの非消費支出を引いた「可処分所得」である。給与生活者にとっては，雇用主によって予め所得税や社会保険料を「天引き」された残額を「手取り収入」として受け取るケースが一般的である。その際，確定拠出年金の掛け金や財形貯蓄などの「実支出以外の支払」に相当するものを同時に「天引き」する場合もある。

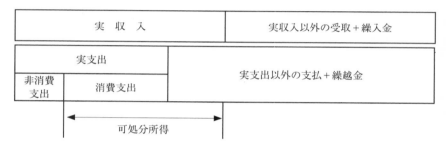

**図13-3　総務省統計局「家計調査」にみる家計の構造**

出所：鈴木（2008）p.81掲載図を一部改編

　　図13-3に示した「実収入以外の受取」「実支出以外の支払」は，かつて「収入」「支出」と表現されていたが，実質的な収入・支出とは異なるため2010年の改定で変更された。「実収入以外の受取」に分類されるのは，勤め先や事業・内職，農林漁業等によって実際に得られた「実収入」に含まれない，いわば見せかけの収入である。その内訳は，「預貯金引出」「保険金」「有価証券売却」「土地家屋借入金」「分割払購入借入金」「一括払購入借入金」等で構成されており，過去の収入の取り崩し，または将来の収入の先払いに該当する。「実支出以外の支払」も同様に消費支出や非消費支出といった「実支出」に含まれない，見せかけの支出である。その内訳は，「預貯金」「保険料」「有価証券購入」「土地家屋借金返済」「分割払購入借入金返済」「一括払購入借入金返済」等で構成さ

れており，先述の「実収入以外の受取」と対になっている。

## (2) 収入・支出のキャッシュレス化と「家計調査」上の特徴

　キャッシュレス化は支払のみが対象ではない。「給与振り込み制度」によって，収入のキャッシュレス化が拡大したのは，高度経済成長を経た1970年代である。その背景には，CD（Cash Dispenser）の普及があった。なお，CDにはATM（Automated Teller Machine）とは異なり，送金や預け入れ機能はなく，残高照会および引き出し機能のみであった。ATMへの切り替えが進んだ1990年代に給与振り込みが一般化し，2000年代以降，9割を超える企業が給与振り込み制度を導入している。ただし，本来は「賃金は通過で，直接労働者に，その全額を支払わなければならない」（労働基準法第24条）とされており，指定口座への支払は例外措置である。

　2023年4月には，「給与デジタル払い」が解禁された。銀行等の金融機関の口座を介さず，直接的に資金移動業者のキャッシュレス決済口座（○○Payなど，送金や決済に特化した口座）に，法定通貨以外のデジタルマネーで給与を支払う仕組みである。振込や資金の移動に係る手数料が不要であることや，労働者にポイントが還元されたり，チャージの手間が省略されたりするといったメリットもあるが，2021年に日本トレンドリサーチが実施した調査では，給与所得者の約4割が否定的であった。

　支出についてみれば，給与振り込み制度の普及とともに，クレジットカードの利用者が増加し，公共料金の口座振替も一般化した。金融広報中央委員会が実施した「家計の金融行動に関する世論調査（2つまで選択可能な複数回答）」（2022年）によれば，2人以上の世帯のうち公共料金などの定期的な決済手段は，現金での支払いが22.5%であり，大半がキャッシュレス決済を選択している。2017年以降は，クレジットカード決済が口座振替を上回り，2022年時点で64.2%を占めた。単身世帯も同様の傾向を示している。

　こうした収入・支出のキャッシュレス化の進行は，「家計調査」（総務省統計局）の中でどのような特徴として現れているのだろうか。鈴木（1999）は，昭和38

年～平成 8 年の「家計調査」のデータを用い，実支出以外の支出（現支払）の時系列分析を実施した結果，「預貯金の非ストック化」（鈴木　1999, 14）が家計（総額）の肥大化をもたらしたと指摘した。

　「預貯金の非ストック化」については，預貯金に占める預貯金引出額の割合から判断している。第一次オイルショックまでは 60 ～ 65％程度で推移していたが，その後割合が高くなり，昭和 60 年以降は 85 ～ 90％を占めるに至っている。このことは，「預貯金の 90％近くが引き出されている状況を意味しており，肥大化する家計の実態を示している」（同上）と述べた。この傾向は，現在においても同様であり，キャッシュレス化の進行が「預貯金の非ストック化」を招いたといえる。

　「家計調査」における預貯金の多くは，「給与振り込み制度」によって雇用主が労働者の指定する金融機関の口座に，税金や社会保障費等を差し引いて振り込んだものである。しかし，記録上は労働者が現金で収入（実収入）を得て，税金や社会保障費等（非消費支出）を支払い，預貯金として金融機関の口座に入金する（実支出以外の支払）といった経緯をデータとして示す必要がある。実際のキャッシュフローは，口座に振り込まれた給与から，公共料金等が引き落とされたり，クレジットカード決済が行われたり，労働者自身が預貯金を引き出して（実収入以外の受取）生活費に充てたり（消費支出）となる。こうした記録上の煩雑な手続きが，家計の肥大化・複雑化の背景にあるといえよう。

## (3)「見えない収支」の把握

　以上述べてきたように，収入の受け取り方もキャッシュレス化し，現金から金融機関の口座へ，さらには法定通貨以外のデジタルマネーでの受け取り方も可能になった。コロナ禍において，子どもがお年玉を○○ Pay で受け取る現象が話題になったが，こうした事例も子どもがキャッシュレス化を具体的にイメージする機会として位置づけられる。

　一方，支出におけるキャッシュレス化は，多様な支払方法の選択を可能にした。その結果，単なる「売り手」と「買い手」といった二者間での売買契約で

はなく，クレジットカード決済のような三者間契約，もしくはそれ以上の契約主体者が介在する複雑な構造を呈している。収入と同様に，法定通貨以外で支払う消費行動も子どもにとっては日常化しており，それらの管理も必要となる。

　キャッシュレス時代の消費生活において，どのように金銭を管理するのかが，極めて重要な課題であることはいうまでもない。管理すべき対象が，現金に加え，金融機関の口座（おそらくは複数所有），チャージ式電子マネー，各種サービスで付与されたポイントや仮想通貨といった法定通貨以外の資産等，多種多様に増えた。しかも，「収入（増える）」「支出（減る）」というプラス・マイナスの概念のみならず，「移動（動く・動かす）」といった管理すべき対象を超えた把握が必要となる。

　金銭管理は，支出であれば「いつ，何に対して支払ったのか」を記録し，収入（可処分所得）の範囲内に抑えることが原則である。収入の範囲を超えた場合には，返済の可能性を考慮したうえで，借入（クレジットカード決済で支払いを分割したり期限を延ばしたりすることも含む）によって対応する。ここに，多様な管理すべき対象として電子マネーの残高や換金可能なポイント等を加えて，「どこから，どのように」支払うのが合理的か，判断しなければならない。

　その際，インターネットリテラシーの習得も不可欠となる。キャッシュレス決済は，インターネット上でやりとりすることが多く，金融機関の口座が通帳レス化したり，クレジットカードの使用明細書が紙媒体からオンライン化したりしている。そうした状況で，視覚的にキャッシュフローを確認するためのリテラシーを身に付けておくことが重要であることはいうまでもない。加えて，利便性とともに個人情報を提供しているという認識を持つこと，そうした情報の管理責任は利用者側に課せられる部分が少なくないことも，十分に理解しなければならない。

## (4)「見えない収支」を管理するための教材

　ここで，「見えない収支」を管理するための教材を紹介しておこう。作成者は司法書士法教育ネットワークであり，中学校技術・家庭（家庭分野）での学習

を想定したYouTube動画教材（『消費生活の基礎をマスターしよう』）である。計6教材掲載されている中の「1. キャッシュレスの金銭管理に挑戦！」（再生時間10分2秒）が該当する。友人と出かけることになった主人公が使ったお金の動きをワークシート（お金管理ノート）に記入する際，「使いみち」と「支払方法」とともに，「収入（入ったお金）」「支出（使ったお金）」「残ったお金」を記入する。ここに，「移動したお金」（電子マネーに現金をチャージする）の欄が設定されている点がユニークである。「移動」欄に記載した項目の残高（残ったお金）に増減がないなど，キャッシュフロー全体を視覚化する工夫がなされている。

　このように，金融機関の口座や電子マネーなど，現金以外のお金の動きを可視化することで管理する体験型の教材は，キャッシュレス時代の金銭管理を学ぶ上で重要であろう。


## 3. リアルなお金をバーチャルに学ぶ
### ―オーストラリアの消費者教育より―
### (1) オーストラリアの消費者教育

　海外では，どのような消費者教育が展開されているのだろうか。本節においては，オーストラリアにおける実践[2]（大本・鈴木　2019）について，紹介したい。

　まず，オーストラリアの消費者教育であるが，鈴木・大本（2015）が整理しているように，教科学習では，人文・社会科学における「経済とビジネス」「公民と市民性」で展開している。また，教科横断的な共通テーマとして挙げられている3項目のうちの一つに「消費者・金融リテラシー」があり，多様な教科・科目において実践している。さらに，オーストラリア証券取引委員会（Australian Securities Investments Commission：ASIC）が提供しているアクセスフリーな消費者教育ウェブサイト「MoneySmart」が開設されており，教材や実践例等が共有できる環境にある（鈴木ら　2020）。

　次に，MoneySmartプログラムを推進している西オーストラリア州の公立小学校における事例について紹介する。主導的立場の教員はASICのアドバイザーに認定されており，学内はもとより学外の教員研修の講師も務めている。

当該教員の「キャッシュレス社会だからこそ，リアルなお金をバーチャルに学ぶことが重要」という言葉が，印象深く残っている。また，「キャッシュレス化が進行することで，金銭感覚やセンスを磨くことが困難」との指摘もあった。この点は日豪共通の課題といえよう。

## (2) リアルなお金をバーチャルに学ぶ実践

　金銭管理・金融教育として「稼ぐ・使う・貯める・増やす・寄付する」（大本・鈴木　2019）ことについて指導していた。低学年では，お金そのものについて学ぶ。リアルなお金を模した教材を使って，社会（歴史）で貨幣に印刷・刻印されている人物を調べたり，算数で両替やおつりの計算をしたりする。

　この小学校では，学内対象の地域通貨「Singleton Dollar」（写真13-1）を発行

**写真13-1　小学校の地域通貨**

**写真13-2　報酬・罰金リスト**

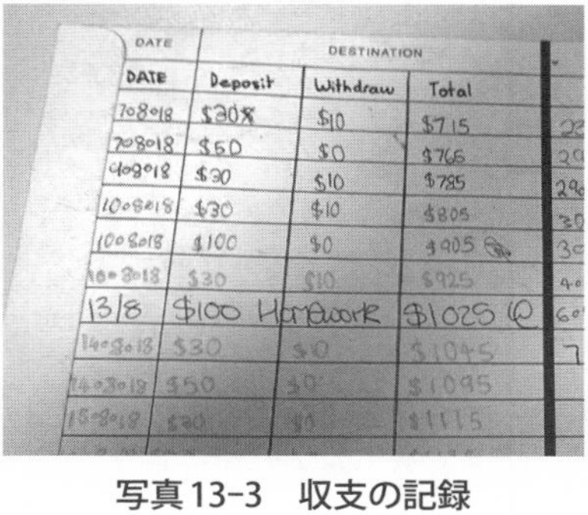

**写真13-3　収支の記録**

出所：筆者撮影

しており，学校生活の中で流通させていた。例えば，登校すれば収入として
$30 が計上される。また，宿題を期限内に提出できれば $100，図書室の本を期
限内に返却できれば $50 の報酬が得られる。逆に，ルール違反には罰金（宿題
を忘れたら $100 等）が科せられる。学校の備品に対して使用料を支払う仕組み
（机・椅子のレンタル料 $10 等）があり，使うか使わないか日々子ども自身が判断
する（写真 13-2）。ルールを守って学校生活を送っていれば収入〉支出となる。

　備品の使用料に関する教育的な意図を確認したところ，「税金の仕組みを理
解させるための教材として有意義」との見解が示された。報酬と罰金の項目や
金額については，最初の原案は教師が提示したが，その妥当性について子ども
とともに定期的な見直しを行っていた。金銭管理の基本である収支の記録（写
真 13-3）は，算数の計算練習としての意味も含まれていた。

　「Singleton Dollar」は，学校内で流通可能な地域通貨であり，バザーでの買
い物や校内の畑で収穫された野菜を使ったピザの代金などに充てることもでき
る。いつ，どのような使い方をするのかの判断は児童自身が行う。バーチャル
な地域通貨をリアルな学校生活場面で流通させ，その収支を記録する活動にお
いて，お金を「稼ぐ・使う・貯める・増やす・寄付する」ことを体験的に学ぶ
プログラムといえよう。

　授業参観後に実施した関係者を対象にしたインタビューでは，子どもたちが
主体的に意思決定する場面を教育活動に意図的に取り入れていることがわかっ
た。その際，自分で決めたことの結果については，責任をもって受け止めるこ
とを求めている様子がうかがえた。意思決定するまでのプロセスを学習に組み
入れ，その振り返りも含めて子ども主体の学びを成立させていると考えられた。

## 4. キャッシュレス時代の消費生活に関わる学び

### (1) 学校消費者教育における課題と展望

　現行の学習指導要領の改訂に際し，改善事項・重要事項として「消費者教育
の充実」が挙げられた。対象となる教科として，家庭科に対する期待が大きい
ことは自明である。小中高を通した学習内容「C 消費生活と環境」では，新設

された項目も複数ある。具体的には，小学校における「買物の仕組み」（売買契約の基礎），「消費者の役割」，中学校における「売買契約の仕組み」「クレジットの三者間契約」「消費者被害の背景」「消費生活が環境や社会に及ぼす影響」，高等学校における「持続可能な消費／ライフスタイル・社会参画・主体的行動」「生涯を見通した経済計画（解説文：資産形成の視点）」などである。

　このように，関連する学習内容は「充実」したが，授業時数の変更はない。つまり，これまで以上にカリキュラム・マネジメントを推進し，より合理的な題材構成が求められており，授業時数の確保が大きな課題であるといえよう。

　しかし，学校に配置される家庭科教員は一人のことが多く，非常勤講師や免許外教員（臨時免許でカバー）が担当するケースも見受けられる。高等学校は，必修科目として位置づけられているものの，4単位の「家庭総合」の履修率は低下しており，2単位の「家庭基礎」を履修する学校が大半を占めている。

　また，「初等中等教育の一貫した学びの充実」に向けて，学校段階の接続及び教科等横断的な学習の展開が求められている。学習内容（コンテンツ）の関連性や，「資質・能力」「見方・考え方」の接点（コンピテンシー）から，学習者にとって効果的な学びを構成することが重要である。小学校であれば，教科の連携・接続を意識したい。低学年の「生活科」，中学年の「社会科」を経て，高学年の「家庭科」へとつなぐことで，学びの系統性が担保される可能性がある。小中学校では，特別の教科「道徳」との連携も有意義（鈴木ら　2021）であろう。「道徳」は，小学校低学年から9年間，継続的に学ぶ貴重な機会である。「正義，公平，公正」をテーマにした学習は，価値観の再構成や意識・行動の変容を促し，消費者マインドの醸成に結びつく。

　教科を横断させるだけでなく，「総合的な学習の時間」（高校は「総合的な探究の時間」）との連携も重要である。総合的な学習で，消費生活における問題解決型の学習を展開できれば，生活実践力の育成につながるのではないだろうか。

## (2) 授業デザインのポイント

　キャッシュレス時代の消費生活に関わる授業をデザイン（鈴木　2020）するに

あたり，ポイントを二つ示したい。

　一つ目は，児童・生徒の生活感覚へのアプローチである。Z世代である児童・生徒にとってのリアリティを重視し，子どもの事実をベースに授業をつくっていく。その際，児童・生徒の生活圏における具体的な消費行動に注目したい。どのような店で買い物をしているのか，それはいくらで購入できるのか，どうやって支払っているのか等を把握することで，子どもの消費生活が実感として捉えられるだろう。また，子どもの間で流行している消費文化にも関心を持ちたい。そこから派生するトラブルや，解決すべき問題が見えてくる可能性がある。生活の多様化からくる個人差も前提にしなければならないが，それ以上にインターネット等，高度情報化による同質性の高い消費文化がもたらす影響は無視できない。

　二つ目は，現象だけでなく，原理・原則も扱うことである。まずは，客観的に現象を捉えたい。「何が起きているのか」の事実認識や，「なぜそうなったのか」といった因果関係の把握，「どうすれば回避することができたのか」リスク回避や予測等を論理的に整理する。

　加えて，原理・原則の理解に届かせたい。そうすることで，発生した現象が異なっても，対応が可能となる。例えば，資源（お金）の有限性やトレードオフの原則を理解することで，ニーズとウォンツの違いや購入するもの・サービスに対する優先順位が，人によって異なったり条件によって変化したりすることが推測できるだろう。契約に関わる原則を知っていれば，「悪質商法」の何が，なぜ悪質なのか，理解できると思われる。資産形成に対しては，リスクとリターンの関係性がわかっていれば，投資での失敗は最小限に抑えられるだろう。キャッシュレス化して現象が見えにくくなっているからこそ，原理・原則に立ち返ってクリティカルに問い直す場面を授業に組み込みたい。

## (3) キャッシュレス時代の消費生活の課題

　最後に，キャッシュレス時代の消費生活における課題を整理しておこう。

　まずは，実態把握が大前提となる。個人や家族が所有している生活資源の全

貌を知ることからスタートする。例えば，1 カ月で経常的に得られる収入（可処分所得）はいくらなのか。もし，不足した場合にはどのような調整が可能なのか。平日及び休日に自由に使える時間はどのぐらいあり，現在習得しているスキルは何か等，活用可能な生活資源の実態を知ることが課題である。キャッシュレス化はお金の流れが見えにくいだけでなく，生活資源そのものの把握も困難にしている。見えないものを可視化することで実態を把握したい。

　全貌をつかんだら，管理可能な手段を検討する。リスク分散のためには，複数の手段（選択肢）を組み合わせる必要があるが，手段が増えることでセキュリティへの配慮も増す。逆に，管理のしやすさを重視すれば，手段は少ないほうが合理的である。こうした矛盾と向き合いながら，管理可能な手段の質と量のバランスをとることが，キャッシュレス時代の消費生活には不可欠である。

## ・注

1) キャッシュレス決済比率は，「クレジットカード支払額」「デビットカード支払額」「電子マネー支払額」「コード決済支払額」の合計を民間最終消費支出（家計最終消費支出＋対家計民間非営利団体消費支出）で除したもの。本章で扱ったデータは経済産業省が公表している上記定義によるものであるが，分母を民間最終消費支出ではなく家計最終消費支出とする新たな指標の提案も行われている。
2) 紹介した実践は，2018 年に筆者らが現地訪問調査を実施した際に，担当者から聞き取ったり，資料を提示していただいたりしたものである。なお，国家プロジェクトとしての取り組みはすでに終了している。

## ・引用文献

ASIC, Home - Moneysmart.gov.au.
　https://moneysmart.gov.au（2023.7.15）
（一社）キャッシュレス推進協議会.（2022）.キャッシュレス・ロードマップ 2022, 2-33.
経済産業省.（2018）.商務・サービスグループ，消費・流通政策課，キャッシュレス・ビジョン《要約版》, 1-18.
経済産業省公式サイト.（2023）.キャッシュレスに関する説明資料等（METI/経済産業省）.

https://www.meti.go.jp/policy/mono_info_service/cashless/cashless_documents/index.html（2023.7.15）

経済産業省公式サイト，2022年のキャッシュレス決済比率を算出しました（METI/経済産業省）.
https://www.meti.go.jp/press/2023/04/20230406002/20230406002.html（2023.7.15）

金融広報中央委員会.（2022）.　家計の金融行動に関する世論調査, 22.

文部科学省.（2018）.　中学校学習指導要領（平成29年告示）解説：技術・家庭編（pp.108-109）.　開隆堂出版.

大本久美子，鈴木真由子.（2019）.　消費者市民を育むオーストラリアの学校教育：コンシューマー・リーガルリテラシーの基盤となる道徳性に焦点を当てて.　消費者教育, 39, 87-97.

司法書士法教育ネットワーク.（2020）.　消費生活の基礎をマスターしよう
http://houkyoiku.net/for_junior_high_school_student.html#forteachersl（2023.7.15）

鈴木真由子.（1999）.「家計調査」における実支出以外の支出の時系列分析.　生活経済学研究, 14, 11-23.

鈴木真由子.（2008）.　家計管理.　生活の経営と経済, 81.　家政教育社.

鈴木真由子.（2020）.　学校における消費者教育実践のヒント：新学習指導要領を踏まえて.　消費者教育研究, 199, 4-7.

鈴木真由子，大本久美子.（2015）.　コンシューマー・リーガルリテラシーを育む消費者教育の検討：オーストラリアのナショナルカリキュラムからの示唆.　生活文化研究, 53, 49-55.

鈴木真由子，大本久美子，加賀恵子.（2020）.　キャリアデザインと関連させたオーストラリアの消費者教育：クィーンズランド州の教員支援と教材"MoneySmart"の意義.　消費者教育, 40, 35-44.

鈴木真由子，大本久美子，金光靖樹，寺西克倫，堀口健太郎.（2021）.　特別の教科「道徳」における消費者教育の展開：附属小中学校における実践より.　教科教育学論集, 19, 31-37.

（鈴木　真由子）

# 第III部

# 家庭科で育む力と教師の成長

# 第14章
# 家庭科で育むコンピテンシー

## 1. コンピテンシーと能力観の変遷

### (1) コンピテンシーとは

　グローバルな知識基盤社会（knowledge based society）の到来の中で，社会で生きて働くコンピテンシー（competencies）の必要性が強調されるようになった。「何を知っているか」にとどまらず，知識を活用して「何ができるか」を問う教育へのパラダイム変換が起こったのである。コンピテンシーに基づく教育改革は，現在，諸外国及び日本においても進められている。例えば，思考力を問う大学入試改革や，資質・能力を中心的な課題とする学習指導要領の改訂等である。

　コンピテンシーという語は，competent（有能な，能力があるという状態を示す）という英語に由来し，competence に派生した。competency は，米の心理学者 McClelland, D. の研究において，米の国務省職員の選考基準の検討に使用され，これがコンピテンシーに関する議論の始まりとなった。

　McClelland の共同研究者である Spencer, L. & Spencer, S. は，コンピテンシーを，「ある職務または状況に対し，基準に照らして効果的，あるいは卓越した業績を生む原因としてかかわっている個人の根源的特性であり，動因，特性，自己イメージ，知識，スキルから構成される複合的なもの」と定義している。しかしながら，現在は状況に応じた文脈や意味合いで用いられ定義も多様である。他方，知識だけではなく，スキル，さらに態度を含んだ人間の全体的な資質・能力として捉えられることが一般的であり，教育の文脈では，スキル（広義，

狭義の技能），リテラシー（読み書きの能力），クオリフィケーション（資格・能力）と区別なく用いられる場合もある（白井　2020）。

## (2) 求められる能力観はどのように変遷してきたのか

　コンピテンシー育成の視点からの教育システムの抜本的改革は，1980 年代後半以降から始まった。工業社会から知識基盤社会への移行に伴い，求められる能力の高度化と変化が余儀なくされ，1980 年代に「読み書き能力」から「情報処理能力」への質的な展開が起こった。1985 年の「全米青年リテラシー調査」を契機にリテラシーを情報処理スキルとして捉え，いかに読み書きができるかではなく，リテラシーの中身や水準が問われるようになった。そこで，高次の情報処理能力としてのリテラシー概念が登場した。知識だけではなく，スキルさらには態度を含む人間の全体的な能力を捉えるコンピテンシー概念へ焦点が移行したのである。

　「何かが上手くできる」ためには情報を処理する能力（知識，スキル）だけでは十分ではなく，態度，価値観及び感情（例えば積極性，粘り強さ，柔軟さ，謙虚さ等）を含めた全体的総合的能力が問われるという考え方である。

　コンピテンシー概念の精緻化と測定への試みとして，特に OECD の国際教育指標（INES：Indications of Education Systems）事業を通して，理論的検討が進められた。それが DeSeCo（Definition and Selection of Competencies）プロジェクトの立ち上げにつながる。DeSeCo の国際的合意の枠組み作りの中で，「キー・コンピテンシー」の定義がなされ，2003 年に最終報告書が出された。それは，「1. 相互作用的に道具を用いる力」「2. 異質な集団で交流する力」「3. 自律的に活動する力」であり，その中核に「思慮深さ」を位置づけている。これらのコンピテンシー概念の特徴は，統合的な視点に立つことと，文脈に即して捉えることの二つのアプローチがみられることである。また，全体的な人生の成功と正常に機能する社会，幅広い文脈において，重要で複雑な要素や課題に応えるために有効で，「すべての個人」に重要とされている（松尾　2017）。

## 2. コンピテンシー概念の展開と日本のアプローチ

### (1) コンピテンシー概念の展開

21世紀型スキルとして，「21世紀型スキルのためのパートナーシップ (P21)」(米国，2002年～)，「ATC21S」(産官学共同プロジェクト，2009年～)，「ヨーロッパ参照枠組み」(EU，2006年)，「グローバル・シティズンシップ教育」(UNESCO，2015年) 等の多様な提案がなされた。例えば，米国の P21 は，教育の専門家だけではなく，ビジネス分野からの情報も得ながら，「仕事や生活面で，また一人の市民として成功していくために必要な知識やスキル，21世紀型の学習の成果につながるような必要な支援の仕組み」を定義し示したものである。具体的には，①生活・職業に関するスキル，②学習・イノベーションに関するスキル，③情報やメディア，技術に関するスキル等が挙げられており，これらのスキルを支えるものとして，中核となる教科と3つの R，及び21世紀に向けたテーマが示されている (白井　2020)。

DeSeCo プロジェクトが終了して10年余が経過し，2015年から OECD Education 2030 プロジェクトが開始された。その初期の DeSeCo2.0 と呼ばれるプロジェクトでは，「キー・コンピテンシー」を教育現場でより使いやすいものとし，概念的にも発展させることをねらっていた。その中で東日本大震災後の教育復興を目指して，OECD 東北スクール・プロジェクトの活動が始まる。それを契機に，日本・OECD 二国間プロジェクトを経て，2015年に正式に国際プロジェクトが開始され，日本も参加することとなった (秋田ら　2019)。

DeSeCo プロジェクトでは，他国の研究者らによってつくられたものを，日本としてどのように受け止めていくかというかかわり方であったのに対して，OECD の Education 2030 プロジェクトでは，行政，研究者教師や生徒が，OECD 事務局や他の参加国共同しながら，当事者として目標にアプローチしていったといえる。Education 2030 プロジェクトの第一期 (2015-2018) は，ラーニング・コンパスの策定が行われ，カリキュラム分析が進められた。この間に日本は2017・2018版学習指導要領が告示されることとなる。双方に，多くの共通点がみられるのは必然といえよう。

## (2) Education2030 プロジェクトの概念枠組み

　2016 年 10 月には，コンピテンシーの要素だけではなく育成すべき目標として，OECD が開発してきたウェルビーイング指標が示された。そこでは，個人及び社会にとってのウェルビーイングの実現が目指されることになる。また，2030 年に求められるコンピテンシーとして，「新たな価値を創造する力（Creating new value）」「対立やジレンマに対処する力（Reconciling tensions and dilemmas）」「責任ある行動をとる力（Taking responsibility）が示された。三つのドメイン（知識，スキル，態度及び価値観）は，コンピテンシーの要素を分解し組み合わせて活用することにより，具体的コンピテンシーが発揮されるとしている。

　2019 年 5 月には，Education2030 ラーニング・コンパスが示された。コンパスの針の部分に，コンピテンシーの構成要素としての知識，スキル，態度及び価値観が，コンパスの円周の内側部分にリテラシーやニューメラシーなどの「発達の基盤」を，外部分に「新たな価値を創造する力」などの「変革をもたらすコンピテンシー」を，さらにコンパスの外周に沿うように「見通し－行動－振り返り」の「AAR サイクル」を示し，重要な概念である「(生徒の)エージェンシー」と，目標としての「2030 年のウェルビーイング」を明示している。

　コンピテンシー概念は，このように，経済発展を重視する社会の動向の中で発展してきた。すなわち，多様化，差異化，差別化された経済モデルに基づく市場への移行の中で，これまでの大量生産・大量消費のシステムから，消費者の多様なニーズや嗜好に応えるシステム構築を支える概念として捉えられてきた。しかしながら，近年では，OECD のミッション自体が，単純な経済的成長から包括的成長へと変化している。

　OECD が開発した「より良い生活のための指標（Your Better Life Index）」では，ウェルビーイングの測定枠組み（2017）として個人レベルの 11 の指標（生活の質：①健康状態，②ワークライフバランス，③教育とスキル，④社会とのつながり，⑤市民参加とガバナンス，⑥環境の質，⑦個人の安全，⑧主観的幸福／物質的条件：⑨所得と財産，⑩仕事と報酬，⑪住居）が示され，さらにそれらのウェルビーイン

グが，経済資本，人的資本，社会資本，自然資本として，社会レベルでのウェルビーイングに貢献するとともに，個々人にも還元されるという往還関係があるという捉え方をしている。さらにその背景には，人間一人ひとりが，生態系に影響を与える一要素であるという考え方がある（秋田ら　2019）。

　それは2015年に国際連合で定められた持続可能な開発目標（SDGs）の理念とも重なることは自明である。このように，社会の変化の中で，コンピテンシー概念も変化を余儀なくされている。コンピテンシー概念を再考する際，目標としてのウェルビーイングをエコシステムの中で捉えようとする動きは，後述する家庭科の背景学問としての家政学における人間と環境の捉え方と通底する理念は同じである。家庭科で育むコンピテンシーを追究するうえでも，個人と社会や教育システムの関係性を展望していくことが必要である。

## （3）日本の教育改革と 2017・2018 年度版学習指導要領における教育観

　コンピテンシーに基づく教育改革が世界的潮流になる中で，日本は OECDの Education 2030 プロジェクトに積極的に関わっていったことは先述した通りである。それは，政策などにどのように具体的に反映されたのであろうか。次のように幅広い分野でコンピテンシーに注目し，諸省庁で必要とされる資質・能力が定義された。

　内閣府では，「人間力」(2003)，厚生労働省では，「就職基礎能力」(2004)，経済産業省では，「社会人基礎力」(2006)，文部科学省では，「大学教育 学士力」(2008)，初等中等教育では，「新しい学力観」(1989)，「生きる力」(1998，2008)が挙げられる。また，生活科 (1989)，総合的な学習の時間 (1998) の新設，言語活動の充実 (2008) 等は，コンピテンシー育成のための手立てが導入される機会になったと考えられる。新しい教育課程の方向性は「新しい学力観」が提起された 1989（平成元）年改訂以降，一貫して取り組まれてきており，世界的にみても早い時期から資質・能力目標が導入されたと捉えることができる（松尾2017）。

　2008・2009 年改訂の学習指導要領では，「生きる力」の育成を一層重視する

観点からの見直し，その成果は PISA 調査，学力・学習状況調査等，国内外の調査結果にみられた。しかしながら，教育課程全体として，「何ができるようになるか」を配慮する構成には至っていなかった。

　2017・2018 年度版では，教育課程全体で資質・能力を育む観点から，教科等の意義を再確認しつつ，教科等の学びを相互に関連づける横断的視点ももって，バランスの取れた教育課程を編成することが課題として示された。さらに，教科等の中心的な概念（見方・考え方）に焦点を当て，主体的・対話的・深い学びをデザインするとともに，カリキュラム・マネジメントを通した不断の授業改善といった具体的な手立てがとられた。

　このように，2017・2018 年の改訂は，学校教育における「教授」から「学習」への転換を意味しており，これまでの教育のあり方を抜本的に変革する教育改革と捉えることができる（松尾　2017）。一方で，先述した通り「新しい学力観」の提起以降の「生きる力」を育む教育課程への転換というこれまでの教育改革の継続という側面も併せもっていると考えられる。

　これまで述べてきたように，1980 年代以降，求められる能力観が変容してきたが，現在，2030 年以降の社会を見据えて，改めてそれを見直す転機を迎えている。わが国でも，直面する社会的課題を受け止めつつ，感性を働かせながら，「どのような未来を創っていくのか，どのように社会や人生をよりよいものにしていくのか」について，主体的に学び，多様な他者と協働して，新たな価値を生み出していく資質・能力の育成が目指されている。

　これまでの「学力の 3 要素」に代わって「資質・能力の 3 つの柱」が初等・中等教育における目標として示され，教育課程の中軸に位置づけられるようになった「資質・能力」は，コンピテンシーと関係の深い用語であることは，これまで述べてきたことからもわかる。教育政策においても，両者はほぼ同義の語として使われている。

　松下（2021）は，「コンピテンシーは，知識，スキル，態度・価値観を結集する能力のことであるから，認知能力にとどまらないという点では，「資質・能力」との親和性が高い。」と述べつつも，それらの要素の関係性の捉え方や目指す

方向性においては違いがあるとしている。また，コンピテンシーは，教科を超えた汎用的スキルと捉えられる一方で，教科固有の資質・能力として考えられることもある。これらのことを踏まえて，本章では，コンピテンシーと資質・能力を同義語として扱うこととする。

## 3．家庭科の本質と汎用的スキル育成における役割
### (1) 家庭科の本質と背景学問

　2017・2018年改訂学習指導要領では，汎用的スキルと教科固有の資質・能力の2視点を相互に関連づけながら明確にすることが重視されている。その際，各教科の本質を教育課程全体の中で捉えなおしていくことの重要性が注目されている。

　家庭科は，生活に係る広範な知識や技術を個別に習得するにとどまらず，それらの関係性や生活システムを理解し，生活を創造することができる自立した生活者の育成を目指す教科である。その学びは，人の生涯発達において生活自立や生活設計を遂行する生活主体者としての基盤をつくる。

　家庭科の教科内容は，人文，社会，自然の諸科学と関係しており，同時に生活技能習得も求められるがゆえに，背景学問を規定することが難しい教科であることは否めない。一方，諸科学の理論と実践を統合する科学である家政学の理論を踏まえて教科の本質を捉えることは，汎用的スキルの獲得に家庭科の教科固有の資質・能力がどのように貢献できるのかというアプローチにもつながると考えられる。

　家政学は，ヒューマン・エコロジー思想（Richards 1842-1911）により発展してきた。その特徴は，個人と社会をつなぐエコシステムの中で家族や家庭が他のシステムと相互依存の関係にあり，個別の生活の質の向上（ウェルビーイング）は，その関係性の中で実践されていると捉えることにある（住田 2003）。家政学における人間と環境の捉え方について，Bubolzらは1978年に発表したヒューマン・エコロジーにおける人間と環境との相互作用に関する考え方に基づいて，人間行動研究の枠組みを示している。

　このように生活をエコシステムで捉え，一人ひとりの人間は，そのエコシステムを動かす単位であり，周囲の環境への関わり方（生活の仕方）によって，個人も社会も自然も変容するという家政学的見方は，教育における「ニュー・ノーマル」，すなわち教育制度をエコシステムから捉えることと同じ視座にある。

　また，前述したように，コンピテンシー概念を追究する中で，OECD が開発した「より良い生活のための指標」におけるウェルビーイングの測定枠組み(2017) の指標として「生活の質」という語が見られるとともに，目標としてのウェルビーイングをエコシステムの中で捉えようとする動きがあることは注目すべきである。それは，家政学において，個人と社会や教育システムの関係性を展望し，個々の生活者としての自立や生涯発達を目指すことと同一の方向性を示しており，教育課程における家庭科が担う役割を示唆している。

## (2) 家庭科で担う汎用的スキルと教科固有の資質・能力

　先述したように，コンピテンシー概念の特徴として，統合的な視点に立つことと，文脈に即して捉えることの二つのアプローチがみられた。松下 (2021) は，コンピテンシーの本質的特徴として，行為志向であること，ホリスティックで統合的であること，要求に応えるものであること，生涯を通じて，発達・変容するものであることの四つを挙げている。これは家政学の特徴と，その社会貢献における個人の発達の捉え方と重なるところがある。

　以上のことから，教育課程全体の中で家庭科が担うことができる汎用的スキルは広範にわたり，かつそれは家庭科固有の資質・能力によって支えられている。すなわち，複数の教科からのアプローチによって汎用的スキルを習得，向上させることが可能であるが，家庭科は生活者としての課題を人文・社会・自然科学といったあらゆる学問成果から追究し，それらを総合して，実践に活かすという固有の資質・能力を育んでおり，その側面から汎用的スキルの習得，向上に貢献できる。そのこと自体が家庭科という教科の独自性であるとも考えられる。

　他教科では，学びの文脈をオーセンティック（真正）なものにするために，現

実の世界や本物の実践を疑似的に授業に取り込み，現実の問題解決に活かせるよう授業をデザインする。一方家庭科は，現実の生活の場や生活実践そのものが学習対象であり，その要素は学習内容や教材に直結するものとなる。リアルな生活課題を追究することによって，学習者は自身の生活の見方や考え方をみつめ直すことが可能になり，まさにライフスタイルを探究するという教科の本質に迫ることにつながる（鈴木　2019）。

　他教科で育成される独自の資質・能力と家庭科が独自に育成する資質・能力の差異を精査しつつ，汎用的スキルと家庭科の本質との関係を具体的に捉えることができる例として，消費者教育がある。そこで求められる汎用的スキル（問題解決力，論理的思考力など）の育成に，社会科と家庭科からアプローチする場合，それぞれの教科の独自の見方・考え方から異なる方略を構想することができる。社会科は市民性育成の視点から認識論的に追究できるであろうし，家庭科は生活者育成の視点から衣食住生活の具体的な技能習得などを組み込んだ追究ができるであろう。環境教育も同様である。例えばエネルギーに関する理解を，理科，社会科及び家庭科で連携して深めていこうとする場合，他の二教科とは異なる家庭科独自のエネルギーの捉え方，すなわち個々の生活を科学的根拠をもって総合的に問い直したり，改善に向けて実践したりすることを通してエネルギーと自身の関係性を問うアプローチができる。この際，家庭科の独自性を明確にするためには，他教科についての理解を深める必要もある。

　さらに，家庭科と他教科との差別化を図るために，科学的根拠だけではなく多様な社会的立場や価値を知って，生徒が自分自身の生活観を吟味することも意義がある（鈴木　2019）。いずれにしても，汎用的スキルとともに家庭科の資質・能力を育成するためには，学校全体の目標や他教科の本質との関係において，家庭科独自の資質・能力を俯瞰してみることも必要である。

　OECDプロジェクトの能力観で示されるコンピテンシーは，家庭科で育む資質・能力によって全面的に多様に支えることが可能である。その際，多様な教科の学びの成果を活用しつつ，実践への能動的姿勢，エージェンシーを高める役割ももっている。

　エージェンシーは OECD（2019）では，「変化を起こすために，自分で目標を設定し，振り返り，責任をもって行動する能力」と定義されている。日本の教育におけるエージェンシーの育ちの弱さは自明である（日本財団　2019）。生活行為主体として，身近な生活課題を解決することを目指す家庭科の学習では，エージェンシーを鍛えることができる。

## 4．家庭科で育むコンピテンシー
### (1) 家庭科カリキュラムづくりに求められるもの

　家庭科で育む資質・能力は，生活事象の科学的な理解とそれらに係る技能の習得，生活課題発見やその解決力，及び生活を工夫し創造しようとする態度の育成である。言い換えれば，自分の生活を周囲の環境との相互作用の中で見つめ，再解釈し，自立（律）可能な資質につなげ，自分なりのライフスタイルを創造していく能力の育成である。そのような資質・能力を育んでいくために，家庭科教師は自身の教科観を明確にして，子どもにとってリアルな生活課題を探る必要がある。さらにその生活課題の解決が，個々の学習者にとってのオーセンティックな学びにつながるような仕掛けや，カリキュラム上の文脈づくりが求められる（鈴木　2019）。

　そのために，新学習指導要領で目標に示された「生活の営みに係る見方・考え方」の４視点は有効である。それらは，子どもに生活事象に関わる概念を深く理解させたり，生活問題を捉えさせたり解決させたりするために有効であるだけではなく，教師による家庭科のカリキュラムづくりの中にも，それらの視点を活かしたい。

　一つの生活課題には多様な要素，要因が複合的に関与している。多様な観点から課題を見つめ，解決するために必要な科学的根拠を精査していくためには十分な時間が確保されなければならない。また，技能習得や長期スパンで自分自身の考え方を見つめていくような学習においては，子どもにとって学びの必然性がみえる文脈が求められる。このように，生活課題を科学的に追究し，資源としての生活技能を身につけ，さらに最終的に自分なりのライフスタイル構

築を目指す態度形成に向けて家庭科学習が役立つためには，その学習の文脈を
カリキュラム水準で構想することが重要である。

　子どもたちのオーセンティックな学びや意図的な文脈に対する仮説を問い直
し，修正しながら，場合によってはカリキュラム構想自体の方向性を微調整し
ながら教授活動を進めていく必要も出てくるだろう。教師の構想を子どもや学
習環境との関わりの中で，柔軟に問い直していく姿勢も求められる。

　さらに，子どもの成長のために各校種で担う資質・能力育成の構想において
は，他校種との連携の中で，その工夫の糸口が見えてくるものもあるだろう。
また，生活者としての態度形成，価値認識の形成を担う家庭科では，家庭教育
や社会教育との連携も踏まえて，長期スパンで学びの文脈を構想しなければな
らない。そのためにも他校種の家庭科の実態を知り，指導方法や題材・教材の
選定の仕方を学んで，カリキュラムづくりに生かしていきたい。

　汎用的スキル（コンピテンシー）開発に資する資質・能力を教育課程全体の中
で効果的に育成するためには，学校全体のカリキュラム・マネジメントにおい
て，家庭科をどのように位置づけるかが問われることになる。

## (2) 今後の課題と展望

　Education2030 プロジェクトは，望ましい未来のあり方について議論を行っ
てきた。それまでのコンピテンシーに関する議論の焦点は，雇用可能性や生産
性といった社会経済のあり方に対応していくために，どのような力が求められ
るかが検討の中心課題であった。そのような変動する社会にどのように対応し
ていくかといった受け身の議論ではなく，どのような社会を創っていくかとい
う能動的な議論によって，われわれが育てる能力を追究していく必要がある。
受動的姿勢から能動的姿勢へ，エージェンシーの理念を用いて，個々のウェル
ビーイングにアプローチすることの重要性は，その定義において，実践的総合
科学としての特徴が明示されている家政学における実践の価値とつながるもの
である。

　一方で松下（2021）は，自身が提唱しているコンピテンシーの四つの本質的特

徴のうち，行為志向であること，ホリスティックで統合的であること，要求に
応えるものであることの3点については，意味的な偏りと危うさがあるとし，
そのことにわれわれが自覚的でなければならないとしている。例えば「行為志
向であること」をめぐっては，行為か認識かという古典的二項対立の問題，ど
うにも答えの出ない，どうにも対処しようのない事態に耐える能力（ネガティ
ブ・ケイパビリティ）の軽視など，「ホリスティックで統合的であること」につい
ては，トータル・コンピテンシーへの批判にみられるようなホリスティックな
性格をもつ能力を教育目標として設定する場合，本田（2020）の言う「垂直的序
列化」（格づけなど）や「水平的画一化」（特定のふるまい方を全体に要請する圧力）
が起こるといった批判などである。

　石井（2015）は，コンピテンシー・ベースの改革を，新自由主義教育改革（国
家による福祉・公共サービスの縮小と市場化を特徴とする）の一部であり，「企業社
会の論理に適応する職業訓練へと教育の営みを矮小化しがちである。」と批判
している。このようなコンピテンシー概念の流行がはらむ危険性への対応が現
在さまざまに行われようとしているところである。

　また，他教科と協働してカリキュラム・マネジメントへ参画することによっ
て，家庭科は教科横断的に設定された汎用的スキルとしてのコンピテンシーの
獲得に貢献できると考えられる。しかしながら，安易な他教科等との連携は，
家庭科独自の生活主体育成の立場を危うくすることになりかねない。いずれの
教科においても，生活事象を教材やモチーフとして扱うことは可能であり，生
活の中から各教科に関わる課題をみつけたり，その課題解決に向けて学びを深
めたりすることはできる。家庭科では，断片的な生活要素の学びを活用し俯瞰
して生活全体を捉え，自身の生活価値や行動を見つめて創造していくことこそ
重要であり，それを可能にする学習展開が求められる。自身の生活価値を揺さ
ぶり再構築する能力が家庭科独自のコンピテンシーであり，それを育むことが
家庭科の使命である。

　家庭科で育むコンピテンシー追究のために，次の課題が挙げられる。
1) 生活の成り立ちとその変化を捉える視点をもつこと，生活者育成に係る独

自の教科の枠組みの重要性を理解すること。

2) 家政学と当該専門諸科学との関係性に基づき，教科（家庭科）の内容は学問ベースで構成されていることを理解し，家庭科教育の意義を説明できること。

3) 家政学と家庭科教育の関係，及び教科教育と教科内容の架橋原理を探るため，家政学原論，家庭科教育学，教科内容学担当者の三者がそれぞれの専門性や研究実績に基づき協働すること。理論と実践成果に関する意見や情報を共有しつつ協議すること。

4) 家庭科教育の意義を教科の本質と汎用的スキルとの関係において追究し教科観を育てる教員養成カリキュラム提案を行うこと。このことは，家庭科教員の資質を保障するばかりではなく，家庭科という教科の目標構造や学習内容の体系，さらには学習観や教授方略を再考することにも役立つ。

## ・引用文献

秋田喜代美他.（2019）．OECD ラーニング・コンパス（学びの羅針盤）2030　OECD Future of Education and Skills 2030 Conceptual learning framework Concept note : OECD Learning Compass 2030 仮訳.

Bubolz, Margarete M., Joanne B. Eicher, and M. Suzanne Sontag.（1979）. A Human Ecosystem Illustrating the Near HBE, HCE, and NE. The Human Ecosystem: A Model. *Journal of Home Economics*, 71,（1），28-31.

中央教育審議会.（2016）．幼稚園，小学校，中学校，高等学校及び特別支援学校の学習指導要領等の改善及び必要な方策等について（答申）．平成28 年12月21日.

本田由紀.（2020）．教育は何を評価してきたのか．岩波書店.

石井英真.（2015）．現代アメリカにおける学力形成論の展開：スタンダードに基づくカリキュラムの設計　増補版．東信堂.

（一社）日本家政学会.（2023）．日本家政学会のSDCsポジションステートメント．2023年5月27日.

松尾知明.（2017）．21世紀に求められるコンピテンシーと国内外の教育課程改革．国立教育政策研究所紀要, 146, 9-22.

松下佳代.（2021）．教育におけるコンピテンシーとは何か：その本質的特徴と三重モデル．京都大学高等教育研究, 27, 84-108.

日本財団.（2019）．「18歳意識調査」第20回 テーマ：「国や社会に対する意識」（9カ国調査）2019年11月30日.

白井俊.（2020）．OECD Education2030プロジェクトが描く教育の未来：エージェ

ンシー，資質・能力とカリキュラム，1-16．ミネルヴァ書房．
住田和子．(2003)．生活と教育をつなぐ人間学：思想と実践．開隆堂出版．
鈴木明子．(2019)．コンピテンシー・ベイスの家庭科カリキュラム，34-39．東洋
　館出版社．

（鈴木　明子）

# 第15章
# 批判的思考が拓く家庭科の学力

## 1. 家庭科における「学力」再考

### (1) 家庭科教育が目指す生活者

　家庭科は生活を題材とした教科であるが故に，「普段当たり前に送っている生活について，なぜわざわざ学校で学ぶのか」という問いを投げかけられることがある。このように，そもそも学習の意義が問われる教科は少ないだろう。

　家庭科は，教科の目標や学習内容等を踏まえると，生活者の育成を目指す教科であり，それが学校教育で家庭科を学ぶ意義の一つでもある。「生活者」は家庭科では馴染み深い表現ではあるが，どのような人物像を指すのか。そこで，ここではまず，家庭科が目指す生活者像について検討していきたい。

　天野 (1996) は，「生活者」とは，「生活の全体性を把握する主体」という前提のもと，人びとが求める理想型であり，その時代や社会に影響を受けてきたとみなし，戦時下からの「生活者」概念を整理しつつ，生活者像の具体化を試みた。天野は生活者像について，その時々により描かれ方はさまざまであることを踏まえ，「通底しているのは，それぞれの時代の支配的な価値から自律的な，いいかえれば『対抗的』(オルターナティヴ) な『生活』を，隣り合って生きる他者との協同行為によって共に創ろうとする個人」であることを示した。また，中間 (2004) は家庭科で育てる生活者を「行政や企業などの社会システムによってつくられたものに安住するのではなく，自覚した個人が，主体的に，積極的に日常生活を創造する者」だと述べている。荒井 (2008) は「生活者」「市民」「生活主体」の概念を整理した上で，それらの共通する部分に着目して，生活主体

を「人権を土台として，生活課題の改善や解決に，ひとりで，また他と共同して主体的に取り組むとともに，社会を形成する主体としての自覚と実践力をもつ生活者」と定義づけた。

　これらからうかがえる家庭科が目指す生活者像とは，「他者と協働しながら，主体的かつ自律的に生活を創造することができる人」であることがわかる。そして，「生活を創造する」とは，自身の生活と向き合いながら，生活を自分なりに工夫しデザインすることや生活課題を発見し解決すること，よりよい方法を取捨選択しながら意思決定することができている状況だと考えられる。

　また，生活は，家庭・地域・社会から成り立っており，それらと相互作用的な関係にある。例えば，他者に対して思いやりのある個人が家庭を築けば，思いやりのある人が集まる家庭が形成される。そして思いやりのある家庭や個人が形成する地域は，思いやりのある人が集まる温かい地域となるだろう。また温暖化や少子高齢化，地域の過疎化などが進めば，おのずとそこで暮らす個人の生活スタイルや生活に対する価値観及び考え方も変わる。このように個人が家庭・地域・社会に影響を与えながらそれらを形成し，一方で，社会や地域の状況が変われば，それに合わせて個人の生活も多少なりとも変化する。

　以上より，社会や地域とのつながりからも生活を捉えられる人物が，家庭科が目指す生活者像だといえるだろう。自ら生活を築くためには，個人の視点にとどまることなく，家庭・地域・社会にも目を向けなければならず，個人の生活に足場を置きつつも社会や地域といったマクロな視点から自己の生活を捉え営むことが必要となる。そして，生活を創るためには他者との協働も欠かすことはできないのである。

## (2) 家庭科における学力

　学力の捉えは時代とともに変化しており，さまざまな定義がなされてきた。しかし，学校教育を通して身につく力であることは共通の捉え方であるだろう。そしてこうした学力観は，しばしば学校教育の充実に向けた施策や方向性にも影響を与えている。そこで，生活者の育成を目指す家庭科教育を通じて身につ

けられる力から，家庭科における学力について論考する。

　牧野 (1980) は，「家庭科能力構造モデル」を示し，家庭科で育てる能力として「生活を見直す，現状はどうかを考える力 (生活課題の自覚・生活の現実認識)」「なぜそうなっているのか，なぜそうするのかという原理や法則が分かる (社会科学的・自然科学的認識)」「実際にやってみる，生産や加工ができる力 (技術・技能の習得・実践力)」「何がよいか，どうすれば良いかが分かり，生活を変革することができる力 (実践と生活の変革)」の四つを示している。家庭科は技能教科と捉えられることがしばしばあるため，どうしても生活に関わる技能を注視されがちである。しかし，牧野が示す家庭科で育てる能力には，実生活を送る上で必要とされる生活課題に関わる力や主体的に生活を築く力も挙げられている。

　内藤 (1997) は，家庭科で育成する能力を「生きる力」と称しながら，各校種の学習指導要領に示された目標を踏まえ，「生活を理解する能力」(小学校段階)，「生活を科学的に実践する能力」(中学校段階)，「生活を創造する能力」(高等学校段階) の三つを示した。まずは生活を把握・理解することから始まり，科学的な視点と実践力の獲得を経て，最終的には生活を創造する力へと広がり，段階的に発展している。つまり，家庭科の最終的なゴールを，生活を創造する能力の習得と据えていることがわかる。

　さらに，中間 (2004) は，家庭科で育成する学力について「『生活の科学的認識 (知る・わかる)』『生活技術 (できる)』『生活の価値認識 (気づく)』の相互関係の上に，『生活問題の解決 (考える，行う)』が形成される」ことを示した。

　「技術」以外にも，「科学的認識」や「生活課題」「生活の価値認識」を家庭科の学力として位置づけたところに牧野が示す能力モデルとの共通点が見出せる。内藤は校種による違いを示したが，中間は「価値が認識されて，科学的認識・技能が習得される場合もあれば，科学的認識・技術が習得されて価値が認識される場合もあり，これらの学力の間には，順序関係はなく相互関係がある」と述べており，能力が相互に関わり合いながら育まれていくことを示した。

　土屋・堀内 (2012) は，「詰め込み型」の教育からの転換期となった 1980 年代

以降の学力論の変遷を辿りつつ，さらにこれまでの家庭科教育の変遷も踏まえて，家庭科における学力を「自分がどのように生活や社会に対して働きかけていくかを主体的に考える力」である「生活を創造する力」とした。ここから，家庭科の学力として，「主体的に考える力」が重要視されていることがわかる。ここでいう「考える力」はどのような行動をするのかという実践や意思決定に関わる力とも捉えられるが，問題や課題の解決・改善に向けた行動を考えるという問題・課題解決に関わる力とも捉えることができる。「思考力」ではなく，あえて「考える力」と表現したことで，さまざまな資質・能力を付与しているのである。また，自己の生活のみではなく，「社会に対して働きかけていく」としている点も特徴的である。これは前項で述べた生活が個人と社会とのつながりから形成されているという点を踏まえた捉えであるだろう。

　井元ら（2019）は，キーコンピテンシーと21世紀型能力を参考に家庭科で目指したい学力について「知識・情報の活用」「技能の活用」「批判的思考・意志決定・問題解決能力」「よりよい生活に向け自律的に計画・活動する力」「コミュニケーション能力・協働する力」の五つを挙げた。キーコンピテンシーや21世紀型能力は，これからの時代を生きる上で必要とされる能力として示されている。つまり，ここで示された家庭科で目指したい学力は，学校教育においても育成を目指したい力と類似しているのである。それは，今後生きていく上でも欠かすことのできない力であることを意味している。

　以上より，さまざまな家庭科の学力論を整理すると，家庭科で身につく力は知識・技能はもちろんであるが，「主体性」「科学的な認識」「生活課題に関わる力」「他者と協働する力」に共通性があることが見出された。そして，それらの能力はこれからの時代を生きていく上で必要となる「生活を創造する力」にも関わる能力であると考えられる。


## (3) 生活を問い直す

　家庭科ではしばしば生活を問い直す機会が設定され，重要視されている。生活を問い直すことは，よりよい生活を創造する上でどのような意味があるのか。

　パウロ・フレイレ (1968 = 1979) は，被抑圧者は自身が抑圧状態となっている現状について無自覚なため，抑圧状態から抜け出すためには，まずは抑圧状態であるという自覚をする必要があると述べている。当たり前の状況下においては，自分自身の状況等を正確に捉えることができてはいない。そのため，特に問題や課題があったとしても「生活できているならこのままでよい」とされ，よりよさの追求にはつながらないのである。

　したがって，よりよい生活を創造するためには，省察する視点，つまり当たり前を問い直してみるということが必要となる。その結果，「当たり前」は「考える必要があること」となり，自身の生活を思考の対象として浮かび上がらせことができる。

　さらにフレイレは，「人間が抑圧状況を乗りこえるためには，まずその原因を批判的に認識しなければならない。その結果かれらは行動の変革をとおして，新しい状況，つまりより豊かな人間性を追求することのできる状況を，創造することが可能となる」と述べている。つまり，よりよい生活を創造するためには，自分の置かれている生活や環境，あるいは状況に対して批判的に捉えることで，自身の生活を把握することが必要である。そして生活を把握することは生活における課題や問題発見の第一歩となる。

　よりよい生活を創造するためには，生活を批判的に捉えること，つまり批判的思考が鍵となることがわかる。批判的思考については，井元ら (2019) も家庭科で育みたい学力の一つとして捉えていた。そこで，次に「よりよい生活を創造する」という視点から批判的思考について取り上げてみたい。

## 2.　よりよい生活を創造するための批判的思考

### (1) 批判的思考とは

　批判的思考は，一般的には「物事を疑う」や「情報を鵜呑みにしない」という意味で用いられることが多い。また，場合によっては「否定をする」ことと混同されることもあり，その結果，「批判されることは怖い」「批判は相手を攻撃する」といったようにネガティブな印象を持たれることがある。しかし本来，

批判的思考はそのような思考ではなく，ポジティブかつ建設的な思考であり，よりよい生活を創造する上では欠かすことができない思考である。そこで，まずは批判的思考とはどのような思考なのかを述べる。

　Ennis（1985）は，批判的思考を「何を信じ行うかの決定に焦点を当てた合理的で反省的な思考」と定義している。さらに楠見（2016）は，批判的思考を「証拠に基づく論理的で偏りがない思考」「自分の思考過程を意識的に吟味する，省察的（reflective）で熟慮的な思考」「より良い思考を行うために目標や文脈に応じて実行される，目標指向的な思考」としている。そして，道田（2000）が批判的思考を「みかけに惑わされず，多面的に捉えて，本質を見抜くこと」としているように，批判的思考には，物事を多面的に捉えることも含まれる。批判的思考の概念や定義はさまざまであるが，道田（2015）はそれらを整理して批判的思考の特徴として「合理的・論理的」「懐疑的・批判的」「反省的・省察的」の３つの要素を示した。

　以上より，批判的思考は単に「物事を疑う」「情報を鵜呑みにしない」という意味だけではなく，反省的・客観的に物事を捉える，さまざまな情報を吟味・検討しながら真偽を明らかにして合理的・論理的に考えることも含まれていることがわかる。そして，さまざまな情報に惑わされず，合理的な判断をするために，物事を多面的に捉えることが重要である。Ennis（1987）が批判的思考は創造的であり，実践的な思考であると捉えていたように，批判的思考は何かを創造をするために必要とされる思考なのである。


## (2) 批判的思考に関わる態度

　批判的思考を働かせるためには思考するための技術（型）や能力だけではなく，態度も重要とされている。Ennis（1987）は批判的思考に関わる気質（Dispositions）として，「心を開く（Be openminded）」や「選択肢を探す（Look for alternatives）」等を挙げている。また，ゼックミスタ・ジョンソン（1996）は「柔軟性」「追求心」「他者の立場の尊重」「開かれた心」を示し，糟屋（2010）も批判的思考力の重要な要素として，思考技能の他に，「探究心・柔軟性・開かれた心・自己の内外

に対して反省的・判断をするに際しての慎重さ・合理的・他者の意見を尊重することなどの思考態度」や，「こうした技能や態度を使うに際しての目的意識（例えば，倫理的な個人としての生き方をする，よりよい社会を構築するなど）」があるとしている。さらに，楠見（2016）は，批判的思考を行う上で必要なこととして，「相手の発言に耳を傾け，証拠や論理，感情を的確に解釈すること」や「自分の考えに誤りや偏りがないかを振り返ること」を挙げている。つまり，批判的思考をする際には，目標の達成や理解の深化，疑問の解決に関わる探究心や追求心，または他者の意見に傾聴し他者の意見を受け入れる姿勢や柔軟性が必要なのである。

　これらの態度は，先述した家庭科の学力にも該当するだろう。家庭科における学力として「他者との協働」が挙げられていたが，他者と協働するためには，他者の意見や考えを受け入れる姿勢を持つことは重要である。さらに追求心や探究心は，主体性を促し，よりよい生活を創造するあるいは課題を解決する原動力にもなる。つまり批判的思考を働かせるための態度の醸成は，家庭科が掲げる生活者の育成のためにも必要となる。

## 3.　家庭科と批判的思考

### (1)　批判的思考と意思決定

　私たちの日々の生活は，意思決定の連続である。何を食べる・着るのか，どのように住まうのか，どのような商品を選ぶのか，そしてどのような人生を送るのか，というように日々何かを選択しながら生きている。そしてよりよい選択，あるいは意思決定をする際には批判的思考を働かせる必要がある。

　道田（2012）は，批判的思考の中核とは「日常的な思考をより拡散させ，より確かに収束させることでパワーアップしようとするもの」と述べている。批判的思考を働かせることにより考えを拡散させ，それらを収束させていくことでよりよいものが生まれることを示唆している。よりよい意思決定とは，多様な選択肢を生みだし，その中から根拠をもってよりよいものを選択することである。そして批判的思考を働かせることにより，多様な視点で物事を捉えること

で選択肢を広げたり，吟味・検討して妥当な選択をしたりすることが可能となる。楠見（2011）が「批判的思考における情報を鵜呑みにしないで判断する能力は日常生活の実践を支える能力」と示すように，批判的思考は日常生活のあらゆる場面で働く思考であるといえるだろう。

### (2) 批判的思考と問題解決

　従来家庭科では，生活における問題を見出し，解決方法を考え実践する問題解決のプロセスが重要視されてきた。問題解決をするためには，さまざまな資質・能力が必要とされるが，その一つが批判的思考であるだろう。道田（2004）は，批判的思考と問題解決及び意思決定との関わりについての論考を整理した上で，「すぐれた意思決定はきわめて批判的思考的であり，創造的な問題解決には，批判的思考的な技能が活かされている」としており，さらに「問題解決には『創造』が必要であり，創造のためには（主に自分に対する）『批判』が必要である」と述べている。そして，その上で，「上質な創造的問題解決は，批判的思考を行っていることと同じ」と捉えていた。このことから，問題解決と批判的思考は密接な関係にあることがわかる。さらに，それだけではなく「創造」をする際にも批判的思考を働かせる必要があることもうかがえる。

　また，ゼックミスタ・ジョンソン（1997）は，問題解決における「問題」には「定義明確問題」と「定義不明確問題」の2種類があることを示している。「定義明確問題」とは，目標がはっきりしており，目標へ至る道も明確な問題で，正解があらかじめ決められている問題としている。したがって問題解決のためには，正解の方法を見つけ出し実行することになる。一方，「定義不明確問題」とは，目標がはっきりしておらず，目標へ至る道も明確でない問題であり，さらに目標へ至る道は複数あるため，正解が一つだけではないとされている。したがって，「定義不明確問題」の解決には，正解自体も自分自身で考え探していく必要がある。さらに，「毎日の生活を占めている問題の多くは定義不明確問題である」とも述べられている。

　つまり，生活における課題や問題を取り上げる家庭科では，「定義不明確問

題」を扱っていることが多い。そして，こうした「定義不明確問題」に対応するためには，批判的思考を働かせることが欠かせないのである。

### (3) 家庭科教育における批判的思考の位置づけ

　ゼックミスタ・ジョンソン (1996) は「クリティカル思考の教育において，経験的アプローチ，すなわち，日常生活で役立つ原則を知ることによって，効率的な思考力を開発しようとするアプローチを重視する」としている。その理由として，「ほとんどの人になじみ深い状況や問題を題材にして思考の方略を学ぶ。それゆえ，学んだ原則を学習者自身が日常場面に関連づけることが容易」という点と「われわれがすでに利用して実益を得ているような原則を足場にして発展させることができる」という点を挙げている。ここから，日常生活に深く関わる家庭科は批判的思考を育むのに適した教科であり，家庭科と批判的思考には親和性があることがうかがえる。さらに，生活を題材とした家庭科学習の中で批判的思考を働かせるということは，日常生活において批判的思考を働かせることも可能にするものと考えられる。

　また，小川・長沢 (2003) は，アメリカ家庭科教科書の教師用マニュアルを分析し，指導内容におけるクリティカルシンキング項目の位置づけを明らかにした。その結果，「アメリカの家庭科教科書の内容構成そのものが，クリティカルな思考を促すものとなっている」ことや，人間そのものを対象とする学習において「じっくり内省する思考過程を辿っているところに特徴が認められた」ことが明らかとなった。分析対象が日本の家庭科教科書と内容構成が近似していることから，上記の結果は，日本の家庭科教育に置き換えて考えることができる。つまり，家庭科教育を通じた批判的思考育成の可能性が示唆されたのである。

　批判的思考力と家庭科の関わりについて，荒井 (2012) は，思い込みや偏見にとらわれず，何が問題かを冷静に判断する批判的思考を用いて，解決策を考える力を「批判的リテラシー」とみなし，家庭科における問題解決に必要な能力として捉えていた。そして，土屋 (2015) は，Ennis (1985, 1987) が示す批判的

思考の能力をもとに，家庭科における批判的思考力を，「生活に関わる課題や問題を導き出し，解決方法を考え，さらに自分の実生活での行動を創出する力」とし，批判的思考力が家庭科の学力である「生活を創造する力」の一つとみなしていた。ここから，批判的思考は，家庭科が目指すよりよい生活を築く上でも欠かすことのできない思考であることがわかる。

## 4．生活を創造する力の育成を目指して

### (1) 批判的思考を促す手立て

　批判的思考と家庭科との関連を示すことで，批判的思考がよりよい生活を創造する上で必要不可欠な思考であることを述べてきた。それでは，批判的思考を働かせるためにはどのような手立てが必要となるのか，ここでは家庭科教育においていかにして批判的思考を促すかを考えていきたい。

　1）問いを持たせる

　道田 (2021) は，「批判的であり懐疑的であることがそのまま合理性や反省性を核とする批判的思考に直結するとは限らないが，しかしその第一歩となることは間違いない」としている。懐疑的であること，つまり「問い」を持たせることが批判的思考を働かせる上では重要である。

　それでは，批判的思考を働かせる「問い」はどうすれば生まれるのか。道田は批判的思考を育成するために，「意味のある質問」ができるようになることに着目した質問作成を取り入れた講義を実施した。ここでの「意味のある質問」とは，理解を確認し深める質問や内容に対する疑問や反論を含んだ質問である。講義で学生が作成した質問には，意味のある質問もみられた一方で，単に確認のための質問もみられた。道田は，意味のある質問の作成を阻む要因として，内容の理解不足を挙げている。批判的思考のための意味のある質問をするためには，一定程度の知識・理解が必要であると考えられる。

　無知であるがゆえの素朴な疑問が，思考を深めるきっかけになることもある。しかし，理解不足・知識不足である場合，それを補うための質問や的外れな質問となる可能性もあり，結果として，深く考えることや追究することにつなが

る問いとはなりにくい。批判的思考を働かせるという観点からは，知識・技能の習得を「できるようになる」という点のみにとどめるのではなく，「見方・考え方を拡げる」という点でも意識する必要がある。

2) 生活を見つめるための多様な視点の提示

土屋 (2020) は，「科学的視点」が家庭科で批判的思考を働かせる助けとなるとしている。生活を科学的に捉えることは，普段とは異なる視点で生活を見つめることになる。普段と異なる視点で生活を見つめることで当たり前を問い直す際には，懐疑的あるいは省察的な批判的思考を働かせることになる。そして，科学的視点で当たり前を捉え直すことで，疑問が生まれるだけでなく，新たな発見や気づきも得られるだろう。また，批判的思考が物事を多様な視点で捉えることを要するため，科学的視点は多様な視点の一つともなる。

多様な視点としては，学習指導要領における「生活の営みに係る見方・考え方」を働かせることも有効であるだろう。これらの視点で生活を捉えることによって，今まで意識してこなかった視点による生活の捉え直しが促され，批判的思考を働かせることにもつながる。例えば，「健康・快適・安全」という視点で，住生活を捉えたとする。住生活において，快適・安全という視点はあったが，健康という視点ではどのように捉えられるのかという疑問を抱くことがあるかもしれない。そして，その疑問をもとに住まいについて考えることは，健康という視点での住まい方の追究につながる。

道田 (2018) は異なる視点から問題を捉えることを促すような学習を「複数視点系」として批判的思考の授業実践の観点の一つに挙げている。「科学的視点」や「生活の営みに係る見方・考え方」は，まさに生活を問い直すあるいは今までとは違った視点で考える一助となるために，このような視点を働かせることによって多様な側面から生活を捉え，生活を丁寧に見つめるきっかけを与える。

3) 他者との協働 (相互作用)

Ennis は，批判的思考に関わる能力の一つとして「相互作用 (Interaction)」を挙げている。「相互作用」とは他者と関わりながら影響し合うことである。自分一人で考えることには限界があり，深く考えるためには，他者の意見や考え，

価値観に触れる必要がある。自分とは異なる他者の視点は，新たな気づきや発見にもなるだろう。また，他者の視点は，省察することにもつながる。したがって，他者との交流や対話，協働の中で相互作用を生むことにより，批判的思考が促される。

　土屋ら (2019) は，他者との相互作用に着目して，チョコレートを教材とした授業を実施した。その中では，チョコレートのパッケージを考える活動として，生産者・消費者・企業の立場から良い商品を検討する場面を設定している。また，土屋・上間 (2018) は，他者との協働から深く考えさせる学習場面を設定した授業を実施した。授業では，環境に配慮した行動がなぜよりよい生活につながるのかを考えるために，まず具体的な環境に配慮した行動を挙げさせたグループで行動の効果や影響を考えさせた。そして効果や影響がどのように私たちの生活に関わるかを検討することで，環境に配慮した行動とよりよい生活とのつながりを追究させた。さまざまな効果や影響を考えながら，「なぜ・どうしてよりよい生活につながるのか」ということを他者と協働しながら深堀させる活動であった。

　以上のように多様な視点を用意しつつ，他者と関わりながら吟味・検討する場面を設定することで批判的思考を働かせることができると考えられる。その際に注意しなければいけないことは，単にお互いの意見や考えを表出するだけの意見交換ではなく，ディスカッションや意見や考えを練り上げる・創出するような場面とする必要がある。

## (2) 批判的思考ができる生活者

　ここまでの論考を踏まえると，「批判的思考ができる」あるいは「批判的思考力を有している」ということは，「当たり前を問い直せる」「物事を深く考えられる」「他者と協働できる」「多様性を受け入れられる」という素養を持った人物であるといえるだろう。

　そして，批判的思考を働かせることができれば，よりよさを追究しようとする，問題や課題の解決・改善できる，根拠を持った妥当な判断ができる。つまり，

批判的思考を働かせることができる人は，「よりよい生活を築くことができる」「主体的に生活を創造できる」という家庭科が掲げる生活者と捉えられる。批判的思考を働かせることを意識することで，生活を創造する力の育成を目指した家庭科教育の充実が図れるのである。

## ・引用文献

天野正子.（1996）.「生活者」とはだれか. 中央公論社.

荒井紀子.（2008）. 生活主体形成の課題と家庭科. 生活主体の形成と家庭科教育, 14-25. ドメス出版.

荒井紀子.（2012）. 家庭科のもつ現代的意味. 荒井紀子編著. パワーアップ！家庭科：学び，つながり，発信する, 8-23. 大修館書店.

Ennis, R. H.（1985）. A logical basis for measuring critical thinking skills. *Educational Leadership, 43*. 44-48.

Ennis, R. H.（1987）. A Taxonomy of Critical Thinking Dispositions and Abilities. *Teaching thinking skills*, 9-26.

フレイレ, P. 著, 小沢有作, 楠原彰, 柿沼秀雄, 伊藤周訳,（1968 = 1979）. なぜ被抑圧者の教育学か？. 被抑圧者の教育学, 15-62. 亜紀書房.

井元りえ, 羽根裕子, 亀井佑子, 神澤志乃, 荒井紀子, 貴志倫子, 鈴木真由子, 一色玲子.（2019）. 全国的な家庭科教員組織における授業実践報告からみた学力の分析. 日本家庭科教育学会誌, 62（3）, 160-169.

糟屋美千子.（2010）. 英語教育における批判的思考力とコミュニケーション能力の育成. 兵庫県立大学環境人間学部研究報告,（12）, 69-78.

楠見孝.（2011）. 批判的思考とは：市民リテラシーとジェネリックスキルの獲得. 楠見孝, 子安増生, 道田泰司編著. 批判的思考力を育む：学士力と社会人基礎力の基盤形成, 3-24. 有斐閣.

楠見孝.（2016）. 市民のための批判的思考と市民リテラシーの育成. 楠見孝, 道田泰司編. 批判的思考と市民リテラシー：教育, メディア, 社会を変える21世紀スキル, 2-19. 誠信書房.

牧野カツコ.（1980）. 家庭科で育成する能力. 木村温美, 工藤澄子, 平田昌, 牧野カツコ. 現代家庭科教育法, 86-96. 家政教育社.

道田泰司.（2000）. 批判的思考研究からメディアリテラシーへの提言. コンピュータ＆エデュケーション, 9, 54-59.

道田泰司.（2004）. 批判的思考は良い思考か？. 琉球大学教育学部紀要64, 333-346.

道田泰司.（2012）. クリティカルシンキングの中核とは. 最強のクリティカルシ

ンキング・マップ，83-124．日本経済新聞出版社．

道田泰司．(2015)．近代知としての批判的思考．楠見孝・道田泰司編．批判的思考：21世紀を生きぬくリテラシーの基盤，2-7．新曜社．

道田泰司．(2018)．叡智としての批判的思考：その概念と育成．心理学評論，61(3)，231-250．

道田泰司．(2021)．批判的思考としての質問を重視した授業づくり．小山義徳，道田泰司編．「問う力」を育てる理論と実践：問い・質問・発問の仕方を探る，83-102．ひつじ書房．

内藤道子．(1997)．家庭科で育む能力と教育内容（ミニマムエッセンシャルズ）．日本家庭科教育学会編著．家庭科の21世紀プラン，113-121．家政教育社．

中間美砂子．(2004)．家庭科の教科理論　家庭科はなぜ必要か．中間美砂子編著．家庭科教育法：中・高等学校の授業づくり，1-12．建帛社．

小川麻紀子，長沢由喜子．(2003)．家庭科指導における批判的思考の導入（第1報）：アメリカ家庭科教科書の教師用マニュアルにみる指導上の方略．日本家庭科教育学会誌，45(4)，335-344．

土屋善和．(2015)．家庭科における批判的思考力の検討：Ennis, R. H.の批判的思考論に着目して．日本教科教育学会誌，38(3)，1-11．

土屋善和．(2020)．生活を問い直す：批判的思考．堀内かおる編．生活をデザインする家庭科教育，31-43．世界思想社．

土屋善和，上間江利子．(2018)．批判的思考を促す協働場面を取り入れた学習における生徒の思考の深まりに着目した授業分析：中学校家庭科の消費生活を題材として．琉球大学教育学部附属教育実践総合センター紀要，25，81-92．

土屋善和，堀内かおる．(2012)．家庭科における「学力」再考．横浜国立大学教育人間科学部紀要Ⅰ（教育科学），14，71-84．

土屋善和，堀内かおる，千葉眞智子．(2019)．家庭科におけるチョコレートを教材とした批判的思考を促す授業実践：他者と関わり多様な視点から吟味・検討する活動を通して．日本家庭科教育学会誌，62(1)，15-26．

ゼックミス，E. B. and ジョンソン，J. E.著，宮元博章，道田泰司，谷口高士，菊池聡訳．(1996)．クリティカルな思考とは何か，いかに学べばよいのか．クリティカルシンキング《入門篇》，1-24．北大路書房．

ゼックミス，E. B. and ジョンソン，J. E.著，宮元博章，道田泰司，谷口高士，菊池聡訳．(1997)．問題を解決する．クリティカルシンキング《実践篇》，71-120．北大路書房．

（土屋　善和）

# 第16章
# ICTは家庭科授業をどのように変えるのか

## 1. 子どもたちがこれから生きる社会と教育の情報化

### (1) 子どもたちがこれから生きる社会

　あなたは部屋を掃除するとき，どのような道具を用いているだろうか。かつて，戸建てで和室や板の間が多かった時代は，「はたき」と「ほうき」が主流であった。1960年代に入り，公営住宅など団地で暮らすようになると，ごみを吸い取る電気掃除機が使われるようになった。そして，現代ではAI（人工知能）を搭載した掃除ロボットが活躍している。予約した時間に，障害物を検知しながら，自動で掃除をしてくれる。このように，テクノロジーの進展に伴って，私たちのライフスタイルは変化し続けている。

　2004年，スウェーデンの Erik Stolterman は，DX（Digital Transformation）という概念を提唱した。これは，進化し続けるデジタル技術が人びとの生活を豊かにしていくというものである。掃除ロボットを活用すると生活はどのように豊かになるだろうか。掃除をする労力が軽減されるだけでなく，掃除にかける時間を他の活動に充てることができる。すなわち，デジタル技術によって，私たちは，時間という限られた資源を，自分が望むように有効に活用することが可能になる。Society4.0（情報社会）を経て，これから日本が目指すSociety5.0は，経済発展と社会的課題の解決を両立する人間中心の社会である。人口減少や少子高齢化，グローバル化に関する課題が山積する中，これからの社会を生きる子どもたちは，デジタル技術を活用して，生活や社会をよりよいものに変革していくことが期待されている。

## (2) 子どもたちとデジタル機器

　日本の子どもたちは，学校外の平日に，どのくらいの時間，インターネットを利用しているだろうか。15 歳を対象に，学校外のインターネットの利用時間と OECD 生徒の学習到達度調査 (PISA) の得点との関係をみてみる（国立教育政策研究所　2022）。2018 年調査では，1 日に 2 時間以上，4 時間未満の利用が最も多く，日本は 29.8%，OECD 平均は 27.8% であった。1 日に 4 時間以上利用する割合は，2012 年，2015 年，2018 年と年を経るごとに，日本 (9.9%，13.9%，17.2%)，OECD 平均 (17.7%，30.8%，38.6%) ともに増加傾向にある。そして，学校外でのインターネットの利用時間が 4 時間以上になると，3 分野（数学的リテラシー，科学的リテラシー，読解リテラシー）の平均得点が低下する。その一方で，4 時間未満の利用においては，日本は何時間であっても 3 分野の平均得点にほぼ差はないが，OECD 平均では利用時間が長いほど平均得点は高くなる傾向がある。

　それでは，子どもたちは，学校外の平日に，デジタル機器をどのような場面で利用しているだろうか。「コンピュータを使って宿題をする」は 3.0%（OECD 平均 22.2%），「作文や発表の準備など，学校の勉強のためにインターネット上のサイトを見る」は 6.0%（OECD 平均 23.0%），「ネット上でチャットをする」は 87.4%（OECD 平均 67.3%），「1 人用ゲームで遊ぶ」は 47.7%（OECD 平均 26.7%）である。すなわち，日本では，学習のための利用は OECD 平均以下であり，学習以外の利用は OECD 平均以上である。ここから，デジタル機器は，学びのツールではなく，趣味のツールとして利用されていることが読み取れる。

　デジタル化の進展により，私たちはいつでも知りたい情報を入手したり，自ら情報を発信したり，さまざまな人とコミュニケーションを取ることが容易になった。また，デジタル機器は，自分が理解できていなかったつまずきや疑問を解消する，新しい知識を獲得する，考えや価値観を広げたり深めるなど，私たちの学びをサポートしてくれるものである。さらに，クラウドにおける情報共有，テレワーク，ロボットや AI などの仕事での活用や，電子マネー，インターネットショッピング，オンライン診療，電子行政サービス，防災に向けた

SNS による情報共有など，生活のあらゆる場面において，デジタル機器の活用は今後さらに進んでいくだろう。

　誰一人取り残さないデジタル化の実現に向けて，生活のさまざまな場面でどのように活用するか，デジタル機器との向き合い方を問い直す必要がある。

### (3) 教育の情報化

　デジタル化の進展により，学校教育も転換期を迎えている。2010 年に，教育の情報化（文部科学省 2010）が提唱され，実物投影機やデジタルテレビが学校に導入された。教師の手元を拡大して提示する，情報共有をしやすくするなど，効果的な学習指導に向けて ICT 活用が推進された。しかし，PISA（2018）の調査によると，1 週間のうち，教室の授業でデジタル機器を利用する時間について，日本は，国語，数学，理科の 3 教科とも週 30 分以上の利用が 25％未満であり，OECD 加盟国の中で最下位であった。

　そこで，ICT 活用のさらなる推進に向けて，2019 年に GIGA スクール構想が打ち出された（文部科学省　2019）。GIGA とは Global and Innovation Gateway for All の略で，すべての児童・生徒のための世界につながる革新的な扉を意味する。児童生徒に一人 1 台端末が配布され，教師が一斉学習で ICT を活用する授業から，児童生徒が個別学習や協働学習で ICT を活用する授業へ，変化しつつある。とくに，2019 年 12 月の新型コロナウイルス感染症のパンデミックにより，日本でも 2020 年 3 月に全国一斉休校の措置が取られた。休校期間中も学びを止めないように，オンラインやオンデマンドによる授業が行われた。これにより，全国で一人 1 台端末の利活用が加速した。

　令和の日本型学校教育の姿（文部科学省　2021）では，すべての子どもたちの可能性を引き出す「個別最適な学び」と「協働的な学び」の実現に向けて，ICT 活用への期待がさらに高まっている。文房具と同様に，ICT は学習に必要不可欠なものとして，学校教育の質の向上に向けた ICT の活用，ICT の活用に向けた教師の資質・能力の向上，ICT 環境整備のあり方が示されている。しかし，あくまでも ICT は学ぶための手段であり，ICT を活用すること自体が

目的ではない。学校教育の課題を解決し，教育の質を向上させる手立てとして，ICT を活用することが重要である。

　それでは，家庭科の授業でどのように ICT を活用していけばよいだろうか。

## 2.　育成する資質・能力と ICT 活用

### (1) 家庭科で育成する資質・能力

　家庭科は，家族や家庭生活，衣食住の生活，消費生活・環境の生活事象について，時代の変化に対応してよりよい暮らしを実現する力の育成を目指している。Society5.0 の社会において，より豊かな生活を送るには，情報活用能力が必須である。総務省の家計調査報告によると，2023 年 4 月の 2 人以上世帯のネットショッピング利用世帯の割合は 53％で半数の世帯が利用し，1 世帯当たりの支出額は 41,487 円である。目的に応じた商品やサービスの購入を適切に行うには，インターネット上の情報を収集・整理して判断する等，情報活用能力を含めた意思決定が必要である。すなわち，生活を学習対象とする家庭科教育においても，DX に対応した教科指導が求められる。

### (2) 教科の特質を踏まえた学習指導と ICT 活用

　家庭科の授業を理解する視点として，高木（2009）は，①社会変化への対応（現代社会の問題や変化に対応しようとしている），②よりよい生活実現（学習内容を実生活の場面につなげようとしている），③体験活動（明確な目標のある体験活動を位置づけようとしている），④教師と生徒の意図の関連（生徒の思考に沿う流れを作ろうとしている）の四つを提示している。また，よりよい暮らしを実現するには，課題解決能力を育成することが求められる（岡ら　2019）。したがって，四つの視点に，⑤課題解決学習（課題を設定したり，解決する力を身に付けさせたりしようとしている）を加え，これら五つの視点を家庭科の授業に取り入れる必要がある。

　家庭科では，さまざまな生活事象を扱うが，児童生徒にとって身近でわかりやすいものだけではない。工業化による大量生産やグローバル化により，自分

が手にする商品がどのような工程を経て生産・製造されたのか，逆に見えづらくなっている。そうした課題を解決する手立てとして，ICT 活用がある。

　Mishra & Koehler（2006）は，教師が学習指導にテクノロジーを取り入れる際に必要になる知識について，Technological Pedagogical Content Knowledge（TPACK）のモデルを提示している。テクノロジーに関する知識（TK），教育に関する知識（PK），教科内容に関する知識（CK）の三つの知識を用いることで，学習指導をより効果的にすることが可能になる。例えば，①社会変化への対応や②よりよい生活実現について，情報化やグローバル化により多様化・複雑化した生活を理解させるために，生活に関わる資源・環境問題やフェアトレードなど生活と世界とのつながりに関するデジタル教材（小林　2017）を活用することができる。③体験活動では，実際に児童生徒が体験することが困難な内容に，ICT を活用することが考えられる。長期的な家計管理や資産形成，栄養計算，住まいの設計等のシミュレーション教材や学習支援ソフト（山下・小川　2017）を活用することで，児童生徒の興味関心を引き出し，実感を伴った理解を促すことができる。④教師と生徒の意図の関連では，栄養素の働き，体温の変化は目で見ることはできない。視聴覚教材を活用したり，サーモグラフィを用いて可視化したりすることが考えられる。さらに，音の感じ方の学習では，インターネットを活用して涼しさを感じる音を探して，教室で聞き合うこともできる。また，⑤課題解決学習として，動画教材や実習のデジタル録画は，児童生徒の生活技能の向上や実習の振り返りの学習指導に効果的である（有友　2017）。このように，問題を見出して課題を設定して解決策を検討する，自分の興味関心をさらに深める等，個別最適な学びを充実させることに，ICT 活用は有用である。

　また，乳幼児や高齢者，障がい者，外国にルーツをもつ人等，自分とは異なる価値観をもつ他者理解を促す学習において，ICT を活用することにより，他者との触れ合う機会を提供でき（金子ほか　2022），多様な視点で物事を捉える，他者と関わる等，協働的な学びを充実させることが可能になる。

　以上のように，ICT は，身近な生活と社会課題をつなげる，見えづらいもの

を可視化して科学的理解を促す，疑似体験や五感を用いて実感的理解を促す，省察を深めて課題を把握する，視野を広げたり深めたりすること等に有効である。ICTの強みを生かして効果的に学習指導を行い，児童生徒の資質・能力を高めることが期待される。

　次に，具体的にICTを活用した家庭科の授業について見ていく。

## 3. ICTを活用した家庭科の授業

### (1) 被服実習における課題

　ここでは，小学校家庭および中学校技術・家庭分野の「B衣食住の生活 (5) 生活を豊かにするための布を用いた製作」の授業を取り上げる。被服実習の指導では，作品の完成や完成に至るプロセスで必要になる基礎技能の習得が重視される傾向がみられる（佐藤・高木　2015）。製作技能は個人差が大きく，限られた授業時間内に児童生徒一人ひとりにきめ細かな指導を行うことは困難である。そこで，ICT活用として一人1台端末を用いた動画教材が提案されている。動画教材は，児童生徒が不明な作業を手元で繰り返し視聴して確認でき，教師の個別指導を待つ時間に学習を進めることができる（高橋ら　2016，田中・川端 2017）。

　しかし，一方で，作業台の上は，布を広げたり，たくさんの作業用具が置かれている。そのため，端末を置くスペースの確保が難しく，動画教材を視聴しながら作業をすることは危険であり，安全性の面で課題があることが指摘されている。

　家庭科の目標は，生活をよりよくしようと工夫する力を育成することにある。私たちの生活は，就職・結婚・子育て・介護等，ライフステージによって変化し続ける。自分や家族の特性やニーズを踏まえて，変化する生活環境に合わせて生活を工夫することが必要である。そのためには，自分が得意・不得意なことに気づき，得意なことを伸ばしたり，不得意なことをどのように対応していくかを考えたりすることが重要である。自分の個性や特徴を踏まえて，自分に合った学びを模索することは，主体的に学びに向かう力の育成につながる。

　被服実習においても，教師が提示する作業の仕方の手本を真似るだけではなく，自分がどこにつまずいているのか，自ら問題に気づいて課題を設定し，その課題解決を図りながら資質・能力を向上させる指導が求められる。

　子どもたちはそれぞれ異なった特性を有する。個々の児童生徒に応じた個別最適な学びを実現することが期待される。

## (2) 一人 1 台端末を活用して個別最適な学びを促す学習指導

　個別最適な学びとは，子どもが自ら学習を調整し，学習内容の確実な定着を図ったり，学習を深め，広げることである。自ら学習を調整するには，まずは，児童生徒が自身の特性や課題に気づくことが必要である。しかし，教師がクラス全員の児童生徒に対応することは困難である。そこで，一人 1 台端末を活用して，製作における自身の課題に気づく指導法について検討した。2022 年 5 月から 7 月に，大学の小学校教員養成課程「家庭科教育法 I」受講者 208 名に対して，袋の製作に関する授業 (計 3 回) を実施した。

　授業デザインの要点を述べる。袋製作の知識の定着と技能の向上を意図して，全体を 2 段階で構成することにした。第 1 段階では，袋製作の手順の意味や作業の意図の理解を考えさせることに重きを置き，受講者全員に本を入れる巾着袋 (共通作品) を製作させた。そこで，製作に必要な布の大きさを考えることを意図して，本を入れる実習材料 (本，布，丸ひも) は各自で用意させた。

　袋に入れる物の大きさに合わせて布を裁断する意義を理解させるために，本のサイズは指定しなかった。また，製作工程 (①裁断する，②わきを縫う，③出し入れ口を縫う) について，各作業の根拠を問う問いを付したプリントを配布し，それを解きながら作業を進めるように指示した。

　第 2 段階では，受講者個々で自分が入れたいものを入れる袋 (個別作品) を製作させた。ここでは，共通作品で学んだ知識を活用すること，各受講者が自分のスキルに合わせて技能を向上させることを意図した。そして，受講者全員が一人ずつ，自身が製作した共通作品と個別作品を用いて，袋製作の学習に対する児童の意欲を高める場面指導の模擬授業を行った。これは，受講者個々が自

分の製作活動を振り返ること，製作実習での学びを家庭科の教科指導につなげることを意図した。

　ICT活用は第一段階で活用し，一人1台端末として各自のスマートフォンを用いた。個別最適な学びとして，受講者個々に，製作過程の作業の様子を写真や動画で記録させた。客観的に自分の作業の様子を省察することを通して，自身の課題に気づくことを意図した。

　授業の流れを表16-1に示す。実際の授業の概要について述べる。

### 表16-1　授業の流れ

| | 学習目標 | 学習内容 |
|---|---|---|
| 第1回 | 試行錯誤しながら袋を製作する活動を通して，袋製作のポイント（手順の意味と作業の意図）を考える〈共通作品〉。 | (1) 製作工程に，各作業の根拠を問う問いを付したプリントを配布し，実習の目的を説明する。<br>(2) プリントの問いを解きながら，各自で持参した本を入れる巾着袋を製作する。〈共通作品〉<br>①裁断する【一人1台端末】大きさを決めた根拠となる物を含めて裁断した布全体の写真を撮影する<br>②わきを縫う【一人1台端末】なみ縫いをする様子を動画で30秒間撮影する<br>③出し入れ口を縫う【一人1台端末】出し入れ口を縫う作業を動画で30秒間撮影する |
| 第2回 | 袋製作のポイントを理解し，自分のニーズに合った袋を製作する〈個別作品〉。 | (1) 製作した袋のサイズ感，使いやすさ，強度や耐久性，見た目をチェックする。<br>(2) 【一人1台端末】【動画教材】自分の写真や作業動画と，失敗例と成功例の動画教材を見比べ，自身の課題に気付き，袋製作のポイントを理解する。<br>(3) 袋製作のポイントを生かして，自分が入れたいものを入れる袋を製作する。 |
| 第3回 | 〈共通作品〉と〈個別作品〉を教材として，袋製作に対する児童の意欲を高める指導ができる。 | (1) 前時までの学習活動を振り返る。<br>(2) 袋製作に対する児童の意欲を高める場面指導について，3分間の模擬授業を構想する。<br>(3) 一人ずつ全員が3分間の模擬授業を実践する。<br>(4) 児童がさらに学びを追究したくなる実践例を紹介し，学習指導の要点について講義をする。 |

注：【　】はICT機器
出所：筆者作成

　第1回では，学習活動の目的を説明し，製作工程の問いを解きながら，各自で袋を製作させた。ICT活用として，①裁断するでは，布の大きさを決めた根

拠となる物を含めて，裁断した布全体の写真を撮影させた。②わきを縫う。③
出し入れ口を縫うでは，各 30 秒間の作業動画を撮影させた。動画撮影はペア
で行わせた。製作時間は約 60 分で，できなかった作業は課題にした。

　第 2 回は，初めに，製作した袋のサイズ感，使いやすさ，強度や耐久性，見
た目をチェックさせた。袋のサイズが小さくて本が入らない，丸ひもを通すス
ペースが十分ではなく 1 本しか通せなかった，縫う手順を考えなかったため袋
の口が閉まらない，出し入れ口の縫いしろが表に出ている等の課題が出てきた。
最も多かったつまずきは，丸ひもを適切に通すことができず，袋の口が閉まら
ないであった。「わきを開いてから，出し入れ口を縫う」の手順を理解できて
いないことが要因であった。そこで，自分の写真や動画と動画教材の正しいや
り方を比較して，自身の課題に気付き，袋製作のポイントを理解させることに
した。「①裁断する」では，布全体を撮影した写真を見返すと，ほとんどが裁
断した布と本が撮影されていた。つまり，布の大きさを決める根拠として，本
は想定されていたが，丸ひもは想定されていなかった。そこで，布の大きさを
決めるときに考慮することを話し合い，丸ひもを通すための縫いしろや，本を
出し入れするためのゆとりを考える必要性に気づいていた。次に，縫い方につ
いて，「②わきを縫う」では，各自で作業動画を見返した後，正しい縫い方の
動画教材を提示し，自分の縫い方のどこに課題があるのかを検討させた。自分
や他者の作業動画と動画教材を見比べながら，布の持ち方と縫う姿勢，待ち針
の打ち方，縫い針の進め方について，自身の課題に気づいていた。「③出し入
れ口を縫う」では，各自の作業動画を見返した後，失敗例と成功例の動画教材
を見比べさせた。自分の作業のどこに課題があったのか検討し，手順の意味に
気づいていた。

　第 3 回の授業後に，受講生に対して「自身の技能について気づいたこと」「振
り返りの学習が役に立ったか」について自由記述で回答してもらった。自由記
述のデータは，テキストマイニングソフト KH コーダーの共起ネットワークを
用いて分析を行った。

　技能に関する気づきを図 16-1 に示す。「縫う」「布」「まち針」「自分」「気づく」

「見る」「刺す」「動画」「振り返る」から①縫い方に関する気づきが多くみられた。作業動画や動画教材が自己の技能の気づきと関連していた。「大きい」「考える」「紐」「通す」「作業」から②製作手順の意味に関する気づき，「本」「取る」「サイズ」「見通し」「縫いしろ」から③布の大きさを決める根拠に関する気づきを得ていた。「自分が縫っている様子をみて，布の置き方が上下反対で非効率であり安全性が高いとは言えないことに気づいた。」「縫う時にまち針を上から下に向かって刺していたため，左手に針を刺してしまう恐れがあった。」などの気づきが見られた。自らの技能に対する気づきを得たことが示唆された。

　また，写真や動画による振り返りに関する記述の語句の出現数をみると，「客観」68，「気づく」38，「振り返る」55，「作業」50の順に多かった。「客観」が

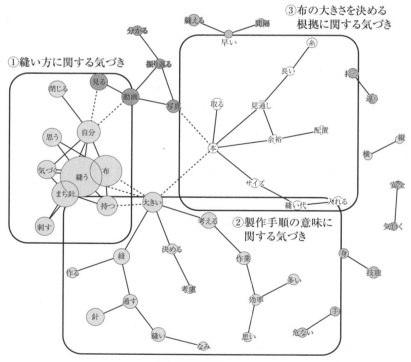

**図16-1　自身の技能に関する気づき**

出所：筆者作成

最も多く，「自分が作業しているときは何も意識せず，振り返りでは作業をしている時のことを思い出せないので，作業動画を撮影することで自分がどうだったか客観的にみることができた。」「何となく縫っていた自分の作業を客観的に見ることで，反省点が多く見つかった。作業をしているときは縫い止めることに必死で作業の正確さやポイントを意識できていなかったのを後から振り返ることができた。」「動画を撮影することによって，お手本の動作と比較しやすくなった。自分はどのように縫っているのか，改善ポイントはないか等，技術を自分で客観視して，正確に細かく分析することができた。分析すると自分自身で技術を磨くことができ，向上心も芽生えた。」の気づきがみられた。

　このように，学習者が自身の課題に気づくことは，自ら学習を調整する原動力になり，主体的に学びにかかわる手立てになるといえる。

## 4. 学びを深める ICT 活用の可能性

### (1) 児童生徒の学び

　私たちの生活は一人ひとり異なり，生活の価値認識は多様である。つまり，生活に対する課題意識や，その課題を解決するためのアプローチもさまざまである。自身の問題関心を自覚し，掘り下げることは，課題解決能力の育成や主体的な学びにつながる。一人1台端末は，個々の学びを広げるツールになるといえる。

　また，家庭科教育において，共生も大事なキーワードである。人は一人では生きられない。生活や人生を共にする他者の価値認識を理解することは，自分自身の価値認識の形成にも影響を与える。教室内での他者との対話のほか，ICTを活用して，オンラインで学校外の専門家等とつながることも可能になる。例えば，「消費者の権利と責任」では，消費者被害で困ったときに消費生活センターに相談することを学習する。しかし，実際に相談することはハードルが高い。そこで，授業で，オンラインで消費生活センターとつなぎ，相談シミュレーションを行うこともできるだろう。ICTを活用することで，家庭科の学びが充実することが期待できる。

## (2) 教師としての学び

　ICT を活用して教科の学びの本質に迫ったり，学びを広げたり深める授業を実践するには，家庭科教師自身が ICT 活用指導力を向上させる必要がある。

　小清水 (2021) は，家庭科教員養成課程で ICT を活用した模擬授業を実践することにより，「視覚的に伝えやすく (ICT 活用の直接的効果)，見せ方を工夫できる (指導力の向上)」「現実感が増し (ICT 活用の直接的効果)，説明を聞かせやすい (指導力の向上)」「写真を対比すると (ICT 活用の直接的効果)，理解させやすい (指導力の向上)」というように，ICT 活用の直接的な効果を生かした指導力の向上を明らかにしている。

　加えて，ICT 活用をすると，「教師が一方的に話しがちのため (授業上の課題)，生徒と対話をしながら進めたい (課題への対応)」，「記憶に残らないため (授業上の課題)，大事な語句を板書やフリップで提示する (課題への対応)」など，ICT 活用の課題を理解し，それに対応した対策を工夫できることも明らかにされている。すなわち，授業で ICT を活用することで，指導力を向上させることが期待できる。

　また，ICT が授業に与える影響について，SAMR モデル (Puentedura　2010) をもとに四つの尺度が提示されている (戸田市教育委員会　2022)。代替 (Substitution，アナログでできたことをデジタルで代用)，拡大 (Augmentation，デジタルの特性を生かして学習効果を増大) 変形 (Modification，授業デザインが変容し，新たな学びのデザインへ)，再定義 (Redefinition，実社会の課題解決や新たな価値の創造) である。代替や拡大を前提として，変形の新たな学びのデザインを目指すことで，さらに教師の ICT 活用指導力を高めていくことができるだろう。

　一方で，こうした変化に対して，不安を感じる教師もいる。中西・堀内 (2018) は，ICT 先進県の家庭科教員は，ICT 活用の必要性を理解し，あまり得意ではないと感じながらも，楽しく積極的に活用していることを明らかにしている。そして，経験を積み重ねることで，授業中に ICT を活用して指導することに自信を持てるようになることを示唆している。

　家庭科では，学び方として実践的・体験的な活動を重視し，実感を伴った理

解を基に学習を進める。家庭科教師も，ICT 活用をした授業実践を通して，ICT 活用の意義や課題を理解し，ICT 活用指導力の向上に向けて自己研鑽していくことが望まれる。

- **注**
  3 (2) の分析は叶田有紗さん（当時，静岡大学 学生）の協力を得て行った.

- **引用文献**
  有友愛子. (2017). 学びの共有を目指した授業デザインの検討：調理実習におけるウェアラブルカメラの活用. 日本家庭科教育学会研究発表要旨集, 60, 94.
  金子京子，倉持清美，叶内茜，阿部睦子. (2022). コロナ禍の中で実施した「遠隔幼児触れ合い体験」で得られる学びの検証：対面実施のふれ合い体験との比較から. 日本家庭科教育学会研究発表要旨集, 20.
  小林久美. (2017). 小学校家庭科における環境教育実践に関する一考察. 東京未来大学研究紀要, 11, 69-75.
  国立教育政策研究所. (2022). 生徒の学習到達度調査PISA.
  https://www.nier.go.jp/kokusai/pisa/pdf/2022/01_point.pdf（2023.6.30）
  小清水貴子. (2021). 一斉指導におけるICT活用行動を促す家庭科教育法の授業デザイン原則の提案と効果の検討. 日本家庭科教育学会誌, 64 (3), 175-186.
  Mishra, P., & Koehler, M. J. (2006). Technological Pedagogical Content Knowledge: A Framework for Teacher Knowledge. *Teachers College Record*, 108 (6), 1017-1054.
  文部科学省. (2010). 教育の情報化に関する手引.
  文部科学省. (2019). GIGAスクール構想の実現.
  https://www.mext.go.jp/a_menu/other/index_00001.htm（2023.6.30）
  文部科学省. (2021). 「令和の日本型学校教育」の構築を目指して：全ての子供たちの可能性を引き出す，個別最適な学びと協働的な学びの実現（答申）.
  https://www.mext.go.jp/b_menu/shingi/chukyo/chukyo3/079/sonota/1412985_00002.htm（2023.6.30）
  中西佐知子，堀内かおる. (2019). 中学校家庭科教員のICTリテラシーの実態と課題：神奈川県，佐賀県の調査から. 日本家庭科教育学会誌, 62 (1), 27-37.
  内閣府. (2023). 令和5年3月家計消費状況調査.
  https://www.stat.go.jp/data/joukyou/pdf/n_joukyo.pdf（2023.6.30）
  岡陽子，萱島知子，鈴木明子. (2019). 課題解決能力を育む家庭科の学習方略についての考察：学習指導要領の変遷と小学校家庭科担当教員の指導状況の分析

から．佐賀大学大学院学校教育学研究科紀要, 3, 31-45.

Puentedura. Ruben R.（2010）．SAMR and TPCK:Intro to Advanced Practice. http://hippasus.com/resources/sweden2010/SAMR_TPCK_IntroToAd-vancedPractice.pdf（2023.7.31）

佐藤雪菜, 高木幸子.（2015）．小学校家庭科において考えることを重視した製作学習の検討．教材学研究, 26, 59-68.

高木幸子.（2009）．授業構造に着目した家庭科教員養成プログラムの開発．日本家庭科教育学会誌, 51（4）, 291-301.

高橋美登梨, 西村綾世, 川端博子.（2016）．針と糸を使った製作学習におけるICT活用の提案．日本家庭科教育学会誌, 59（3）, 135-146.

田中早苗, 川端博子.（2017）．教員対象ICT講習会受講者の動画教材に対する意識と課題．日本家政学会研究発表要旨集, 69, 43.

戸田市教育委員会.（2022）．戸田市版SAMRモデル． https://www.city.toda.saitama.jp/uploaded/life/110683_222234_misc.pdf（2023.7.31）

山下美乃里, 小川裕子.（2017）．中学校家庭科住生活領域における授業実践の実態と課題．日本家庭科教育学会研究発表要旨集, 60, 69.

（小清水　貴子）

# 第17章
# 家庭科の独自性と教師のポジショナリティ

## 1. 人間の脆弱性に応答する家庭科

　COVID-19 のパンデミック，戦争，気候変動などの影響が，私たちの日常に入り込むグローバル・ネットワーク社会の時代，教育における家庭科の独自性とはどのようなことだろうか。筆者は，家庭科教育の独自性とは，人間の脆弱性に応答するケアの実践にあると考える。家庭科で扱う人間の一生には，必ず誰かのケアが必要な時期がある。哲学者メイヤロフは「一人の人格をケアするとは，最も深い意味で，その人が成長すること，自己実現をたすけることである」と定義する（メイヤロフ　1971 = 2014）。

　人間の脆弱性（vulnerability）について，池谷（2016）は，1990 年代以降，「脆弱性」概念が，ベルモント・レポート，「バルセロナ宣言」UNESCO などの国際文書[1]で重要な概念となったと指摘する。また，池谷は，脆弱性を把握するとき，国際医学団体協議会（CIOMS）や国際医学協会（WMA）と，UNESCO には，大きな違いがあると指摘した。CIOMS や WMA は，個人的自律を理想として，それができない「脆弱な者」をパターナリスティック（家父長的）な保護の対象とする構図を持っている。一方，UNESCO は脆弱性を誰もが抱えるものと，特定のグループが抱える特別な脆弱性を区別して，自律への支援を提起した。

　池谷は，UNESCO を受容して「人間の脆弱性とは，人間にダメージや喪失あるいは危害を及ぼしそれを受け入れやすくさせうる自然的・身体的・構造的・個人的要因の総体」と定義した（池谷　2016）。人間の脆弱性を①自然的＝身体的存在としての人類が抱える「エコロジー的脆弱性」，②人間が個体の生育と

発達の途上で抱える「生得的＝身体的脆弱性」，③社会的存在としての人間が抱える「社会的ないしは構造的脆弱性」，④それらの脆弱性が個人のうちに凝集された「パーソナルな脆弱性」とする（池谷　2016）。

メイヤロフおよび池谷の示唆を踏まえ，人間の脆弱性に対し，家庭科教育はどのように応答できるのだろうか。それは，次の四つに大別できる内容から考えられるだろう。まず，①身体的存在への応答として，食，衣服，住居，消費と持続可能な環境である。そして，②生育と発達にかかわる応答としての保育，高齢者，③社会的・構造的脆弱性への応答として，家族と福祉やジェンダー平等，最後に，④パーソナルな個人（例えば，特別な支援を必要とする生徒）への応答が構想できる。

日本の家庭科は内容としての総合性とともに，小学校，中学校，高等学校で，子どもの身の丈で学ぶ系統的なカリキュラムを合わせもつ。人間は，乳幼児期や，病気，高齢などで心身が不自由になった時，誰かの助け（ケア）が必要である。また，人間は薄い皮膚に覆われた身体をもち，強い衝撃で血が噴き出すような傷つきやすい生き物でもある。家庭科では，命を養う「食」，命を環境から守る「衣服と住居」，「子ども」や「高齢者」をどのようにケアするか，そして「消費と環境」「家族と福祉」も命を守るという観点で学び，実生活で実践できる力を育てようとする。

フェミニズム政治学者トロント（2015 = 2020）によれば，ケアは「人類的な活動」であり，ケアは，「関心を向けること（Caring about）」「配慮すること（Caring for）」「ケアを提供すること（Caregiving）」「ケアを受け取ること（Care-receiving）」である。トロントは，非対称の関係（一方が強く，一方が弱いという関係）のケア実践によって，ある道徳的，日常的な技法が磨かれるという。

以上のメイヤロフやトロントの見解を踏まえると，家庭科では，関係的な場が設定され，そこで実際に生きること（Care-receiving）によって，「関係的な自律」が育まれると考える。池谷（2016）は，人間の脆弱性に着目することは，私たちに自律的個人から関係的個人へ，「個人的な自律」から「関係的な自律」への転換を迫るという。なぜなら，人間の脆弱性への応答，ケアの実践におけ

る自己決定や選択能力は，他者との関係の中で問われ，実践されるからだ。

　例えば，中学生が幼児とのふれあい体験で，立ち往生し，やがて関わっていく場面である。幼児にどう接したらいいか，授業で学んだ発達の知識や自分の経験を総動員して，傍での友だちと幼児の関わりを感じながら，幼児を注視して (Caring about)，自分ができるケアを模索し (Caring for)，関わっていく (Caregiving)。関わっていく時の判断は，普遍的な道徳や価値ではなく，事後的 (care-receiving) に，つまり，目の前の幼児のそっけない態度や嬉しそうな姿によって中学生の戸惑いや喜びを伴う判断であり，「関係的な自律」として立ち上がってくる。家庭科で育まれる「関係的な自律」とは，自分を相手にゆだねていく行為でもある。幼児をコントロールするのではなく，幼児の応答にゆだねていく行為の中で生成される関係的な自律なのである。

　ケア実践の専門家である石垣 (2023) は，ケアの技法を「ふわっと聴く，相手の見ているものを見ようとすること，共に眺めること。共感とか傾聴とか受容ではない。何か気になる (直観) からケアが始まる，適切な距離。存在の相互性が起きること，メソッドになってはダメで，関係の中で生きているから相手を対等な人間として認めること。『あなたはあなただから大事なのです』，固有の人間として尊重するアートとしてのケア」と語った。

## 2．ふれる・感じる・知る，子どもの身の丈で総合する学び
### (1) 家庭科再発見—受動的経験と主体化

　学校教育課程で主導している「主体的・対話的・深い学び」や「エビデンスに基づく強い教師のリーダーシップ」をフェミニズムの視点で再考し，家庭科の独自性を教育の本質とは何かという議論としてつくっていきたい。フェミニズムの視点とは，生徒をコントロールする教育や，スピードや決断力や効率，競争を原理とする視点を疑い，女性化された仕事の価値を見出し再評価する視点である。

　「家庭科再発見—気づきから学びがはじまる」とは，堀内 (2006) が使ったことばである[2]。堀内 (2006) は，「〈教科〉としての家庭科が存続するためには，

大人へと成長する過程にある子どもたちの自己形成を支援する学びを提供できるものでなければならない」と指摘した。また，奈須正裕は，「現代日本の教育課程の最大の課題」として，「教科と道徳，特別活動，総合的な学習の学びが子どもの内で『知の総合化』をすることである」「家庭科にはその可能性が潜在している」と述べている（奈須　2019）。

　学校教育課程を問い直す視座において，濱崎（2015）の研究は難解であるが先駆的である。濱崎は1997年から3年間の濱崎の授業「生物—『卵の授業』からゲーム『たまごっち』へ」を再読し，「子どもによってつかまれる授業経験の現れとその空間の特質を考察」している。濱崎の論点は，教育が「能力を効率よく，合理的に育成することを目指し」，授業が「こちらの望みどおり」のねらいが行き渡る計算された規律空間（フーコーの『監獄』を援用）となることに対して，批判的教育学者のイリイチや教育史からの白水浩信や寺崎弘昭の議論を位置づける。濱崎は，イリイチ，白水，寺崎に共通するのは，「教育が存在の世話ともいうべき養育（＝ケア）という依存や，人間の生における脆弱性や可傷性という受動性に関与せざるを得ない営みである」と把握して，濱崎自身の実践記録から子どもの受動的経験を抽出した。有精卵を手にした子どのたちの様子である。

　　「オット，あぶない，大丈夫かなあ？　いのち……」O線の電車の中で，両腕でしっかり袋を抱えて，そういったのは，5年中組，8班のT.

　濱崎は，子どもが卵から受け止める経験こそが，「そうっと，そうっと」と，いのちにふれる倫理的責任を負う主体を育んでいると示唆する（濱崎2015）。濱崎の先駆性は，家庭科では，「生活の役に立つ」プラクティカルな能力の育成を目的として能動的経験を強調する傾向があるが，実は，家庭科教育の場に生起していると思われる受動的経験こそが積極的な価値ある経験だと主張した点にある。しかし，その後，濱崎は家庭科の授業で生起する受動的な経験の意味や意義について，深く論じていない[3]。

　教育における受動的経験の意味や意義を「主体化」という概念で論じたのは，

現代を代表する教育哲学者の一人であるビースタである。ビースタは，従来の批判的教育学とは異なる「新たな解放の教育学（new emancipatory education）」を提唱する。ビースタは，「主体とは，ある行為を始めた者であり，かつその行為の結果を受け取り，それに文字どおり従属する（subjected）者なのである」「要約すれば，この意味で私たちが主体であることは私たちの手にないのである」（ビースタ　2017 = 2018, 17）とその受動的な特徴を「主体化」という概念で論じる。教育の課題は，「他の人間に，世界とともに成長した仕方で存在すること，すなわち主体として存在したいという欲望を引き起こすことである」（同上　2017 = 2018, 12）と示唆した。ビースタ（2019 = 2021）は，教育の三つの機能を資格化（qualification 知識とスキルの伝達と獲得の領域），社会化（socialization 伝統と実践の再生産と採用の領域），主体化（subjectification 個々の人間の形成に関わる領域）として，どれもが教育に必要な機能ではあるが，なかでも重要なのは，「主体化」であると示唆する。ビースタが「主体とは，ある行為を始めた者であり，かつその行為の結果を受け取り，それに文字どおり従属する（subjected）者なのである」と指摘したように，濱崎が抽出した「オット，あぶない，大丈夫かなあ？　いのち……」と電車の中で，両腕でしっかり袋を抱えていく授業過程には，子どもの受動的経験，つまり，主体化の契機が埋め込まれている。濱崎（2015）の「三つの関係項からなる人称構造」を解釈するならば，子どもが卵を持ち歩くこと（身体的経験）によって，オッとあぶないと卵を抱きかかえる，つまり卵から呼びかけられること（受動的経験）によって「私」が現れる。それは，卵から呼びかけられ応答するもう一人の「私」，卵に従属する「私」（主体）である。

## (2) 受動的経験とケアの倫理

　家庭科の授業では，五感を使うとよくいわれるが，触覚をモデルとしたもう一つの関わり方，「手」に着目してみたい。布の質感や小麦粉の練り具合は手によって確認される。伊藤（2020）は，それを不確かな道を創造的に進む関わり方，「実際に手にとって動かすことによって，そのものの見えていなかったさ

まざまな性質が引き出されてくる」「対象の内部をとらえる感覚」という。

　幼児ふれあい体験では，幼児の，いま，まさに相手がどうしたいのか，あるいはどうしたくないのかが，ふれることで感じられる受動的な体験がある。ビースタのいう「ある行為を始めた者」を中学生とするならば，ふれあい体験とは，目の前の幼児にとってどんな関わり方がふさわしく〈よりよい〉のかを「不確かな道を創造的に進む」ことである。家庭科は道徳なのかと問う向きもあるが，ケアの倫理を探る教科なのである（表 17-1 参照）。そして，中学生にはその行為の結果を受けとり，幼児の応答に従属する主体となる可能性がひらかれている。

表 17-1　家庭科のケアの倫理の特徴

| 道徳 (moral) | 倫理 (ethics) |
|---|---|
| 誰にも当てはまる義務や幸福<br>正しさ　善 | 自分がするべきことや生き方が問題となる |
| 長い時間をかけて定まっていった答えや価値観 | 現在進行形の問題も含み，答えが定まっていない |
| 価値を生きること | 価値を生きるだけでなく，価値について考え抜くことも含まれる |
| 道徳教育 | 家庭科教育 |

出所：伊藤（2020）を参考に筆者作成

## (3) 経験されたカリキュラムから授業をつくる・接面の教育学

　家庭科に正解はないという含意は，幼児のふれあい体験の事例で述べたように，生徒が学んだ知識や技能を総動員して，目の前のモノや人やコトに応答する中で，よりよい実践が要求されるからである。では，教師はどのようにケアと依存の関係の中の自律が生起する受動的経験を準備するのか。

　叶内ら（2015）は，中学生と幼児のふれあい体験をビデオ映像と授業後に中学生が書いたナラティブ（感想）を比較し，中学生の心の動きに迫っている。ナラティブには「幼児がかわいかった」と書いた中学生が，ビデオ映像からは，幼児と直接肌がふれないように服の上からさわっていたことを解析している。

　鯨岡（2021）は，「接面を通して初めて相手の心の動きが私に感じられる」，し

かし，「それがいつ生まれるか私の側であらかじめ予測できない」と接面の重要性を指摘した。教師の暗黙知（それと意識せずに教師の行為の背景となっている知）を「接面」に着目して，探ってみたい。

　経験されたカリキュラム，すなわち受動的経験から授業をつくる例として，西岡（2023）の東京学芸大学小金井附属小学校の公開研究会での 5 年生「よりよい生活を考えよう」（全 3 時間）を取り上げてみたい。1 時間目，子どもたちが学習を振り返り，各自ができるようになったことを付箋に書き，模造紙に貼り付けて共有化する。2 時間目は，絵本を読むことで自分や人とのつながりを考える。西岡は，「あの子にはこの絵本を」と思い描きながら 20 種を準備したが，絵本は子どもに選ばせていた。そして，登場人物の「誰に注目したか」を書かせていた。3 時間目（公開授業）「よりよい生活に何が必要か」では，最初に西岡が絵本『おおきくなるっていうことは』を読み聞かせた。ただし，西岡は「小さな子に優しくできること」という絵本の最後の頁は読まない。それは絵本の結論に誘導しないように教師自身の行為を制御していると考える。教室には，子どもたちの 1 年生の頃の写真を映し，1 時間目の模造紙に，誰にどんなことをしてあげたいか，色の付箋に書かせて貼り付けさせる。そのうえで，「よりよい生活に何が必要か」と対話を編んでいく。

　対話が進み，公開研究会の講師として参加観察していた筆者は「想像力が必要」と応えた子どもの発言に驚いた。対話から生まれた子どもたちの深い思考の一端に触れたと感じたからである。

　授業で，「想像力が必要」と応える子ども＝「主体」が生起したのは，なぜだろうか。だが，研究者が授業の中で生起する受動的経験を見てとることは難しい。授業の参加観察では，子どもの能動的経験と受動的経験が一瞬の出来事として過ぎてしまうからだ。参加観察の際の映像を振り返り，2 時間目の授業で書かせた記録を見直す。想像力という言葉が入っている絵本『にげてさがして』を選んだのは 3 人で，「絵本の誰に注目したか」という問いに 3 人はつぎのように書いている。「世の中に必ずいる ‘ 想像力を使うのが苦手な人 ’ と ‘ 普通の人 ’ が ‘ 足 ’ を使って逃げる」「酷い人から逃げて，自分のことをわかって

くれる人と関わること・想像力のなくて，自分に合わないひどい人から逃げて，自分を守ってくれる人を探さなければならない。」「自分を助けてくれる人，自分・いじめや仲間はずれにされても『この人だったら信じていいな，信頼していいな』と思える人を探して その人とできるだけ長く友達でいることが大事だと思った」。この内の一人が「よりよい生活に必要なもの」は「想像力だ」と応えた可能性が見えてくる。子どもの内面にふれる教材（絵本＝物語）を準備した西岡の暗黙知，子ども観が透けてみえた。西岡は，全3時間に受動的経験が埋め込まれ，それらが子どもの内側で総合する活動を時間的・空間的にデザインしたといえよう。

## 3．家庭科教師のポジショナリティ
### (1) 家庭科シティズンシップ教育
#### ──ケアする者をケアする社会的・政治的な視座

　筆者は，家庭科シティズンシップ教育を「ケアが必要な者が放置されない仕組みを探求する新しい社会性を育む」教育と提示した（望月　2012）。また，親密圏と公共圏の再編という視点で，対話する公共空間をつくり，身近な生活を社会や政治へとつなげる家庭科シティズンシップ教育の可能性（望月　2012, 2020, 2022, 2023）を議論してきた。

　アメリカのフェミニズム哲学者のキティ（1999 = 2023）は，「人間の成長や病気，老いといった不変の事実を考えれば，どんな文化も，依存の要求に逆らっては一世代以上存続することができない」と指摘し，依存の要求に応じるケアを依存労働と定義した。依存労働とは，乳幼児や障碍をもつ人などに応じるケア労働で，ケアしなければ生死にかかわる事柄も含まれる。しかし，依存労働はジェンダー化され，私事化され，報酬も少ないものが多い。なぜなら，男性の公的生活を基点として政治的，社会的な議論がなされ，ジェンダー間および階級間での依存労働の公平な分担という問題は，政治的，社会的な議論，公共政策の枠組みから議論の外に置かれるからである。キティはケアの実践が人間の生活に不可欠であるならば，〈私たちはみな誰かのお母さんの子ども〉なのだから依存労働者をケア

するドゥーリアが必要だと論じる。ドゥーリアとは，産後の女性をケアするギリシア語に由来するサービス，ケアする人をケアする社会的協働という概念である。キティの議論の核心はケアが「女性」化され，ケアを担っている人びとが家族という社会装置に不可視化される社会のありようを問い直す点にある（岡野　2023）。

　近年，家政学においても「ケアする者をケアする社会的な仕組み」に言及した研究が注目されている。立松（2023）は，「高齢者」を中心にして，「高齢者の人や生活のつながり」「高齢者と家族の関係性」「家族介護者の生活を守る」施設の役割を解析した。施設が高齢者の「居住生活にこだわるサポート」「家族の安心感を得るサポート」「家族関係に働きかけるサポート」をしていると結論づけた。これらのサポートがドゥーリアとして機能している。

　「ケアと依存という関係の中で自律を捉える」ことは，家庭科における自立と共生を重なり合う関係として捉え，社会や政治システムまでを視座に入れることを要請する（望月 2023）。

## (2) 教師の空間的・政治的位置＝教師のポジショナリティ

　教師は目の前の生徒に応答しながら，どのように授業をつくっていくのだろうか。国立教育政策所（2020）によれば，「主体的で対話的な深い学び」の主語は「子供」であり，各県の教育委員会の授業の指針の主語は「教師」で，その往還を見ていくことが大事だという（国立教育政策所　2020）。子どもと教師が主語になるという授業空間では，教師と子どもの関係で教師が知識と権力をどのように使うのか。教師の立ち位置を「ポジショナリティ（positionality）」という概念で考察したい（望月 2012）。ポジショナリティとは，バトラー（1999 ＝2004）が場所と時間と行為に着目して，権力が働く力学を捉えた理論をもとにしている。教師は，生徒に応じながらことばや行為を重ねるので，教師の立ち位置は事後的にしか把握できない。教師が事後的にとった空間的・政治的立ち位置を「教師のポジショナリティ」として，「教師が子どもや保護者との関係でどのような者として立ち現れてくるかという視点で捉えること」と定義する（望月　2012）。

　教師と生徒が何らかの行為で往還する教室はミクロな政治空間であり，教室のミクロな政治（教室の関係）は教師の権力や知識の使い方や応答や空間的な教師の立ち位置によって変化する。例えば，教師が「本授業のめあて」を黒板に書くことでも教室のミクロな政治（関係）は変化して，「めあて」に忖度して発言したり，感想を書いたりする子どもが出てくる。省察的な実践がいつの間にかエビデンスを求めるあまり，子どもを客体にする統制的な実践になりかねない。それが授業の難しさである。

　人間の脆弱性を扱う家庭科にはマクロな政治も入り込む。例えば，藤原辰史（2016）は「家政学には，本来，台所空間を人間的に解放する面と，国家や企業に従属させる面が並存しており，まさしく諸刃の剣であった」とドイツ家政学がナチス戦時体制に巻き込まれていく過程を描きだした。藤原は，台所に忍び寄る危険を「テイラー主義的な管理，企業による消費者としての管理，科学による誘導，国家の健康政策などさまざまな権力の網の目が，台所に及んでおり，そこで主体的に取り組んでいると思っていることがいつのまにか権力の中に吸収されていく構造」であったと指摘した（藤原　2016）。

　教師がよりよい授業を目指すと考えても，結果的に教師が国家や経済の政策を無批判に受容して，教師が生徒を思い通り動かし，思い通りの着地をさせてしまうことがある。ビースタ（2017 = 2018）は，「教育が資格化や社会化の形態として機能するとき，生徒は知識，スキル，態度を獲得して，より多くのコンピテンスをもつ客体となるが，けっして主体にはならない」と指摘する。ビースタは，生徒が主体であることに向けて方向づけることは，まだ「見えないものを見ることである」，教えることは「生徒に語りかけ，話しかけ，呼びかけ，応答する」ことであると示唆した。

　筆者が考える「見えないものを見る」とは，生徒たちが関係的な場に受動的な経験ができる活動を埋め込む。その受動的な経験に応じて，生徒が「主体」として現れるのを待つ，信じるという教師の立ち位置である。また，「教えること」は，生徒に対等な人間として語りかけ（上から知識を伝達するのではなく），話しかけ，教材を介して呼びかけ，たとえ，教師が望まない生徒の応答であっ

たとしても，生徒の背景にある「風景」を見る（見えないものを見る）ことによって，応答することである。

　牧瀬（2022）は，中井久夫の風景構成法を引いて，「風景になることは，その人なりの仕方で言語の世界に住まう場（居場所）を見つけていくことを導く」と述べた。風景を見ることは，生徒の住まう世界にふれ，教師の見せたい世界を再構成することである。これは，ビースタ（2022）の「世界中心の教育」にも通じることである。ビースタは教育とは，生徒を教育者の判断対象とすることではなく，生徒が自分自身の行動の主体となることであると示唆する。このような教師と生徒の関係において，生徒は自分の人生を他者とともに生きようと考えるのではないか。


## (3) 教師の弱いリーダーシップ

　授業で展開される対話は，教師と生徒たちがつくる 1 対多の対話である。岡部雅子は対話をつくるために「鳥かご方式」を採用し，子どもたちが二重の輪になって，外の輪の子どもには内側の子どもの発言を聴くことのみに集中させた。岡部は内側の子どもの輪に入って座り，子どもの声を聴くことに集中するという。子どもたちには，発言するより，良く聴くことを要求する。発言する能動的経験よりも受動的経験＝聴くことが，相互に響き合う言語活動を導き，岡部自身も考えさせられるという（日本家庭科教育学会 2022 年度セミナー報告 2023）。岡部の 5 年生「家庭科ってなんだろう」の授業記録（ビデオと談話の文字起こし）である。家庭科が役に立つことや，AI に任せればいいことなど，賛否，振れ幅の大きい議論が続いた後，つぎのような子どもの発言がある。


　　星新一のショートショートのようにきっと機械で人間の食べ物を作るっていう時代がくると思うんです。けど，もしそういう時になったら人間の手で作った方が，作らなくなるっていうものがなくなるから，機械にまかせておくと，たとえば機械が故障したときにどうするのかみたいな問題も発生してくると思うので，人間が料理を作るほうがいいと思います。

　この授業の岡部の発話の特徴は，「家庭科は生きているために必要」という子どもに対して，「きみは今まで習った中で一番生きるのに必要と思った家庭科の内容は？」と問いかけるところに現れる。「違う意味で役立つ」といった子どもに「違う意味って？」「いい質問だから考えよう。もう一回言って」と，さらに聴きこむ。また，岡部は「AIって最近では，どんな機械があるかな，具体的には。」「人がやるより上手だし失敗がないね，機械は。それなのになんで人の力が必要」と問いかけ，「そうか。機械は言われたことしかできない」「人間は失敗からしか学べないから」を子どもの発話を繰り返し受け止めていた。

　岡部は自身の「権力」に敏感で，生徒の発話を注視し，ケアしていた。ケアするための教師のメタ知識は，生徒の深い思考に誘う「質問」に透けて見えた。岡部（2019）は本質を捉え追求する「価値ある問い」を投げかけることが重要だという。

　家庭科を人間の脆弱性に応答するケアの実践とするならば，生徒の声から柔軟に授業をつくること，周到な準備をするけれど，生徒のストーリーや生徒が主体として現れることを待ち，子どもの意見を呼び込むことである。ゆえに教師のリーダーシップは，「弱いリーダーシップ」であることが，子どもの「主体化」を呼び込むことを強調したい。教師の弱いリーダーシップとは，子どもたちを自由勝手にさせることではなく，質の高い教育学的・哲学的知見と子どもたちへの信頼に基づき，見えないものを見取るリーダーシップである。権力性を自覚する弱いリーダーシップとは，子どもをコントロールするのではなく，子どもが安心して自分の意見を言い出せる公共空間をデザインする。授業を「接面」で実践・研究する往還によって，今後も家庭科教育における汲めども尽きないおもしろさと難しさと価値を解明していきたい。研究とは実践に現れた教師の暗黙知や実践知から理論を立ち上げることだと考える。「ケアと依存という関係の中で自律を捉える」ことは，教師や研究者が思い描けなかったような応答で「主体」が現れることを歓迎する。家庭科再発見の旅はまだ始まったばかりである。

## ・注

1) ベルモント・レポートとは，1979年アメリカで出され，生命倫理の基本原則を明確にしたものである。また1998年ヨーロッパ委員会プロジェクト「生命倫理および生命法における倫理原則」の最終報告「バルセロナ宣言」はケアの倫理とともに「脆弱性」概念の普及に決定的な影響を及ぼした。
2) 堀内は本書のタイトルで「気づき」という受動的経験から家庭科の学びが始まると表現している。
3) 濱崎タマエは，2016年，お茶の水女子大学で「授業空間としてのホームの発見と可能性：小学校家庭科における実践記録再読を通して」で博士（社会科学）を取得し，幅広い教育学的知見とアート（技法）で家庭科の授業を実践・研究したが2020年2月逝去した。

## ・引用文献

ビースタ，ガート著，上野正道監訳. (2017 = 2018). 教えることの再発見. 東京：東京大学出版会.

ビースタ，ガート著，上野正道監訳. (2019 = 2021). 教育にこだわるということ：学校と社会をつなぎ直す, 20-22. 東京大学出版会.

Biesta, GERT. (2022). *World-Centred Education A View for the Present*, 90-102. NY: Routledge.

バトラー，ジュディス著，竹村和子訳. (1999 = 2004). ジェンダートラブル：フェミニズムとアイデンティティの攪乱, 237-260. 青土社.

藤原辰史. (2016). 決定版　ナチスのキッチン：食べることの環境史. 共和国.

濱崎タマエ. (2015). 受動的経験が紡ぐ授業空間としてのホーム：小学校・家庭科実践の再読を通して. 関係性の教育学, 14 (1), 1-10.

堀内かおる編. (2006). 家庭科再発見　気づきから学びがはじまる. 開隆堂出版.

池谷壽夫. (2016). 生命倫理と脆弱性. 了徳寺大学研究紀要, 10, 105-128.

石垣靖子. (2023). 患者さんに寄り添うということ：ケアの倫理を実践する. 臨床死生学, 倫理学研究会, 東京大学大学院人文社会系研究科, 2023年5月10日, オンライン講演.
https://www.l.u-tokyo.ac.jp/dls/ja/study.html（2023.5.10）

伊藤亜紗. (2020/2021). 手の倫理. 講談社.

叶内茜，倉持清美. (2015). 中学生における幼児とのかかわり方と心情の関連：幼児とのふれ合いを拒否した生徒の事例に着目して. 日本家庭科教育学会誌, 58, 164-171.

キティ，フェダー・エヴァ著，岡野八代，牟田和恵監訳. (1999 = 2023). 愛の労働あるいは依存とケアの正義論〔新装版〕. 白澤社.

国立教育政策所 (2020) 学習指導要領を理解するためのヒント.
https://www.nier.go.jp/05_kenkyu_seika/pdf_seika/r02/r020603-01.pdf

（2023.6.2）

鯨岡峻.（2021）.「共に生きる」とはどういうことか. 鯨岡峻, 大倉得史編著. 接面を生きる人間学：「共に生きる」とはどういうことか. ミネルヴァ書房.

牧瀬英幹.（2022）. 風景構成法「風景になる」ということ. 現代思想, 50 (15), 167-176.

メイヤロフ, ミルトン著, 田村真, 向野宣之訳.（1987＝2014）. ケアの本質：生きることの意味. ゆみる出版.

望月一枝.（2012）. シティズンシップ教育と教師のポジショナリティ：家庭科・生活指導実践に着目して. 勁草書房.

望月一枝.（2020）. SDGs 時代における「自分と社会を変える」家庭科教育の可能性と意義：「生活」を親密圏と公共圏の再編として捉えることを通して. 日本家政学会誌, 71 (6), 424-431.

望月一枝.（2022）. 命と人生をケアする家庭科シティズンシップ教育：自分の人生を他者と共によく生きるために. 年報・家庭科教育研究, 39, 1-17.

望月一枝.（2023）. グローバル・ネットワーク社会における家庭科：誰もが幸せになるために. 高校家庭科教科書検討会編. 求められる家庭科の変革：高校家庭科教科書の検討から, 27-37. ドメス出版.

奈須正裕.（2019）. コンピテンシー・ベイスの授業づくり, 鈴木明子編著. コンピテンシー・ベイスの家庭科カリキュラム, 4-7. 東洋館出版社.

日本家庭科教育学会2022年度セミナー報告.（2023）. 日本家庭科教育学会誌, 66 (2), 74-76.

西岡里奈.（2023）. 第5学年2組　家庭科学習指導案, 絵本資料, 学芸大学附属小金井小学校, 公開研究会, 2023年2月4日配布.

岡部雅子.（2019）. 新教科「てつがく」の挑戦"考え議論する"道徳教育への提言, 112-113. お茶の水女子大学附属小学校　NPO法人お茶の水児童教育研究会, 東洋館出版社.

岡野八代.（2023）. 新装版監訳者あとがき：社会不正義に抗する理論としてのケアの倫理. エヴァ・フェダー・キティ著, 岡野八代, 牟田和恵監訳. 愛の労働あるいは依存とケアの正義論〔新装版〕, 358-361. 白澤社.

立松麻衣子.（2023）. 高齢者の地域居住に関する研究. 日本家政学会誌, 74 (6), 310-318.

トロント, C・ジョアン著, 岡野八代訳・著.（2015＝2020）. ケアするのは誰か？新しい民主主義の形へ. 白澤社.

（望月　一枝）

# 第18章
# 学び続ける家庭科教師の成長

## 1. 成長する教師の姿

### (1) 教師の成長とは

　教師とは，学習者を援助して成長へと導く存在である。同時に，"人は教えることによって最もよく学ぶ（L.A.Seneca，古代ローマの哲学者）"といわれるように，教師は，その職務から学び続ける存在でもある。しかし，教職経験が無条件によりよい「成長」に直結するとは限らない。並木（2017）が指摘するように，「成長」の先にある「優れた教師」の姿の定義は難しく，「『優れた教師』がどのようにつくられるのか，いまだ説得力のある回答はない」。教師の成長の諸側面を踏まえ，家庭科教師の成長の様相を探ることが，本章の課題である。

　1997年の教育職員養成審議会答申「新たな時代に向けた教員養成の改善方策について」で教師に求められる資質・能力が示されて以降，優れた教師の条件に「教職に対する強い情熱」「教育の専門家としての確かな力量」「総合的な人間力」（中央教育審議会　2009）があげられるなど，資質・能力の育成と質の向上を求める教師教育改革が進行している。それに伴い2000年代に，授業実践の力量をはかる研究（例えば，木原　2004）や，教職生活の変容や転機を長期的スパンで捉えたライフ・コースやライフ・ヒストリー研究（例えば，山﨑　2002，並木　2017）をはじめ多様な教師教育研究が蓄積されてきている。

　文献レビューにより，高橋（2013）は，教師の成長の側面を「教科内容に対する理解を深めるとともに，教授法に長けるようになること（専門性）」「学習者や同僚，保護者，地域住民，行政官との関係性構築に熟達すること（社会性）」「教

師が自らのアイデンティティを問うとともに，自身の言動や振る舞いを内省し
軌道修正することができるようになること（自己省察力）」の三つに整理してい
る。渡邉・越（2022）の整理では，教師の力量獲得のプロセスが，「新たな状況
で通用しなくなった子ども・授業・指導等についての基本的な考え方や用いる
技術等を脱ぎ捨てながら，非連続を伴って変容していく型のように描かれるこ
と，教師の日々の経験と省察の積み重ねが長い年月をかけて教育観や子ども観
などへと結びつくため，教師の職能成長には省察の有無が重要であること」が
示されている。住本ら（2020）も，成長を促す要因として「省察経験」「信念変
容経験」「知識の再構築経験」のカテゴリを抽出している。教科を問わず，成
長する教師像として，当該教科の内容理解や教授技術を獲得しながら，その獲
得過程を自己省察し，経験の意味を問い直す営みを続ける姿が浮かび上がって
くる。

### (2) 家庭科教師の成長

　家庭科教師を対象とした研究動向について，瀬川・河村（2016）は，1960 年
刊行以降 2014 年までの日本家庭科教育学会誌掲載論文を分析し，教師を「定
められた制度・与えられた教育課程の実行者」として集団的に把握した時期か
ら，「教師がそれぞれに多様な意見を持って授業実践に取り組むことに目が向
けられ，信念，教科観，指導観などを分類」するようになった類別期を経て，
2005 年以後「教師の思考と実践に質的に迫る」研究により個別的接近期を迎え
たと考察している。

　瀬川らのいう個別的近接期およびそれ以降に，教師の成長を捉えた研究とし
て，小高（2010）は，教科の変遷やジェンダーの壁に高校教師がどのように関わ
り成長してきたかをコミュニティの場に着眼し捉えている。家庭科の授業を創
る会（2017）は 9 名の家庭科教師のライフ・ヒストリーを読み解き，教師経験と
個人的な生活経験が互いに関連して教育観，指導観，家庭科観を形成している
ことを示した。この研究は，対象教師自身の省察を促し，記録を読む個々の教
師が共感して自らも省察することを期待して行われており，それ自体が教師の

成長の場となる実践研究といえる。

　また，兼安（2018）は，中学校家庭科の同教科教師ネットワークの保有状況と，ネットワーク内での教材を媒介とした情報交換や相談等の関わりが，教師の構想する授業に与える影響を捉え，勤務時間内に限らない自主的な研修や食事会等を通じた地域の教師ネットワークの重要性を示唆している。

　中西・堀内（2021）は，自主的な研究会を主宰し，そこに集う多様な属性を有する家庭科教師にとっての参加の意味が，職位や教員歴に依らないフラットな関係性の成立のもとに，参加者のキャリアに応じた〈知〉の獲得やアウトプットの場，ロールモデルとの出会いの場として認識されていることを明らかにしている。

　鈴木・小清水（2021）は，家庭科教師の授業力量に関する信念の形成に焦点をあててインタビュー調査を行い，教科の目標の捉えや意義など教科指導に関する観点と，教職経験，私的経験の観点が相互に省察を促している様相を質的に検討している。

　教師のカリキュラム・デザインに焦点をあてた瀬川（2022）は，家庭科教師にとって個人的生活経験が，職業上の経験と同様にカリキュラム・デザインの資源となっていることを明らかにしている。

　家庭科教師の成長には，教科を問わず要素とされる生活経験の省察や他者との関係性構築，信念の形成とともに，教科の歴史的位置づけと生活事象を学習対象とする故に，教師自身がジェンダーにどう向かってきたかや，私的生活経験の捉え，校外の教師ネットワーク形成の場や関係性が重要であるといえる。

## 2.　家庭科教師の育成指標

### （1）教員育成指標の動向

　教師の資質・能力のスタンダードは，アメリカでは，1980 年代後半から教師教育制度・政策で活用され，近年では教育プログラムにおけるアセスメントや現職教員評価の枠組みとして用いられ，2000 年代以降，国際的な潮流となっている（国立教育政策研究所　2018，vii）。日本でも，「学び続ける教員像」（中央教

育審議会　2012) が掲げられ，教師の資質・能力の指標化と研修の体系化が進められてきた。教員養成では，2016 年 11 月の教育職員免許法改正を受け，教職課程コアカリキュラムの作成が行われ (文部科学省　2017)，さらに 2021 年の省令改正によって，「各教科の指導法」に含む「情報機器及び教材の活用」が切り出され，新たに「情報通信技術を活用した教育の理論および方法」が組み込まれた (文部科学省　2021)。教員研修に関しても同時期に，国が示す一定のガイドラインに沿って各自治体が教員育成指標を策定するなど，養成，採用，研修の一体化が進んでいる。

　この政策動向に対し，浜田 (2017) は，ねらいは「『教職の専門性』を高度化し保証すること」にあり，その「具体的な内容の明確化・標準化，すなわち『正当性』の保証を意図するもの」で，「ただちに否定されるべきものではない」ものの，「施策の浸透は，教職とその養成機関である大学の教育を過度な監視のもとに置いてしまう恐れ」があり，専門的自律性の確保より，「むしろ，教職の他律性の強化に向かっている」との懸念を示している。教師の成長にかかる指標化やスタンダード策定が，細分化と熟達化モデルの単線化の問題 (子安2017) に陥らないよう留意することは，家庭科教師の成長にも欠かせない視座である。


## (2) 家庭科教師の育成指標の特徴

　家庭科の教師教育に特化した指標として，柴 (1981，2005) は，教員養成と現職教育の継続性や教職の専門性引き上げへの要求が高まった 1970 年代以降のアメリカにおける CBTE (Competency-Based Teacher Education) プログラムに着目し，1970 年代後半と 2000 年代の事例を比較考察した上で，特に授業に関する能力について日本に適用可能な 6 観点 28 項目からなる家庭科教師の能力の枠組み試案を示している。

　2000 年代初頭，アメリカでは家庭科教師教育の専門学会である NATEFACS (National Association of Teacher Educators for Family and Consumer Sciences) が，1998 年公刊の生徒向けナショナルスタンダードに呼応する形で教師向けス

タンダードの開発に着手した。2004 年に公表された教師向けスタンダードの開発過程を追った林 (2014) は，この指標が「関連学会が議論を重ね，関係者を含む様々な人たちの意見を反映した上で共通認識に至って」おり，「新任教師向けに開発されたものであるが，将来的な教師の職能成長を視野に入れた内容」で「現職教員が自己省察のための指標として用いることも可能」であると指摘している。

　その後，アメリカでは生徒向けスタンダードの 2018 年改訂に伴い，教師向けスタンダードが 2018 年に，2020 年にはそれに対応するコンピテンシーが改訂されている (LEADFCS　2020)。主な変更点として，「栄養と食物」に含まれていた「ウェルネス」を独立させ，個と家族，コミュニティの社会的情動的ウェルビーイングを含む生活の質の達成に向けて，教師が実践的な推論プロセスを利用できるようになることが明示された (Handy et al.　2021)。さらに実習室管理の項目が立てられた他，FCCLA (Family, Career and Community Leaders of America) との連携，教員養成段階の基準を提供している州間教員評価支援協議会 (InTASC: Interstate Teacher Assessment and Support Consortium) や教師のパフォーマンス評価 (edTPA：Educational Teacher Performance Assessment)，21 世紀スキル (ATC21s: Assessment and Teaching of 21st Century Skills) 等，各種の基準が反映されている。

　日本では，小林・岳野 (2015) が，先述の柴 (2005) の提案を精選し，「家庭科の理論」「学習者や社会の理解」「家庭科の授業計画」「家庭科の授業実践」「反省的実践家としての成長」の 5 観点 18 項目からなる質問紙によって中学校教師の自己評価と意欲を捉えている。

　また，日本家庭科教育学会第 4 期課題研究 2 − 1 グループ (2021) は，上記先行研究の他，教職課程コアカリキュラム等との対応を整理した上で，6 観点 39 項目の資質・能力について全国調査により教員養成段階の学生の実態を捉えている。

　堀内 (2018) は，2015 年に「家庭科教員としての基盤的資質」「教科に対する知識」「教科に対する技能・技術」「教科の指導と評価」「教科マネジメント」

の5観点43項目からなる家庭科教員の育成指標を作成し，指標を用いた研修
プログラム用のツールを開発し，教員研修時の自己評価シートとして活用して
いる。教職課程コアカリキュラムにおける教科共通の指導法の指標と対比する
と，先行研究で示される生活事象への関心やジェンダー平等，生活や文化の多
様性への認識など家庭科教師独自の基礎的資質や，家庭科学習における実践的
体験的活動のための実習室管理にかかる要素が加味されている。

　以上のように家庭科教師に求められる資質・能力の実態把握や育成指標は
個々の研究者やグループによって精緻に検討されている。しかしながら，アメ
リカのようにさまざまな専門機関による各種基準との対応や学会等での協議を
通じ，広く共通認識されたものにはなっていない。主体的に学び続ける優れた
家庭科教師像を複線的かつ具体的に描けるよう，教師教育に関わる専門家の集
合知として育成指標の合意形成が必要であろう。

## 3. 教師が育つ授業研究

### (1) 家庭科教師の力量形成の場

　教師としての力量を高める場は，法定研修から公的に組織された研究会や私
的サークル，個人で行う自己研鑽まで多様である。このうち，家庭科教育に特
化して研究や授業研究を進め，教師の研修の場となったり，研鑽のための情報
発信をしている主な全国組織には，設立年順に，全国家庭科教育協会 (1950年)，
日本家庭科教育学会 (1958年)，全国小学校家庭科教育研究会 (1963年)，全日
本中学校技術・家庭科研究会 (1964年)，家庭科教育研究者連盟 (1966年)　等
がある。日本教職員組合の教育研究集会家庭科教育分科会や大学家庭科教育研
究会も含め，多様な組織が生み出された背景には，1950年代から70年代にか
けて，家庭科実践の理論化が求められたこと，加えて，学習指導要領に基づく
教育体制が確立し，その推進を支える授業研究組織を要したこと，一方で「文
部省学習指導要領＝家庭科教育という考えへの批判を前提」に教師の自主的な
授業実践交流が隆盛したことがあった (中屋ら　2015)。

　日本には，このような組織に属し，メンバーが授業実践を持ち寄って報告し

たり，教育雑誌や研究紀要等にまとめて発刊したりして，授業開発や改善に参画する授業研究の教師文化がある。授業研究は，広義には，実践者である教師が「専門的力量の発展」を目的とし，「授業という実践を対象化して検討し，その研究を通して専門的力量を発展させていく」（稲垣・佐藤　1996, 144）ものと定義され，学習指導計画の立案，授業公開，研究協議といった一連のサイクルを経る，教師の協働的な授業改善の方法である（秋田・ルイス　2008）。

　家庭科における授業研究は，各学校段階別の教育研究会型，法定研修や教育センター等で実施される教員研修型，大学附属学校や研究者等が行う研究開発型，教育研究会や学協会，大学同窓組織等を契機としつつ自主的，個人的なつながりで行う人的ネットワーク型に類別され，それぞれ学習指導要領の実現や，教科理論に基づく学問的な授業の検証，そして，子どもや社会の生活課題の解決に向けた授業改善と開発のために行われている（Kishi et al.　2017, 貴志ら 2023）。家庭科の授業研究は，全国規模から地域まで発表大会や，研究成果を共有する場を有し，家庭科担当者には複数の機会が開かれ，多様な人的資源と協働できる場があり（図18-1），多面的かつ重層的な構造にある。

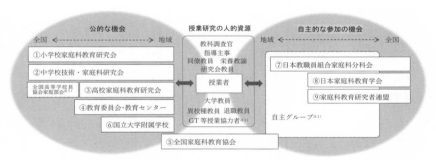

注1）　授業研究の振興に寄与する組織といえるが，部会員は各校の校長であり本研究の対象としなかった。
注2）　公開授業や授業交流の場をもつ複合的な組織や私立学校の研究会，個人のネットワーク等が確認されたが，本研究の対象としなかった。
注3）　行政やNPO等に属し，ゲストティーチャー（GT）として授業に協力したり，情報提供する者。

**図18-1　家庭科における授業研究の組織・機会と人的資源**

出所：貴志ら（2023）p.94　図3

　各地で核となる組織や歴史をもつ自主的研究会において，開発，提案される授業実践の記録は，研究紀要やシリーズ化した書籍等を通じ広く共有されている。高等学校の校長協会家庭部会における活動として行われた研究成果を振り返り，よりよい授業の実践に向けて協議された記録（北の家庭科を考える会編 2006）や，学会の地区会から発展的に組織され3年にわたる共同研究会で学び合ったことや研究会のあり方，教科の可能性をメンバーが省察した記録（北陸家庭科授業実践研究会編　2009）からは主体的に授業研究を行う実践者同士あるいは研究者との協働的関係が伺える。

　また河村（2009）は，大学の同窓会員を母体とした「家庭科の授業を創る会」の活動をたどり，「仲間とともに学ぶということは，最終的にはそれぞれのメンバーが自分自身で成長する」ことを実感し，「仲良しグループとしての学びでなく，各メンバーが多様な考え方や指導の方法を学ぶことを通して成長する」と意義を述べている。

## (2) 家庭科の協働的授業研究─教科研究会を事例に─

　貫志（2020）は，家庭科の研究会で授業者となった教師へのインタビューによって，授業研究の過程と授業者の省察を捉えている。校内のみでは教科の専門に通じた同僚との授業研究が期待しにくい家庭科教師は，教科研究会を通じた校外の研究メンバーとの協働や，大学附属学校での教科の専門を深める研究を有用と考え，授業研究を授業改善や教師の専門的成長を促す適切なシステムと捉えていることを示している。このうち，教科研究会の事例を再構成して記す。県の技術・家庭科研究大会の授業者を務めたA教諭は公立中学校に勤務し，教員歴は13年であった。A教諭が関わった授業研究の期間は，授業者に決定した授業前年度末からの約8カ月で，その間に関わった授業研究のメンバーと研究過程の概要は表18-1に示すとおりである。

　A教諭は，研究会役員をはじめ授業づくりに共に関わった授業研究メンバーの献身とその輪に自分が参加できたことへの感謝を述べた後，これまで行ってきた個人での授業研究と異なり，研究会組織の顔として，授業を公開すること

に対し，次のようにストレスとともに責任感の芽生えに言及していた。

「そうですね，今までにはないプレッシャーを感じました（笑）オリジナルだけ
じゃダメだ，と思って，前あの，先生方からアドバイスを頂いたりっていうのも，
あーそれいいなあって聞き流すような感じじゃなくって，本気で聞かないといけ
ないって…（略）…自分が授業楽しくないと，子どもも絶対楽しくないと思って，
ちょっと色んな教材作ったりするんですけど，その気持ちだけではダメだと思っ
て，やっぱりその，流れとかそういうものを考えながら何を身につけさせていく
のかっていうのを改めて考えさせられる機会になりました。」

　授業研究の経験を振り返り，A教論は，最も良かったこととして，「今まで
の授業づくりは，自分と生徒の関係だけで済んだが，それだけでなく理論的に
まで気を向ける必要があったこと」と「自分がこうと思っていた視点が覆され
る経験」ができたことを挙げた。そして，授業研究後の変化として，家庭科と
いう教科に対する「理解は変わらないが，さらに必要性を再認識」し，授業を

表18-1　対象となった授業研究に関わった主なメンバーと研究過程

| 対象者 属性等 | A教論（中・県大会） |
|---|---|
| 授業者以外に授業研究に関わった主なメンバー | 研究会役員，指導案担当班の教論4名，授業づくり担当部会の教論13名 |
| 授業研究の過程 ①研究テーマの構想 | ・研究主題は県統一で副題は，研究会での検討で既定のため授業者の関与なし |
| ②題材と学習指導案の検討 | ・題材は衣生活で，授業者確定前に研究会で既定<br>・学習指導案は，役員の助言を得て，初任者，公開授業経験者，研究部長からなる指導案担当班で構想し，10回程度の研究会を経て決定（授業者が関わる前の準備期間を含めると全17回開催） |
| ③研究授業と同題材の事前授業 | ・指導案作成班の教論が各校で実施しながら改善 |
| ④研究授業の参観者 | ・県内の中学校家庭科教師を中心に100名弱 |
| ⑤授業協議会の主な内容 | ・研究会会員の進行で研修主任による研究構想発表と授業者の自評の後，協議の視点が示され質疑応答（浴衣着付体験の事前手配の方法，公開授業前後の指導計画，年間計画の位置づけ）を含め30分 |
| ⑥指導助言の主な内容 | ・大学教員より授業の価値付けと課題について15分 |
| ⑦授業研究報告書の作成 | ・当日配布の研究紀要，学習指導案と別に，今後まとめるが具体的な内容は授業者として調査時点で未把握 |

出所：貴志（2020）p.80　表2を一部抜粋

観る際「子どもに気付かせていくプロセス」に目が向くようになり，子どもの見方も「子どもは何を見つけるんだろう」との意識が強くなり「子ども自身に交流させたり，子どもの表現を大事にするように」なったと述べている。教材の見方では，「WSの作り方，使い方，布の比較とか教材の意義の理解が変わった」と捉えていた。

> 「考えさせるということをさせてたんですけれども，なんだろう……正解はないんだよ，ああ，不正解はないんだよっていう言い方…（略）…，やっぱり子ども達から出てきたものを，例えば，こういうほうが効率いいよねって提案してしまうことが多かったなあっていうのは，自分で感じました。…（略）…こっちが言っちゃダメなんだなあって，それも必要な場合はもちろんあるんですけれども，子ども達からの自由な発想の中で，まあ子ども達同士で気づくっていうのも……正解を子ども達が自分で見つけていくのにつながるんだなあって感じました。」

　一方，組織的な研究会による授業研究は，輪番で担当する公開授業の年度や日程にあわせる必要から「年間指導計画やクラス進度の狂い」が生じることや，校外のメンバーが研究協議をするための「スケジュール管理」の難しさ等が重なって長時間労働につながり，「最終的な授業者の負担」を増加させ，「家庭や子育てとの両立の難しさ」があるとの課題を指摘していた。

## 4．家庭科を創る出会い，学び合い，支え合い

　時間の確保，形式的に陥らない柔軟な研究会の運営など，組織的な授業研究の条件整備に課題は残されているものの，よりよい授業を願って授業研究を行い，自己の成長の手応えを得て，それを次代に継承しようとする家庭科教師の営みは，脈々と続いている。

　家庭科は，子ども自身が生活をみつめ，よりよいあり方や生き方を探究していく教科である。教師は，子どもの成長を支援しながら，そのキャリア形成の過程では，自らの師や同僚，そして子どもにも教えられ，家庭や地域の一員としての経験をも生かして職業人として成長していく。「家庭科教師の成長のためには，自分自身が学び続けようという意思を持つと共に，それを支える学校環境と教師支援のネットワークの構築が不可欠」（堀内　2020）なのである。

　ではどのようにネットワークをつくり，力をつければ良いのだろうか。荒井 (2012) は，「『実践や体験をしくむ』家庭科における専門性は，他の教科に比べてはるかに複雑で総合的なパワーが必要」であると述べ，「家庭科を担当する専門職としての教師力をパワーアップするために」「『学び』ながら『つながり』，『つながり』ながら『発信』し，『発信』しながら『学ぶ』」ことを挙げ，それを実践している (例えば，北陸家庭科授業実践研究会　2009, 2014)。

　誕生から三四半世紀を超え，日本の家庭科は，本書の各章で言及されているように，さまざまな変遷を経て，必履修の形態，学習内容の総合性，教師教育の制度を調え，学校における家政教育を実践する教科の位置を確立してきた。その基盤を支えてきた一つが，継続的かつ協働的な授業研究といえるだろう。

　人工知能 (AI) が人の知力を凌駕し，未来が曖昧で不確かといわれる一方，人生は 100 年の時代を迎えている。この先の家庭科を切り拓いていくために，人間にしかできないことを問い，真に学ぶ価値のあることを見定めながら，次世代を育んでいく必要がある。そのために，家庭科に携わる者として，三つのことを実践したい。一つは，人や情報との「出会い」を大事に，日常の至る所で教師としてのアンテナを立てて，自らが暮らしを楽しむこと。二つは，校内で，研修で，「学び合い」を大事に，重層的に用意されている授業研究をよき協働の場とするために，時に校種や職種を超えて教師文化を磨き，誰もが積極的に参加できる条件を整えること三つは，教師同士はもちろん，教員養成，研修，指導助言に関わる人材育成機関，学問的機関相互の「支え合い」をさらに促すこと，である。

・引用文献

秋田喜代美，ルイス，キャサリン編著. (2008)．授業の研究：教師の学習．明石書店．

荒井紀子. (2012)．家庭科のパワーアップをめざして．荒井紀子編著．パワーアップ！学びつながり発信する家庭科，198-202．大修館書店．

中央教育審議会. (2009)．新しい時代の義務教育を創造する (答申) 平成 17 年 10 月 26 日．

https://www.mext.go.jp/b_menu/shingi/chukyo/chukyo0/toushin/05102601/all.pdf（2023.5.17）

中央教育審議会.（2012）.　教職生活の全体を通じた教員の資質能力の総合的な向上方策について（答申）平成 24 年 8 月.
　　https://www.mext.go.jp/component/b_menu/shingi/toushin/_icsFiles/afield-file/2012/08/30/1325094_1.pdf（2023.6.10）

浜田博文.（2017）.　ガバナンス改革における教職の位置と「教員育成指標」をめぐる問題.　日本教師教育学会年報, 26, 46-55.

Handy, Deborah J., Turgeson, Susan M., Shepherd, N.（2021）. Focusing for the Future：Revising the National Standards for Teachers of Family and Consumer Sciences. *Family and Consumer Sciences Research Journal*, 49（3）, 205-216.
　　DOI:10.1111/FCSR.12387

林未和子.（2014）.　米国における家庭科教師のためのナショナルスタンダードに関する考察.　日本教科教育学会誌, 36（4）, 33-46.

北陸家庭科授業実践研究会編.（2009）.　子どもの思考を育む家庭科の授業.　教育図書.

北陸家庭科授業実践研究会 Ver.2 編.（2014）.　考えるっておもしろい：家庭科でつなぐ子どもの思考.　教育図書.

堀内かおる.（2018）.　学び続ける家庭科教員のための育成指標.　日本家庭科教育学会誌, 61（1）, 46-49.

堀内かおる.（2020）.　学び続ける家庭科教師へ.　堀内かおる編.　生活をデザインする家庭科教育, 211-217.　世界思想社.

稲垣忠彦, 佐藤学.（1996）.　授業研究入門.　岩波書店.

兼安章子.（2018）.　学校外における同教科教師ネットワークの考察：中学校家庭科教師に着目して.　日本教師教育学会年報, 27, 122-132.

家庭科の授業を創る会.（2017）.　9つのライフヒストリーにみる家庭科教師のくらしとキャリア.

河村美穂.（2009）.　仲間とともに学ぶということ.　家庭科の授業を創る会編, とことん家庭科：明日につなげる授業実践（pp.166-169）.　教育図書.

木原俊行.（2004）.　授業研究と教師の成長.　太洋社

Kishi, N., Arai, N., Imoto, R., Kamei, Y., Hane, Y., Isshiki, R., Suzuki, M., Kanzawa, S.（2017）. A study of Japanese Lesson Study in Home Economics. *International Journal of Home Economics*, 10（2）, 86-98.

貴志倫子, 一色玲子, 荒井紀子, 井元りえ, 羽根裕子, 鈴木真由子, 亀井佑子, 神澤志乃.（2023）.　日本の家庭科における授業研究の形態, 目的と構造：研究組織の特徴に焦点をあてて.　福岡教育大学紀要, 72（5）, 85-97.

貴志倫子.（2020）.　授業研究の経験を教師はどうとらえているか：小中学校の家

庭科授業を事例に．日本教科教育学会誌, 43（2）, 77-88.
　DOI https://doi.org/10.18993/jcrdajp.43.2_77
北の家庭科を考える会編．(2006)．よりよい授業の実践に向けて，北海道発元気
　な家庭科の授業実践, 138-142. 教育図書.
小林陽子，岳野公人．(2015)．家庭科教師の専門性の発達：家庭科教師教育の視
　点から．日本家庭科教育学会誌, 58（2）, 69-78.
小高さほみ．(2010)．教師の成長と実践コミュニティ：高校教師のアイデンティ
　ティの変容．風間書房.
国立教育政策研究所．(2018)．諸外国の教員養成における教員の資質・能力スタ
　ンダード．平成 29 年度プロジェクト研究調査研究報告書, vii.
　https://www.nier.go.jp/05_kenkyu seika/pdf_seika/h30/h300329-01_honbun.
　pdf（2023.6.10）
子安潤．(2017)．委員会による教員指標の「スタンダード化」の問題．日本教師
　教育学会年報, 26, 38-45.
教育職員養成審議会．(1997)．新たな時代に向けた教員養成の改善方策について
　（第1次答申）平成9年7月28日，文部省.
LEADFCS．(2020)．National FCS Teacher Education Standards.
　https://www.leadfcsed.org/uploads/1/8/3/9/18396981/fcs_teacher_educa-
　tion_standards_and_competencies_natefacs_2020-1.pdf（2023.6.24）
文部科学省．(2017)．教職課程コアカリキュラム，平成29年11月17日，教職課程
　コアカリキュラムの在り方に関する検討会.
　https://www.mext.go.jp/component/b_menu/shingi/toushin/_icsFiles/afield-
　file/2017/11/27/1398442_1_3.pdf（2023.6.10）
文部科学省．(2021)．教職課程コアカリキュラム，令和3年8月4日教員養成部会
　決定．https://www.mext.go.jp/content/20210730-mxt_kyoikujinzai02-
　000016931_5.pdf（2023.6.10）
中西佐知子，堀内かおる．(2021)．学び続ける家庭科教員のためのコミュニティ
　の可能性：自主的な研修会における談話分析とインタビュー調査から．日本家
　庭科教育学会誌, 64（2）, 113-124.
中屋紀子，田結庄順子，柳昌子，吉原崇惠，牧野カツコ．(2014)．大学家庭科教
　育研究会の発足とその背景．大学家庭科教育研究会編．市民社会をひらく家庭
　科, 200-211. ドメス出版.
並木潤子．(2017)．教師の成長とは何か：社会科教師のライフコース分析を通して．
　早稲田大学大学院教職研究科紀要, 9, 13-30.
日本家庭科教育学会第4次課題研究テーマ2-1教員養成グループ．(2021)．家庭科
　教員養成に関する調査・実証研究：家庭科教員の資質・能力検討のための大学
　教員・学生対象調査報告書.
瀨川朗，河村美穂．(2016)．日本家庭科教育学会誌における教師研究の展開：家

庭科教師に関する調査研究を中心に．日本家庭科教育学会誌，59（3），144-155.

瀬川朗．（2022）．家庭科教師のカリキュラム・デザインに対する個人的生活経験の影響に関する研究．東京学芸大学，博士論文12604甲第385号.

柴静子．（1981）．CBTE プログラムによる家庭科教員養成について（第1報）：その歴史及びCompetency．日本家庭科教育学会誌，24（1），9-15.

柴静子．（2005）．家庭科教師にはどのような能力が必要だろうか．多々納道子，福田公子編著．教育実践力をつける家庭科教育法，176-188．大学教育出版.

住本純，岡出美則，近藤智靖．（2020）．現職教員の成長に関する研究動向の分析：1997年〜2018年を対象に．日本体育大学大学院教育学研究科紀要，3（2），345-360.

鈴木真未，小清水貴子．（2021）．授業力量形成における家庭科教員の信念と自己省察の関連．日本家庭科教育学会誌，64（1），15-22.

高橋悟．（2013）．教師の成長の諸側面の検討．学校教育学研究論集，27，1-10.

渡邉信隆，越良子．（2022）．教師の職能成長と子ども認知に関する研究の現状と課題．上越教育大学研究紀要，41（2），275-284.

山﨑準二．（2002）．教師のライフコース研究．創風社.

（貴志　倫子）

# 索　引

**家庭科教育研究が拓く地平**

2024 年 3 月 30 日　第 1 版第 1 刷発行　　　　　　　　　〈検印省略〉

編　　集　日本家庭科教育学会
編者代表　堀 内 か お る

発行者　田中　千津子

発行所　株式会社 学文社

〒153-0064　東京都目黒区下目黒 3-6-1
電話　03（3715）1501 ㈹
FAX　03（3715）2012
https://www.gakubunsha.com

印刷所　新灯印刷

ISBN978-4-7620-3295-0